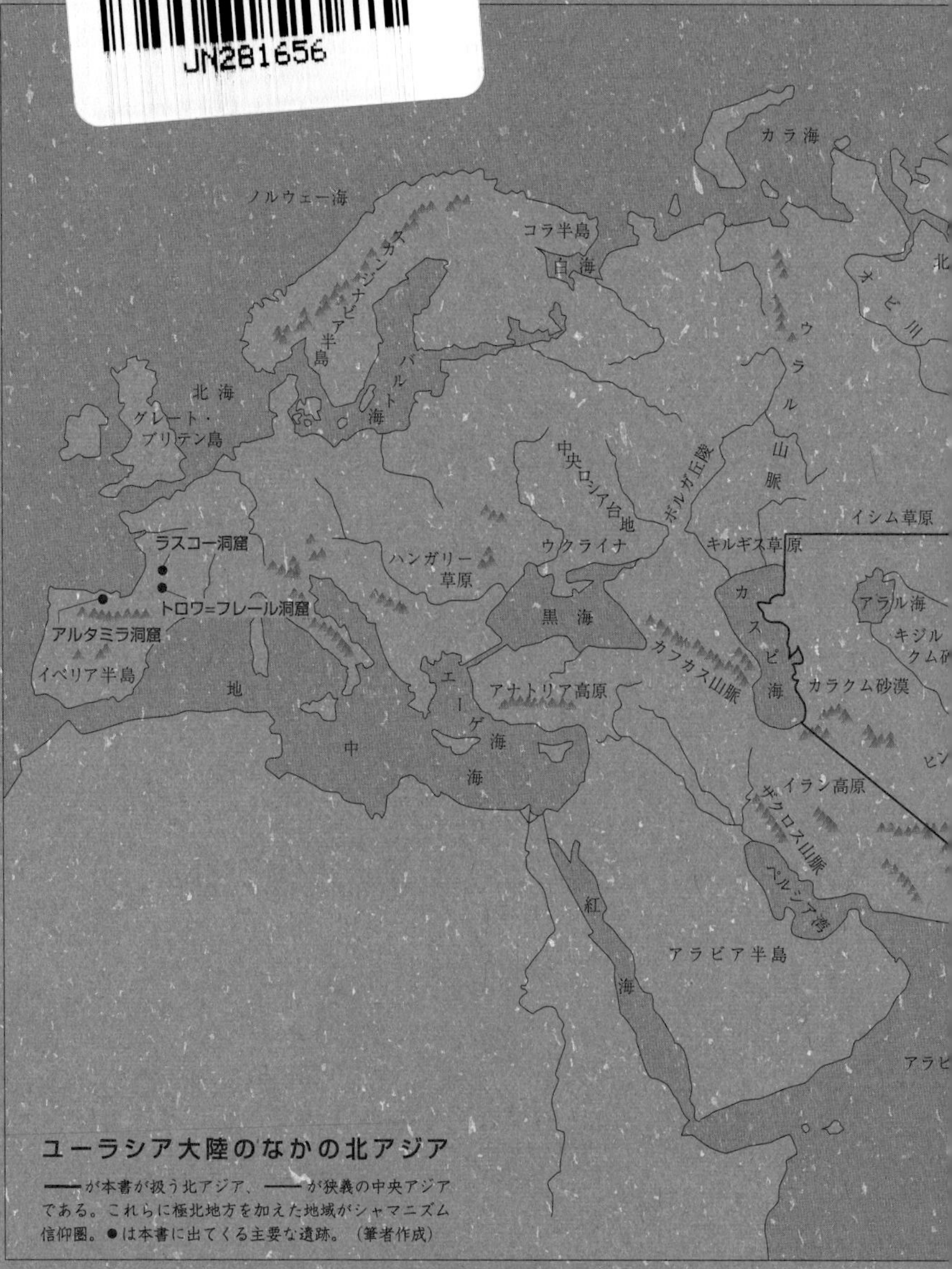

ユーラシア大陸のなかの北アジア

――が本書が扱う北アジア、――が狭義の中央アジアである。これらに極北地方を加えた地域がシャマニズム信仰圏。●は本書に出てくる主要な遺跡。（筆者作成）

佐藤正衞

北アジアの文化の力

天と地をむすぶ
偉大な世界観のもとで

新評論

はじめに

本書で私が目指したのは、かつて北アジアをひろく覆《おお》ったシャマニズムの原初的な構造と固有の特徴を明らかにし、この忘れられつつある偉大な文化に対する関心と共感を今によみがえらせることである。その背景には、シャマニズム信仰に生きた人々が世界（宇宙）や自然・社会をどのように解釈し、どう生活していたかを知ることが、人間の存在もその営為もますます意味をもたなくなった観のある現代に生きる私たちの不安を、少しでも和らげてくれるだろうという思いがある。

シャマニズムとは何か。――ひとくちでいうなら、シャマンという祭司的人物が、「トランス」と呼ばれる特有の意識状態で、目に見えない精霊の世界と交信し、その世界の「定め」に対し折り合いをつけ解決にあたる人間救済の宗教であり、また、宗教の枠を超えて、人々の生活のあらゆる面で規範となって働く霊魂崇拝に根ざす世界観である、ということになろう。こういってみて私はじつは、シャマニズム一般ではなく、すでに北アジアという特定の地域のシャマニズムについて述べているのである。というのも、本書は「厳密な意味でのシャマニズムは、もっぱら中央および北アジア、北極地域に見られるものをいう(1)」とする立場にたち、世界各地に見られるシャマニズム的諸現象を考えのなかに入れていないからである。

しかし本書の立場がどうであれ、今日、シャマニズムというと一般にひろく行き渡っている観念があって、それがどのようなものかというと、原始古代社会の宗教的現象か、宗教としてみとめてもせいぜいのところ「遅れた」宗教としか見ず、いまでは普遍的な大宗教に呑み込まれてしまって、世界の辺境に呪術的習俗として生き残っているにすぎない、といったものであろう。たしかに北アジアのシャマニズムは、いまやその原初的な形態や現象を、歴史的過去のなかや祭儀・儀礼の伝統のなかに注意深くもとめざるをえないとしても、(2)非合理的な宗教であったこともなければ、まして単なる習俗であったこともなかった。それは、人間の創造力の源泉ともいうべき深層意識領域の心の働きによって形成された人類の偉大な創造物であり、人間存在と自然に対応して宇宙的な構造をもつ宗教的リアリティであった。したがって、北アジアのシャマニズムを正しく理解することは、この地域の人々だけでなく、ひろく人類が世界(宇宙)や自然・社会をどのように解釈してきたかをあらためて知ることにもなり、私たちの生き方に数々のヒントを与えてくれるであろう。

私たちの住む日本は地理的にはもちろんのこと、歴史的、文化的つながりから見ても東北アジアの一員であり、民族の形成と文化の創造において、北アジアから受けた影響はけっして軽視することはできないといわれる。(3)この地域の文化や思考の形式は私たちの日常的意識を形成しただけでなく――むろん朝鮮半島や中国・江南地方、東南アジアの影響も大きいことはいうまでもないが――、ユングに倣《なら》っていえば、無意識の深層に眠る先験的《アプリオリ》な知識や智恵の母胎となったものである。

私たちにとってシャマニズムは、遠い世界の、魂を蠱惑《こわく》する異教でもなければ、知的好奇心を充たすだけの異文化でもない。それは私たちの根本体験の一部であり、したがってそれになじみ、共感することはむずかしくはないはずである。その気になれば心の奥に潜む先験的な存在を目覚めさせ、それによって人間の、ヒトとしての本来的な（魂の）希求や能力を回復する手がかりをつかみ、生を意義深いものにすることができるにちがいない。

素材から知識へ——三つの接近法《アプローチ》

北アジアのシャマニズムの構造と特徴を明らかにし、その全体像を具体的に描く試みにおいて私がとった方法は、つぎの三つのアプローチである。

その一は、わが国では『元朝秘史《げんちょうひし》』の名でひろく知られている十三世紀に書かれた《モンゴルの秘められた史》という書物の記事のなかに、モンゴル高原を中心とする北アジアに生きた当時の人々の呪術-宗教的営みと思考の諸現象を探求すること、その二は、先史時代にまでさかのぼる人類薄明の時代の古代文化にシャマニズムの根源を訪ねること、そしてその三は、シャマンの「トランス」と呼ばれる意識の変性状態に心理学的な光をあてることである。いわば「素材」のままのこれらの資料や現象から、シャマニズムとは何かを追求して「知識」に組み立てていくこういった試みの全体をとおして、私がつねに力を注いだのは、シャマンの超現実的な体験と能力の実在性《リアリティ》を明らかにすることであった。なぜならば、北アジアのシャマニズムにおいてきわめて重要な役割を果すシャマン――それゆえシャマニズムと呼ばれる――の内的世界をとらえてはじめて、シャマニズムの真髄に迫ることができるはずだからである。

このような意図をもつ本書はしたがって、北アジア――シベリア、モンゴル高原、大興安嶺《だいこうあんれい》東部の東北平原に限っても広大なこの地域の、それゆえ地方や種族(4)によって差違のあるシャマニズムの観念や表象や現象を個々のテーマとして論じたり、あるいは、たとえばトランス現象を脱魂（エクスタシー）と憑霊（ポゼッション）の二つの型にわけるといったように類型化をはかったり、または北アジア以外の地域のシャマニズム的現象と比較して彼我の違いを明らかにするといった試みからは遠くにある。

本書は、シャマニズムを抽象ではなく具体性において、かつ、個別ではなく全体においてとらえたものであり、何よりも始源から今に変わらぬ人間の属性において理解しようとつとめたものである。

本書の構成と各部の序説

本書は、以上に述べた意図とアプローチに対応して、つぎの三部から構成される。

――第一部　『元朝秘史』の世界

ここでは、十三世紀以前の北アジアの事情を記録した『元朝秘史』の記事から、天神崇拝や精霊信仰や狩猟呪術といった当時の人々の呪術‐宗教的観念、あるいは思考の諸現象を拾い出し、近年の民族学的、宗教学的研究の成果に照らして、それらがシャマニズム信仰の現われにほかならないことを検証し、その復元を試みる。また、信仰や習慣には長く入り組んだ歴史的背景があることから、当時の人々の歴史と文化についてもくわしく考察する。これらの作業を通して、シャマニズムが古くから現実の歴史と人々の実際の生活のなかで脈々と息づいていたありさまを描き出す。

ところで『元朝秘史』は、元の太祖《たいそ》（王朝の始祖に対する尊号）チンギス・カンの遠い祖先からモンゴル帝国の創建までの歴史を記した書物である。年代記としての厳密性や史実性が疑問視されることから歴史書ではなく歴史物語とも英雄叙事詩ともいわれるが、本書にとって重要なのは、それが歴史書であれ物語であれ、十三世紀以前の北アジアの社会を当時のモンゴルの人々が自分たちの言葉で書き表わした唯一現存する書物である（くわしくは巻末の「付録　『元朝秘史』について」を参照）という事実[5]である。このことはシャマニズムを知る上で、この書が二つの重要な資料的価値を蔵していることを意味する。一つはそこに当時の人々が何を信じ何を規範として生きていたかを直接的に見出せること、もう一つは、ラマ教すなわちチベット仏教との混淆――この異教の影響は十七世紀以降のことである――をまぬかれた宗教的現象を見出しうることである。

後者について少しふれると、十三世紀後半、元の世祖《せいそ》（王朝の基礎を築いた皇帝の尊号）フビライ（チンギス・カンの孫）の時代に皇室に積極的に受け入れられたチベット仏教は、ほとんどシャマニズムに影響を与えないまま十四世紀の元朝崩壊とともにモンゴル高原では著しく衰微したが、十七世紀以降ふたたび流行したとき、今度は一般の人々をも「熱病のようにとらえた」[6]という。したがって、シャマニズムに関する民族誌的資料が十七、八世紀以降に旅行者や研究者によってもたらされたことを考えると、それらの資料――北ならびに東シベリアの僻遠《へきえん》の地や、西シベリアのアルタイ地方の資料は別にして――にはシャマニズム自体の変化もさることながら、多かれ少なかれチベット仏教の影響が反映されていると見なければならない[7]。もちろん北アジアのシャマニズムは、はるか以前からインド、イランなどの南方文化の波にも洗われており、複合的な発展をとげた文化――このことは強調しておく必要がある――であるが、『元朝秘史』に現われた諸現象は、チベット仏教とのシンクレティズム（異教混淆）をまぬかれている点で、シャマニズムのより古い姿をとどめているといえるだろう。モンゴル人自身の手になる現存する最古の書物であるということと合わせて、この書物を本書の目的にとって第一級の資料と考える理由がここにある。

――第二部　北アジア文化の形成

第二部では、この地域のシャマニズムが人類の長い歴史のなかで形成された観念や表象をよく保存し、世界のほかのどの地域からも独立した独自の構造と特徴をもつことを見ていく。

シャマニズムの本質的な特徴が原始古代の文化に由来することは、のちに見るように民族学、宗教学のひとしくみとめるところである。そこでまず、「人類の偉大な狩猟時代」である先史時代にまでさかのぼって、人間の営為に現われた呪術‐宗教的観念の痕跡を探しもとめる。とくにヨーロッパの後期旧石器時代に出現し、芸術の真の生誕といわれる洞窟壁画の図像群は、立証することは不可能であるが、何がしかの宗教的思想とその実践の存在を確信させるものである。それら壁画の制作動機をどのように解釈するか——現代の古代的社会に見られる「生きた化石」との空想的類推《るいすい》を排して、あくまでも事実に語らせようとする先史考古学者と、人類の発祥からヒトはすでに宗教的人間《ホモ・レリギオースス》であったとする立場から類推に意義をみとめ、それを積極的に推しすすめる比較宗教学者の意見を二つながら見ていくことにする。(8)この作業は私たちがシャマニズムの起源を洞窟壁画に置く魅惑的な説の一方的な虜《とりこ》となることを防ぐと同時に、自由に想像をめぐらせる場を作り出し、かえってシャマニズムについての深い洞察へと導いてくれるだろう。

古代文化にシャマニズムの淵源《えんげん》を訪ねる旅は、さらにユーラシア大陸の東に位置するシベリアにも及ぶ。そこではタイガ地帯からモンゴル高原北方に至る森林山岳地帯の狩猟文化が概観されるが、それによって私たちは、今度は相当の確信をもってシャマニズムの存在について語ることができるだろう。

原始古代の文化は結局、呪術‐宗教的である。なぜならその背景には霊魂に対する確固たる信仰が存在するからである。人であれ、動物であれ、およそ息をするすべてのものに見られる生命現象は霊魂観念を生み、さらに自然界に投影されて万物に魂が宿るという観念を生じさせた。この霊魂崇拝は、動物の呪力に対する信仰とむすびつき、人間と動物との間に神秘的な関係を生み、他方で天空に神々が住むという観念にむすびついて人間と神々との間に神秘的な関係を生じさせた。動物崇拝に根ざす狩猟文化と天神崇拝を、北アジアのシャマニズムを構成する根源的な要素と見るのはこのゆえである。

そこで第二部では、つぎにこの狩猟呪術文化と天神崇拝の二つを主題としてとりあげ、それらがどのようなシャマニズムの表象や観念となって現われているかを具体的に見ていく。そのとき参考にした文献はいずれも北アジアのシャマニズムを専門に論じた書である。しかし、そこに展開されている理論をただ単に紹介あるいは援用するだけでなく、豊富に記載されている伝承・説話の類いと、観察され記録に残された事実資料、つまり「なまの資料」をできるだけ多く参照・引用することにつとめた(9)。そしてさらに、それらを第一部で見てきた『元朝秘史』の記事、すなわち現実に起きた歴史的出来事とつき合わせることによって、体系的な把握の際に陥りがちな抽象的で平板な叙述を回避し、そこに具体性と生気を吹き込むようにした。

――第三部　シャマニズムと現代

ここでは、シャマンが巫儀《ふぎ》(シャマンの儀式)において体験する意識のトランス状態を深層心理学で基礎づけ、精霊の憑依《ひょうい》による天界への「魂の旅立ち」において生じるさまざまな超現実的な出来事の本質を明らかにする。

依拠する理論はユングの「無意識の心理学」である。ユングは「意識の心理学」では到達しえない無意識の世界、この広大な経験領域がどのようなものであるかを明らかにした。しかし、その結論のみをトランス現象の解釈に当てはめ、それで済ませてしまっては、シャマンが体験する超現実的次元の体験の実在性も、シャマニズム信仰に生きた人々が巫儀の場においてみとめる「経験世界の現実性」を凌駕する実在性も、それらがどのようなものであるか、真に理解することはできない。そこで、シャマニズムの理解には一見迂遠《うえん》のようだが、人間意識の基盤を探って無意識過程をどこまでも追究したユングが、ついに無意識の深層に「元型《げんけい》」と呼ばれる先験的存在を発見するまでの過程を辿っていく。そして彼が「元型」の働き、つまり無意識の心の働きをどのように把握したかを見る。これらの作業は、シャマンの諸能力の由《よ》って来たる所以《ゆえん》とシャマンが体験する世界の本質とを明らかにし、ひいては私たちを人間精神そのものへの領解へ導き、人間に本来内在する可能性に目を開かせてくれるであろう。

ところで、ユングの理論は無意識過程という立証されえない事象を扱っているがゆえに難解である。このことは彼みずからがみとめており、無意識とは何かを問うと途方もない思考困難に出会い、その世界を体系的に叙述するのはほとんど人知の及びえないことだといっている。彼自身の言葉を借りていえば、その一連の著作はたしかにどれも「集中力と注意深さをあまりにも要求」するものであり、「楽しい読み物ではなかった」が、本書では彼の説くところを咀嚼《そしゃく》して平易に伝えることを心がけた。はたして目論見どおりいったかどうかわからないが、シャマニズムの理解に欠かすことのできない議論であることは間違いない。

今日、神懸かりとなった巫覡《ふげき》が行なう呪術や、怨霊に憑かれた現象、あるいは呪詛《じゅそ》・呪祓《じゅふつ》の行為など、「シャマニズム的」な現象であれば何もかもシャマニズムにひと括りにして論じる傾向がある。(10) たしかに、日本に限らず世界各地のいわゆる民俗宗教を構成する要素はシャマニズム的なものである。だが、概念の無差別な拡大適用は、人類の偉大な創造物としてのシャマニズム、さらには私たち日本人にとっても貴重な財産である北アジアのシャマニズムをそのなかに埋没させ、それに対する真の理解を妨げるどころか、私たちの関心や共感を呼ぶことさえむずかしくするだろう。繰り返せば、本書はこれまでわが国ではほとんど試みられることのなかったアプローチから、北アジアのシャマニズムの原初的な構造と固有の特徴を明らかにし、あらためて私たちがそれを、かつてこの地域をひろく覆った、世界（宇宙）と人間社会に対する理解、すなわち「世界観」として身近に受けとめることを提案したものである。シャマンとシャマニズムに対する真の理解は、私たちの生き方のみならず現代文明のありかたにも多くの示唆を与えてくれるにちがいない。なぜならばシャマニズムは人間にとって本源的なものとは何かを明らかにしてくれるからである。

本書を書くにあたって多くの専門書を参考にした。本書の性格上、注記スタイルは最小限に抑えたが、参考文献からの直接的な引用文と多くの教示を受けたところは逐一出典を明示し、また必要に応じて註釈を施し本書の理解の一助とした。なお巻末には直接引用した文献を中心に主なものを掲げた。

北アジアの文化の力／目次

第一部　『元朝秘史』の世界

第二部　北アジア文化の形成

第三部　シャマニズムと現代

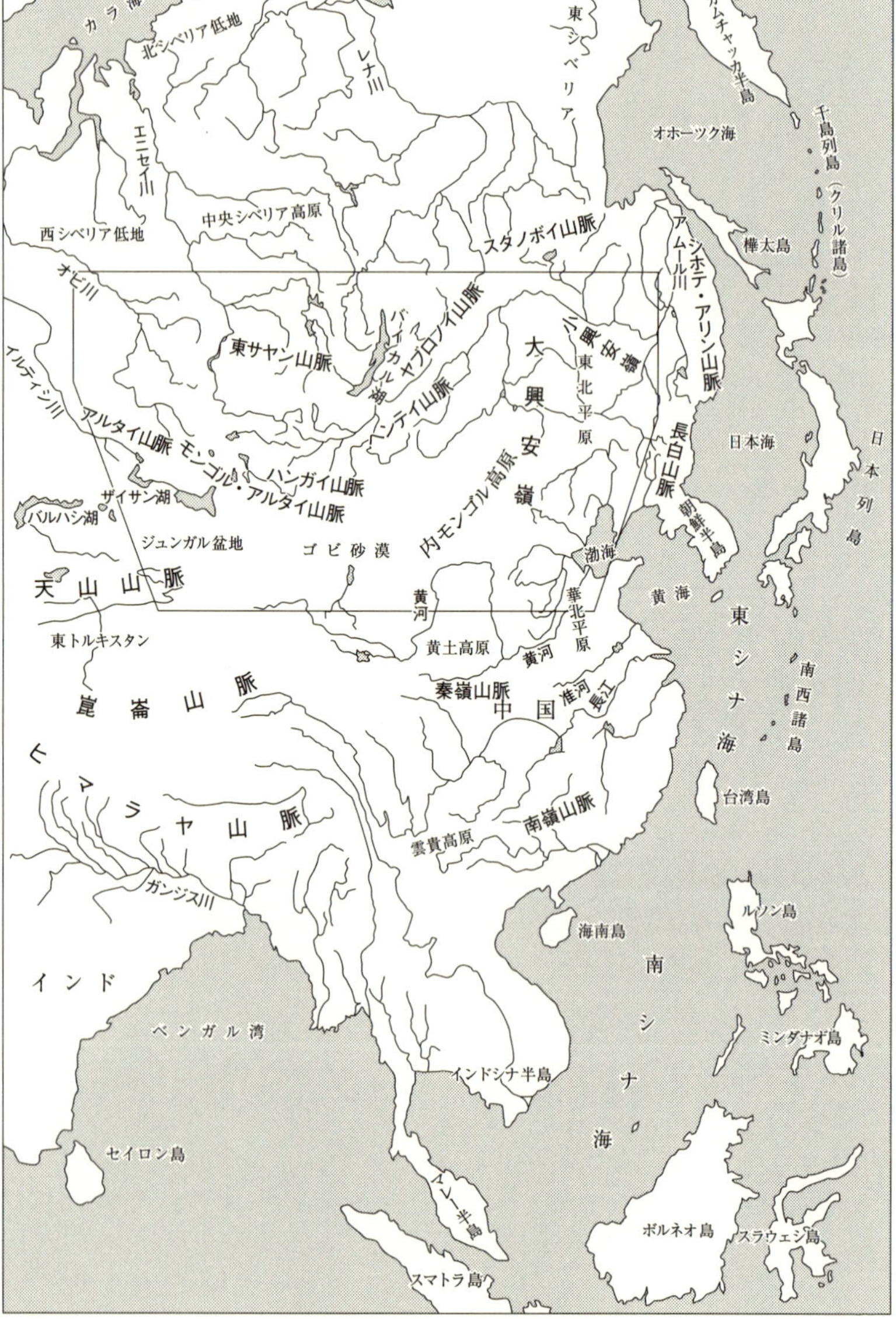

東アジアのなかの北アジア

第一部

『元朝秘史』の世界

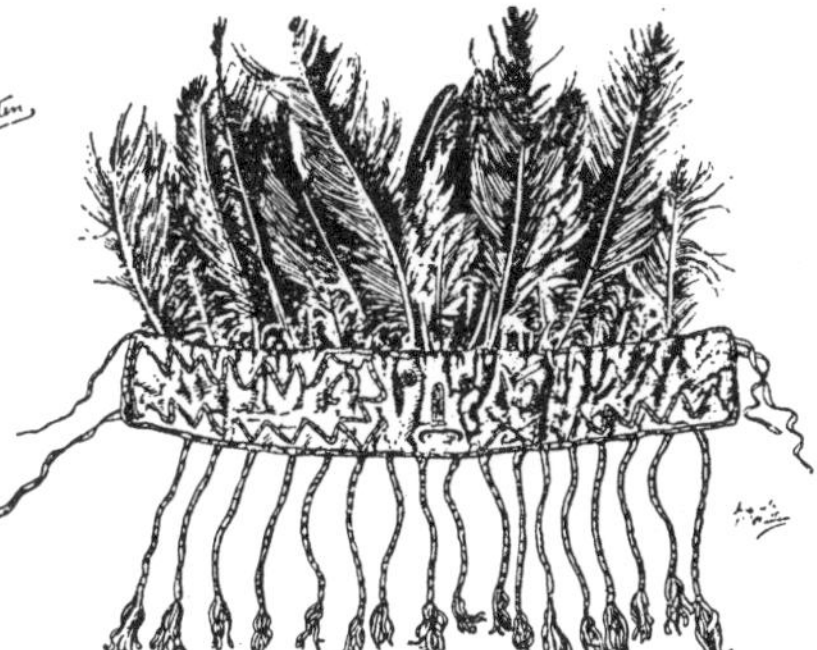

ソヨート族（47頁参照）のシャマンの盛装。右下はかぶりもの。（出典：U．ハルヴァ／田中克彦訳『シャマニズム―アルタイ系諸民族の世界像』三省堂，1971／89）

第一章　天の定め、天の恩寵

「チンギス・カンの根源《おおもと》は、上《かみ》なる天神よりの命運《さだめ》をもって生れた蒼《あお》い狼であった。その妻は淡紅色《うすべにいろ》の牝鹿であった」(1)（小澤訳、巻一・一節）という文章ではじまる『元朝秘史』は、一二〇六年にチンギス・カンがモンゴル高原を統一したあと、一説にしたがえば一二二八年に書かれた(2)、モンゴル人自身が語る唯一現存するモンゴルの歴史書である。

遠い伝承の世界に祖先の系譜を訪ね、高原統一への長い道程《みちのり》において部族がこうむった幾多の危機を語り、英雄チンギス・カンを雄渾な叙事詩に謳い上げたモンゴル帝国創建の記録、『元朝秘史』はたしかに歴史書であるが、その範疇を越えて一つの文学作品でもある。全編に充ちているのは、人々の天神《テングリ》の恩寵への渇望と、それを授けられたときの至福の喜びと感謝の祈りであり、私たちはこの書を読むとき、チンギス・カンとその一族がいかに天神《テングリ》に愛《いつく》しまれ、大きな智恵と力を授けられたかを知ると同時に、当時の人々が貴賤上下を問わず、いかに豊かな天神信仰のなかに生きたかを知って感動を覚えずにはいられないだろう。

この、モンゴルの人々からテングリと呼ばれて崇拝された天上の神は、万物の造物主《ぞうぶつしゅ》でもなければ唯一絶対神でもない。それは世を定め、あらゆる生命体の運命を決定するところの、神々をも支配する世界秩序としての支配者であった(3)。そもそも天神の観念は、無限の天空がその超越性、聖性を啓示すると直観されたところに生じたといわれる。したがって天あるいは天神への信仰は、はるかな原初の時代から世界のいたるところにほとんど普遍的に見られるが、中央ならびに北アジアでは、ほかの地域の民族の同じ神と比べて概してその原初の性格がよく保存されており(4)、狩猟文化と並んでこの地域のシャマニズムを構成し特徴づける重要な要素となっている。

ところで、本書で北アジアとして設定した地域は、厳密なものではないがシベリア、モンゴル高原、大興安嶺《だいこうあんれい》(中国・内モンゴル自治区の山脈)東部の東北平原の三つからなる区域を指す。いまその地理的位置を北ユーラシア大陸の中で俯瞰《ふかん》すると、北は高緯度の極北地方につながり、南は中国北部と接し、東は長白《ちょうはく》山脈(中国東北部、朝鮮民主主義人民共和国との国境に位置し、北東から南西に走る)によって画され、西は中央アジアと隣する。中央アジアを含めてとらえると、モンゴル高原はシャマニズム文化圏のほぼ真ん中に位置する。このような地理的・文化的位置を占める高原を活躍の舞台としたモンゴルの人々が、敬虔なシャマニズム信仰に生きたのは想像に難くないが、このことを何よりも直接的、具体的に語っているのがほかならぬ『元朝秘史』である。

そこで、この章では、『元朝秘史』の記事からそのあたりのことを証明する恰好の例——まずは天神崇拝に関するもののみだが——を二つとり上げて見てみようと思う。

牛となって戦うシャマン

最初の一つは、チンギス・カンがまだテムジンと呼ばれていた若い頃の話である。父イェスゲイが同じモンゴル系種族のタタル部族の計略にかかり命を落したあと、つぎつぎと一家を襲った滅亡の危機を乗り越えたテムジンは、ようやく出身部族であるモンゴル部族の将来の指導者と目されるようになっていた。しかしその台頭は、同族の実力者ジャムカとの間に主導権をめぐってするどい緊張を生じ、モンゴル部族の諸集団は両陣営に二分される状況にあった。そのようなある日、テムジンの天幕《ゲル》を一人のシャマンが訪れた。そのコルチ・ウスンという名の、一族を守護するシャマンは神託を祈《ね》ぎ降ろしたことを報告し、こういった。

我等、然るに神のお告げ来たり、我に、己が目に見せしめぬ。淡紅色の牡牛来たり、ジャムカをめぐり行き、彼の家車を突きて、ジャムカを突き、己が片方《かたえ》の角《つの》を折り、不揃いの角になり、「わが角を与えよ」と云い云い、ジャムカに向かいて吼え吼えして、土塵をまき上げつつ立てり。角なき淡紅色の牛は大いなる下床を上にもちあげ、それを駕し曳きて、テムジンの後《しり》えより大道を吼え吼えしつつ近づき来るに、天地相和《あいわ》して「テムジン、国の主たれ」とて国を載せ持ち来たる、かく、神のお告げを己が目に見せ、我に告ぐ（小澤訳、巻三・一二一節）。

＊対訳――神のお告げが下りました。〔神託をうかがいに上界へ旅立った〕私はそこに淡紅色の牡牛がやって

きてジャムカのまわりを巡るのをこの眼で見ました。〔私の化身にほかならない〕その牛は角でまず、彼の家車《ゲル・テルゲン》〔遊牧民固有の、移動に便利な居室部を車に載せた天幕家屋〕を突いて、その上に載っていた家《ゲル》〔すなわち、国〕をひっくり返すと、つぎにジャムカとはげしく戦い、片方の角を折ってしまいました。そして土塵をもうもうと巻き上げるなかに〔後足で〕立ち、角を返せとおそろしく吼えたのです。〔こうしてジャムカを退けた〕牡牛は今度は、大きな家《ゲル》〔遍《あまね》き民人を統一した国〕の床をもち上げると家ごと車に載せ、それを牽引してテムジンのあとを孜孜咆哮《しし》しながら大道を進み、〔神々や精霊のところへ〕近づいていったのです。すると、聞こえてきたのは、天神、地神が相和して「テムジンよ、〔牛が曳いてきた家の主になれ〕国の主となれ」という声でした。私が上界で目撃したのはこのような次第ですが、これが神のご意志です（以下、対訳は引用者による。〔　〕は引用者補足）。

コルチ・ウスンはモンゴル部族の指導者に誰がなるのか、その託宣《たくせん》をうかがうために巫儀《ふぎ》（シャマンの儀式）をもよおし、天界へ「魂の旅立ち」を行なったのであった。彼に憑依した守護霊は上界で牡牛となり、ジャムカ側の精霊とはげしく渡り合って勝利した。コルチ・ウスンは、天地《あまつち》の神々と精霊たちがテムジンの首長即位を告げて合唱するなか、神意をしかと見届けて地上界にもどり、このことを神託としてテムジンに口伝えしたというのである。

シャマンが身に受けた神託を、その頃の北アジアの人々が天の「定め」として受けとめ理解した絶対的な意味を、霊性の世界からよほど遠ざかった現代に生きる私たちが理解することはほとんど不可能であろう。当時、あらゆる存在（者）の運命を定める天神への信仰に生きた人々にとって、唯一天上界と接触できる人物であるシャマンの伝える天神の意志は、世俗の最高権力者である君主といえども無条件に従わねばならない神聖なものであった。実際、コルチ・ウスンのもたらしたお告げは、『元朝秘史』が伝えるところによれば、それまでテムジンとジャムカ両雄の間に立って帰属を決めかねていたモンゴル部族の諸集団を、テムジンの旗下に結束させる大きな契機となり、テムジンが高原統一の事業へ向けて第一歩を踏み出す一大画期となったのである。

神託が現実の歴史を動かしたという事実のもつ意味はさておき、ここで私たちが大きな興味を覚えるのは、それまで自分たちの部族の歴史を神話的物語や伝説で綴《つづ》ってきた『元朝秘史』の作者が、みずからの同時代人であるテムジンの事蹟を歴史的事実、言い換えれば「合理的な」世界のなかで語りはじめるようになったそのときに、この一件を記録していることである。このことは歴史時代に入ってもモンゴルの人々が豊かなシャマニズム信仰の世界に生きていたことを示すものにほかならない。

このコルチ・ウスンの神託の記事はまた別の意味で、私たちを刮目《かつもく》させるに価する。というのは、シャマンが巫儀において牡牛に化身するという表象が、時代はずっと降って少なくとも近代に入ってもなお、北アジアの人々の間に生きつづけていたからである。それは、本書の「はじめに」でふれたように、十七、八世紀に入って盛んになった主にシベリア原住民を対象としたシャマニズム研究の事実資料が教えるところである。北方の住民であるヤクート族から聞き取った話のなかで、彼らのシャマンもまた巫儀において牛となったことが明らかにされている。二つの例を挙げてみよう。一つは、不仲からついに戦うことになったシャマン同士の争いの話である。ウィチュケムという名のシャマンは、相手がその晩に襲ってくることを家族に告げ服をぬいで床につく。不利となれば加勢するようにいわれた家族は果して眼前に繰り広げられた事の一部始終を目撃し、こう証言する。

〔敵は今夜襲ってくるぞ。〕彼はこういうと衣服を脱ぎ捨て横になったが、じきに床に転げ落ち、牛のうなり声をあげて両手を地面にひっかき始めた（牡牛が敵と争う前にやる仕草のようである）。その瞬間、彼の頭のてっぺんから角が現われた。彼はその角で地面を掘り起こしつづけ、戸の敷居の下に穴をあけると、そのすき間を通って庭へ出て行った。家の者が見守る中を一人で牡牛のように振舞いながら重苦しいうめきをあげて見えない敵と戦っているかに見えた(5)。

もう一つの事例もやはりヤクート族から採集したものである。この話は、シャマンが自分と同じように動物形の病魔となって現われた相手方のシャマンと戦う場面と推測されるが、その巫儀に参加した一人はそのときの様子をこう報告している。

秘儀の最中にシャマンは突然太鼓を抛《なげう》って牛のうめきを発し、四つんばいになり手で地面をひっかき始めた。それから両耳の上に二十センチばかりの何か赤いものが現われたように思えた。参加者の皆はそれが角だといった。彼は長々と牛のうなりを発しながら角で地面を掘り返し始め、大きな粘土のかたまりが壁に飛び散ったのが見えた。それから角はもと通りきえてしまったようである。

次に彼は巫儀の参加者たちへ小刀をくれと要求したが誰も彼に渡さなかった。そこで彼は片張り太鼓を高くかざすと、戸口の傍らで太鼓の縁のところを力いっぱい打った。突然何かが太鼓の上に落ちたような音がした。すると彼ははたして小刀の束をもっていたのである。(6)

私たちは、十三世紀からずっと降った時代に、人々が実際にもよおした巫儀において、コルチ・ウスンと同じように守護霊が牛となって憑依するという表象の現われていることに驚きを禁じえないだろう。ところでヤクート族というのは、現在レナ川（バイカル山地の西斜面に源を発しロシア共和国のイルクーツク州とヤクート自治共和国を流れる）の流域を中心とした、北シベリアの広い範囲に住んでいるトルコ系種族と目される人々である。十世紀以降にバイカル湖方面からこの地へ移動してきたのだが、モンゴル系種族の人々との接触のなかで彼らに少なからぬ文化的影響を与えた。それゆえ、両種族の間にはシャマニズムの観念や表象の類縁関係がみとめられるので、説明が細かくなるきらいはあるが、ここで彼らの種族形成の跡を辿ってみることは無益ではないだろう。

ヤクート族は、紀元前後にアジアで最初の騎馬遊牧国家となった匈奴《きょうど》の興亡の歴史のなかで、バイカル湖沿岸地方に入って原住民を同化し、そこを住地とした人たちである。唐の史書に骨利幹《クリカン》として出てくる人々に比定されており、バイカル湖沿岸一帯にトルコ文化の要素が優越したクルムチン文化を成立させた。その後八世紀半ばから百年にわたってモンゴル高原を支配したウイグル（回鶻《かいこつ》。トルコ系部族国家）の瓦解のあと、四方に分散したその国の人々の到来を受け、またその後に進出してきたモンゴル系民族との同化を経て種族としてのまとまりを形成していったと見られている（七〜八世紀の北アジアについては三七頁の地図参照）。そして歴史の有為転変《ういてんぺん》のなかで、現在北方モンゴル族と称されるブリヤート族とわかれて北シベリアへ移動し、その地にさきに到来していた同系の人々と合流し、原住民の文化を受容してトナカイ狩猟民あるいはトナカイ遊牧民となったといわれる。

シャマンが神託を祈ぎ降ろすためや、同族の仲間を死と病の不幸から救うためにもよおす巫儀は、その身にまず守護霊が憑依し、つぎに天界への道案内役である補助霊がとり憑くことによってはじめて成立する。それら精霊たちはそのとき、シャマンの出身氏族や部族に縁の深い動物（氏族動物）となって現われる。北方の文化を受容したヤクート族のばあい、関係の深い動物はトナカイになるのだが、事例に見られるように守護霊が牛となって現われるのは、南方にいたころの草原遊牧文化の名残である。バイカル湖沿岸でヤクート族と接触したモンゴル系のブリヤート族も、おそらくはその影響であろう、ブハ・ノヨンという牛神を崇拝し、シャマンは巫儀で牛となり、四つんばいになって歩き唸り地面を引掻いて突っかかるという(7)。

いずれにしても、『元朝秘史』の時代と十七、八世紀以降に採集・記録された事実資料の間には、四百年から時期のとりかたによっては七百年という年月の差が厳然として存在する。しかもその間チベット仏教の影響を大きくこうむったにもかかわらず、同じ表象が長い年月の風化に耐えてシャマンの儀式に保存されてきたのは、シャマニズムが古来人々の間に強固な基盤を形成していたことの証であるといえよう。

天神への敬虔な祈り

十三世紀当時のモンゴルの人々がシャマニズムへの厚い信仰のなかに生きていたことを示す事例として、もう一つここに挙げるのは、天上の神に捧げる熱心な懇願と感謝の祈りである。

天神の意志が君主の召命や戦の勝利となって天降る場合はいうに及ばず、同族に加護を与え自分に救いをもたらすものであれば、人々はそれらを天の恩寵として受けとめて敬虔な感謝の祈りを捧げ、そして何ものにも比べようのない至福を感じた。もちろん恩寵は懇願すれば誰にでも与えられるというわけではなかった。天神は〈知ろしめす〉存在であり、人の道を外さず道理に生きる者のみを愛しみ恩寵を授けるのである。したがって人々は天神に愛《め》でられるかどうかをものごとの判断と行動の基準とし、己をきびしく律した(8)。北アジアのシャマニズムは当時の人々にとって、どのように生き、日々どのように考え行動するかという、生活のあらゆる面を規定するものであった。

したがって『元朝秘史』には、天地《あまつち》に捧げる感謝の祈りや、〈知ろしめす〉神を前にして立てる誓いの言葉など、じつに数多くの天神、あるいは天地二神への感情の表出が見られる。つぎに引用する天神への感謝の祈りはチンギス・カンの身に起きた出来事に関するものだが、一個人を越えて当時のモンゴルの人々の天神崇拝の観念がどういうものであったかをよく示している。

それは、テムジンが若き草原の遊牧戦士として立ち上がるにまだしばらくの間があったときのことであった。しかし早くも指導者としての非凡の素質を顕しはじめていたテムジンを警戒した高原北方の雄メルキト族（半猟半牧の民）は、テムジンの父イェスゲイの時代からの怨みを晴らすという名分をかかげ、一家の寝込みを急襲した。母ホエルンとテムジンたちは押し寄せる三百名の騎馬兵士を避けて、居営地の北にあるブルカン岳の山中に無事逃れることができたものの、テムジンは結婚して間もない妻ボルテを連れ去られるという窮地に立たされた。

かろうじて命が助かったテムジンは翌日の早朝、ブルカン岳の山の端に漸う《ようよ》昇ってきた太陽に向かい、ほどいた帯を首にかけ帽子を手にして胸にあて、九度ひざまずいてはそのつど酒を天に向かって撒《ま》き、地に注いで祈り、つぎのような感謝と誓いのことばを捧げた。

ブルカン岳に
虱《しらみ》に似たるわが命　救い出されたる　われこそは
ブルカン岳に
いなごにも似たるわが命　助けられたる　われこそは
いたく　驚かされたるぞ、わしは

ブルカン岳をば朝ごとに祭れ
日ごとに祈れ
生みの子のいや次々に顧みてよ〔子子孫孫まで祭り祈ることを忘れまい〕
（村上訳、巻二・一〇三節。一部省略）

このテムジンの祈りには、人間の宗教経験にとって基本的な情緒の一つといわれる自己卑下の本能にもとづき、自分を否定的にとらえる感情の表白が見られる点[9]でも興味深いのだが、それはさておき、ここにシャマニズムの二つの要素が現われていることに私たちは大きな関心をいだく。そのうちの一つは、北アジアの諸民族の間にひろく見られるところの、太陽が人間の行為をみそなわすという信仰――太陽も天（天空）の一部として、天神と同様〈みそなわす〉存在であった――である。それは太陽へ物を供えたり太陽の名において誓約を行なう形で表現される。ツングース系種族のゴルディ族（ナナイ族）について記録した資料によれば、病人を抱えた部落の人々は、日の出を待ちうけて山並みの間から太陽が昇る瞬間に、病気という不幸から見逃してくれるように太陽に頼み込むという[10]。テムジンもまた、己の命を救ってくれたブルカン岳を、子々孫々まで祀る誓いを天神に立てたことを、太陽も知り置かれよと祈ったのであった。

もう一つの要素は、九度ひざまずいたという所作に現われる観念である。「九」は北アジアの人々のあいだでは七とならぶ聖数であり、天の重層構造を表現するときにも用いられる。つまり天は九つの層からなり、第六層の月、第七層の太陽というようにそれぞれの層に神がいて、最上層には天神《テングリ》が住まうと信じられていたのである。シャマンは巫儀において、上界の神々や精霊たちと接触できる唯一の人物として天の九層を一つずつめぐる旅に出る。天界への魂の旅立ちである。その目的は、神託をうかがい、あるいは同族の仲間を死とそのほかの不幸から救うためである。シャマンは最後の第九層に達すると天神に見《まみ》え、地上の祈りが届いたか供物が気に入ってもらえたか、そして懇願が聞き入れてもらえたかどうかをうかがう。こうして目的を達したシャマンはふたたび九層を旋回して地上にもどり、会衆にその結果を報告する。

シャマンではないテムジンがもちろん「魂の旅立ち」の技術をもっているはずもなければ、いかなる形でも天神に見えるはずもなかったが、その九度ひざまずくという所作は、もう一方の、帽子をとり帯をほどくといった俗的な普段着を脱ぐ動作とともに、いってみればシャマンの行為のかたちをとった祈りであり、御加護に対する感謝の一念においてシャマンと同等の祈りであったのである。私たちはここに、ひとりシャマンばかりでなく、神々や精霊と直接接触できない地上の一般の人々も、天上の神に対しシャマンと同等の行為をもっていかに深い敬虔な信仰を表わしたかを見てとることができるだろう。

さて、テムジンは、高原北方のハンガイ山脈から流れ出てバイカル湖に注ぐセレンゲ川の下流域にひろがる低湿地帯の、メルキト族の本拠に連れ去られた妻ボルテを救い出すために直ちに行動を開始した。まず、亡き父イェスゲイのかつての盟友《アンダ》であった同じモンゴル系部族のケレイトの王から軍隊派遣の約束をとりつけたあと、幼いときからの友であり、当時すでに知将の名をほしいままにしていたジャムカから全面的な協力を得て、三者合同軍の一翼として出陣した。全軍の指揮をとったのはジャムカであった。その作戦は四囲の地勢を読み取った上の用意周到なものであった。兵士たちはセレンゲ川に合流するキルコ川を莎草《はますげ》で組んだ筏《いかだ》で渡り、敵の居営地の背後に回って夜襲をかけた。テムジンは逃げまどう群衆のなかから妻を奪い返すことに成功した。留守営にもどった彼は、オン・カンとジャムカという有力者二人と同盟をむすび協力が得られたことと、戦に勝利したことに加え、妻を無事に救出できたというこれ以上望みようのない形で、神の御加護が授けられたことに感謝した。

『元朝秘史』はこのときテムジンがひたすら「天神、地神にお力を添えていただき、威霊ある天神に名を呼ばれ、母なる地神に伴われた」（村上訳、巻三・一一三節）お陰であると感謝の祈りを捧げたことを伝えている。天神が神霊の威力を揮う存在として尊崇されたのはいうまでもないが、ここに地神が出てくるのは、それが母のように庇護する存在として敬われていたからである。この天神・地神一対の表現は、宇宙を上方の《蒼色の天》、下方の《褐色の大地》とに二分するトルコ系民族にはじまる宇宙観(11)に対応しているのだが、むろん二神は並び立つといった対等の関係にあるのではなく、まして互いに拮抗するものではない。天神は最高神としてそのほかのすべての神々を従属させているように、地神をも支配する存在である。天神があらゆる生あるものの運命を定めるのに対して、地神は人の子たちの出生をつかさどり育むものと考えられていた。(12)地神は、大地と水の生命力をもたらす女神、すなわち地母神《ちぼしん》だったのである。

以上、私たちは『元朝秘史』の二つの記事に即して、当時のモンゴルの人々の天（天空）・天神信仰に現われた観念と表象を見てきた。それは、この書がいかに豊かなシャマニズムの世界を描き出しているかをまずもって知るためであった。天神信仰に限っても断片的な観察にすぎず、しかもシャマニズムを構成するもう一つの要素である狩猟呪術文化にふれていないから不充分なものであったが、まずは当初の目的を達したであろう。

次章から第一部の核心に入っていく。議論を二つに分け、まず『元朝秘史』に描かれた人々の祖先がどのような歴史と生活文化をもっていたかを尋ねて、彼らが歴史上はじめて記録に登場する遠い過去へさかのぼることにする（第二章）。それはまたおのずと私たちの視野を北アジア全体に広げることにつながるだろう。つづく第三章では、チンギス・カン一族の始祖であるボドンチャルという人物の生誕前後の時代から起こし、シャマニズム信仰の主要な現象を一つ一つとり上げて見ていく。これらの作業によって北アジアのシャマニズムは私たちの前に具体的な相貌をもって立ち現われてくるだろう。

第二章　遠い祖先、伝承の世界

北方ユーラシアのシャマニズム文化圏の中心に位置するモンゴル高原の地理上の位置を、いまもう少しくわしく見ると、そこがユーラシア大陸の平均高度千メートル以上の内陸部に位置し、その東は北から南に走る大興安嶺によって中国東北地方と画され、西はシベリアから南東に伸びるアルタイ山脈で遮られ、その南麓で中央アジアにつながっていることがわかる。南北で見ると南はゴビ地帯の広大な砂丘の海を越えて陰山《いんざん》山脈で中国と境し、北は多くの河川がそこから流れ出るヘンテイ、ハンガイの両山脈がほぼ東西に伸びて森林地帯を形成し、その北麓でシベリアのタイガと接している。

このようなモンゴル高原がモンゴルの人々の土地、すなわちモンゴリアと呼ばれるようになったのは一二〇六年、チンギス・カンがトルコ系とモンゴル系とを問わず、高原のすべての部族、民族の統一を果し、モンゴル帝国を建設してからである。しかしモンゴル部族の人々の住地がもとからそこにあったわけではない。七世紀中頃から盛世を迎えた唐の正史『旧唐書《きゅう(く)とうじょ》』が教えるところでは、高原の北のはずれ、いまの中国東北部の北端の地が、記録で知られる限りの、彼らの原住地であった。

モンゴル部族の祖先は、長い時間をかけて高原へ進出し、その過程であたらしい文化を受容すること

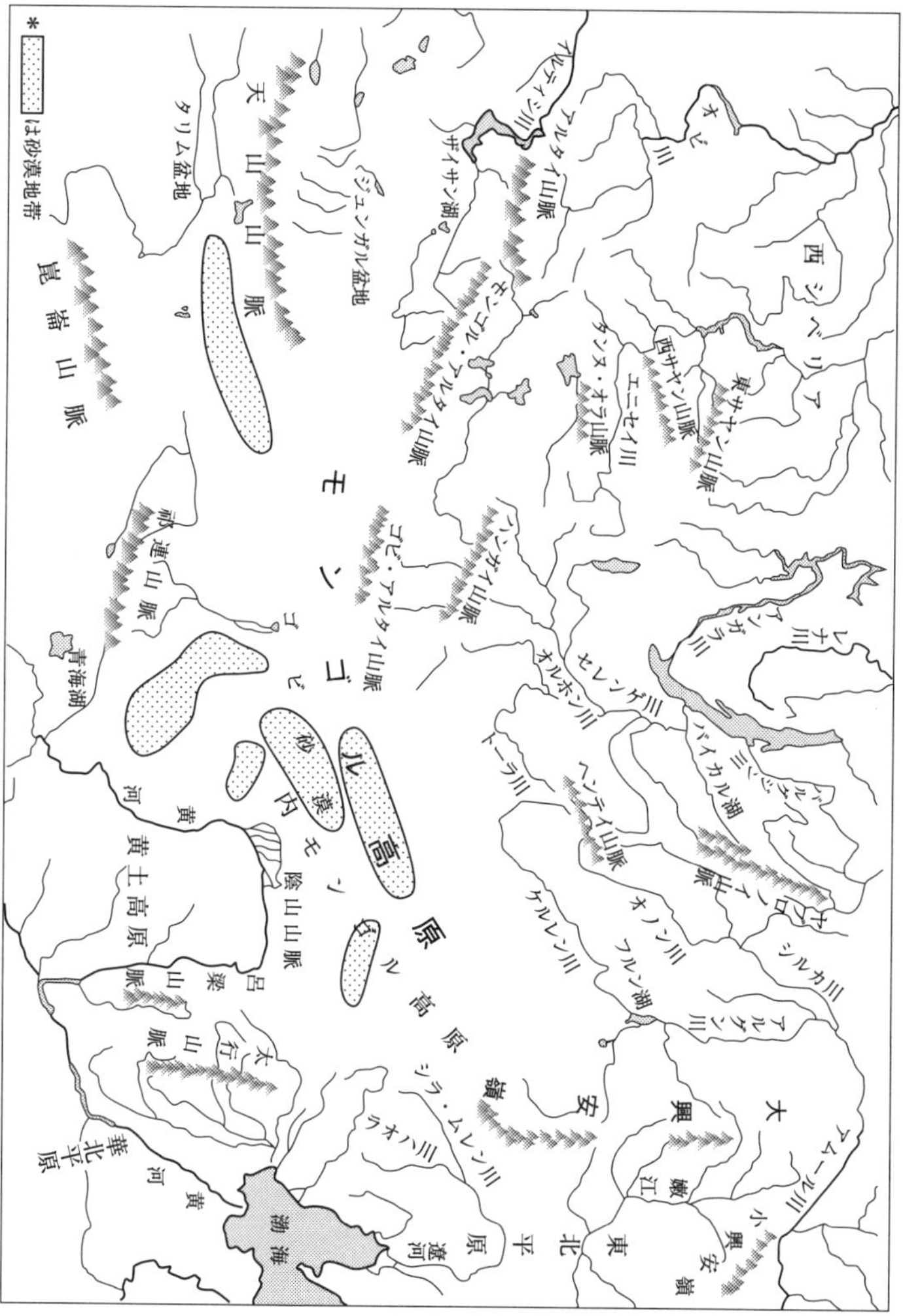

北アジア全体図

遊牧民族（国家）と狩猟民族の発生・発展は北アジアの地理的環境に負うところが大きい。前者はモンゴル高原を，後者は周縁の森林山岳地帯を本拠地とした。（筆者作成）

によって自分たちの文化をより豊かなものにし、のちに空前の世界帝国にまで発展するこの国の支配氏族となったのである。その軌跡は、とかく内部発展の契機が乏しいと思われがちな北アジアの歴史がいかに変化に富んだものであったかを示しているといえよう。

蒙兀《もうこつ》と呼ばれた人々

時代は、一二〇六年のモンゴル高原統一を五百四十年あまりさかのぼる七世紀の半ばすぎのことである。トルコ系種族の部族集団である鉄勒《てつろく》を倒して建国いらい最大の版図を広げた唐は、東は朝鮮半島の百済《ひゃくさい》の故地から西は西域《せいいき》まで、北は東北平原から南は雲南、現在のベトナムまでの広大な地域を支配下に置き、中国本土と同じように州と県を置いて統治した。支配下に置いた周辺諸国や辺境の諸民族を鎮撫する必要に迫られた唐は、彼らの動向を観察すると同時に、その生活や風俗をくわしく記録するようになった。それらの記録のうちの一つである『旧唐書』は、東北辺境に住む異民族の姿をとらえたなかで、歴史上はじめてモンゴルの人々についても記録に書きとどめた。そこでは彼らは、唐の都長安《ちょうあん》からはるか東北の彼方に住む「室韋《しつい》」という種族のうちでも最北部に住む「蒙兀《もうこつ》」(1)と呼ばれる一部落民とされた。

室韋とは多数の部族からなり、いまの中国黒龍省《こくりゅうしょう》西部の大興安嶺の山地を挟んでその東西にひろがり、南は現在の嫩江《のんこう》と松花江《しょうかこう》の合流点から、北はアルグン川がアムール川(黒龍江)に注ぐあたりまでのひろい地域に、十七余りの部族に分かれて住んでいた人々を総称したものである。

室韋の「室」は家を、「韋」はなめし皮を意味するから、室韋とは、唐の記録者がその人々の生活文化を観察したままに種族の呼び名としたものであろう。すなわち、唐の史書は彼らが「木をまげて室をつくり、それを筵《むしろ》で覆った」ものを住居とし、豚や野獣の「毛皮をなめして衣服」とすると記しているのである。もっともひと括りに室韋といっても、ひろい地域に十七余りに分かれていた諸部族の生活と習俗は、『旧唐書』に先行する史書の記録も参照すると一様ではなかったようであるが、いま、それら複数の観察記録のなかから室韋諸部に共通する点を拾い上げて、彼らの一般的な生活風習を描いてみると、およそつぎのような姿が浮かび上がる。すなわち、羊は牧養しておらず馬はいても数は少なく、牛は多数飼育しているが耕作には使役しない。住居は木をまげて筵あるいは獣皮でおおった「室《いえ》」であり、移動するときはそれを車に載せて運ぶ。人々は弓射に巧みでいつも狩猟にはげむが、冬には水と牧草を追って移動する。人が死ぬと地中に埋葬せず樹上に台をこしらえてその上に葬むる、といったものである。

もっとも、大興安嶺西側の、ゆるやかな傾斜をもって高原につながる山麓にいた人々は遊牧生活圏に接しその影響をつよく受けていたと思われ、また蒙兀のような北方の住民は狩猟に加えて漁撈や自然採集にも依存していたであろうから、共通する部分にも相当のばらつきがあったと考えられる。ただ遊牧民がもっぱら羊の肉を毎日の食料とし、馬を駆る生活を送っていたのとはだいぶ異なって、室韋が狩猟文化に濃厚に彩られた人たちであったことは間違いないだろう。

このようにモンゴル帝国を建設した人々の直接の祖先は、狩猟を主たる生業とする「蒙兀」と目される民であった。その住地をもう少し特定すると、そこは大興安嶺西北の草原地帯にあるフルン湖から流れ出たアルグン川が北流し、シベリアの南辺を東流してきたシルカ川と合流するあたり、いまの中国とロシアが国境を接するところである。そしてこの原住地の推定は、ペルシア語の歴史書『集史』に伝えられるモンゴル部族の祖先説話によっても裏づけられる。(2) また、何よりも『元朝秘史』には、冒頭部分の狼祖伝承につづいて「大湖《おおうみ》を渡って来た」（村上訳、巻一・一節）とあり、モンゴル部族の祖先が移動の前はバイカル湖もしくはアルグン川に比定されるこの「大湖」の東方にいたことが確かめられるのである。つまり、彼らは七世紀の頃、タイガと呼ばれるシベリアの針葉樹林帯に接する土地を住地としていたのであった。そこは現在、森林のあいだに狭い草原が点在する森林ステップと呼ばれているところであるが、当時も同じような景観であったろうといわれる。

さて、室韋の様子をとらえた唐の史書も、その一部落民である蒙兀については名を記すのみで、集団としての動向はおろか、生活や風習さえ一切記録にとどめていない。しかしさいわい私たちの手もとには、ほかならぬその蒙兀の子孫が書いた『元朝秘史』が残されている。それは人々の間できっと語り継がれていたにちがいない歴史上の画期には重要な人物を登場させ、象徴的、寓意《ぐうい》的ではあるがその時代の出来事を語っている。私たちはそれらを手がかりにして七世紀以降の彼らの足取りを辿り、さらに彼らがどのような信仰と思考の形式をもっていたかをかなりの程度まで知ることができるのである。

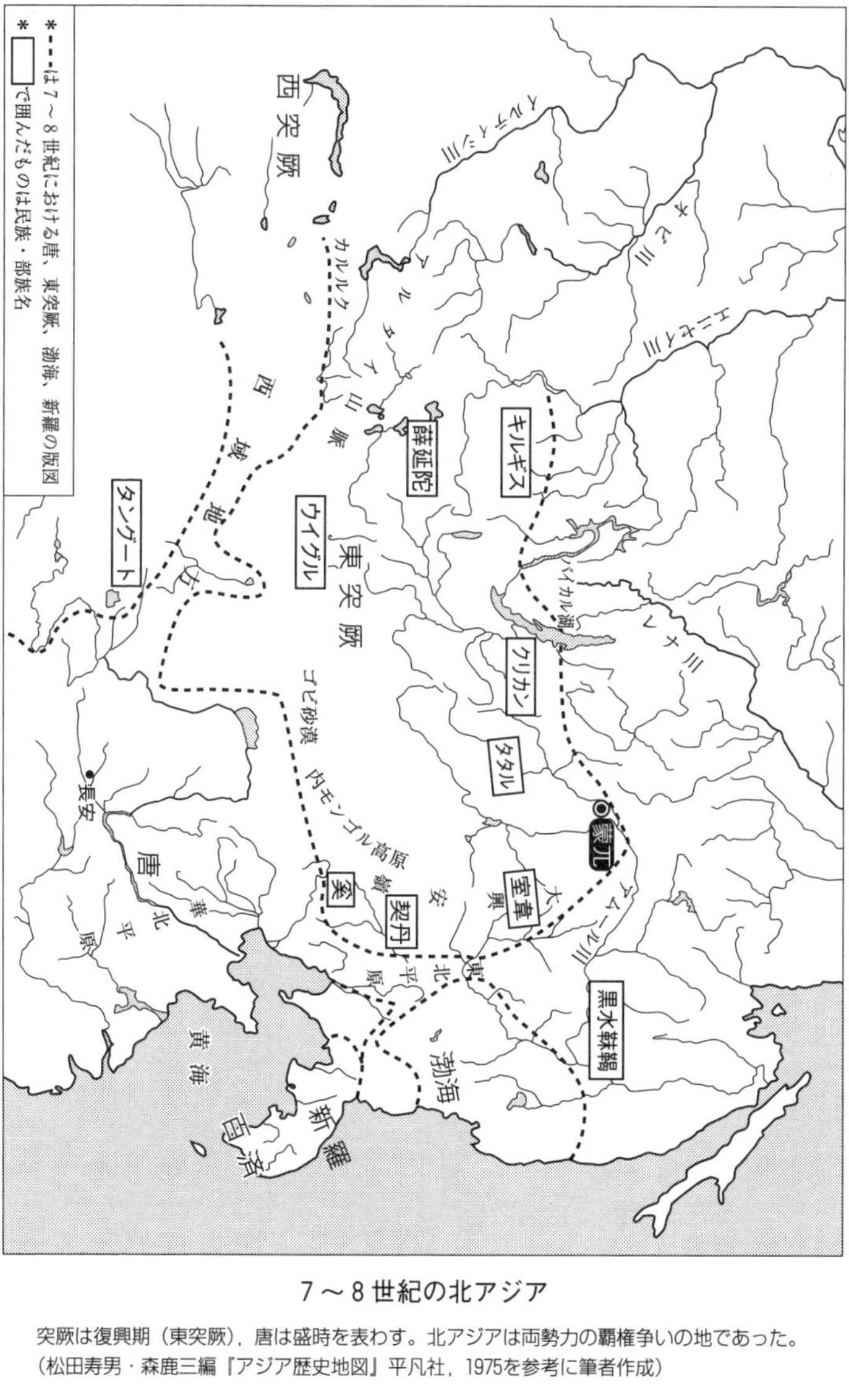

7～8世紀の北アジア

突厥は復興期（東突厥），唐は盛時を表わす。北アジアは両勢力の覇権争いの地であった。

（松田寿男・森鹿三編『アジア歴史地図』平凡社，1975を参考に筆者作成）

系譜に現われた二人の人物

『元朝秘史』の巻頭は、天降った《蒼い狼》の族祖説話で飾られ、それにつづいていつの時代か明らかではないが、祖先が「大湖」を渡って来たことを伝えていた。この冒頭部分はさらに彼らが高原北部に出てきたことを示唆するつぎのような文章で書き継がれている。「オノン川の源のブルカン岳に住居《すまい》して、生れたバタチカンという名の子があった」(村上訳、巻一・一節)。この一文はモンゴル部族の、人、い、の始祖を伝える重要な件《くだり》である。

このバタチカンという具体的な名前をもつ人物が《蒼い狼》から何代下った裔であるか知る由もないが、後世のモンゴル部族の人たちが自分たちの出自を明らかにする必要に迫られたとき、渺茫《びょうぼう》たる草原の大地に立ってはるか遠くを眺めやるように、伝承の世界のなかの幽かな部族的記憶の糸をたぐって祖先の姿を探しもとめた結果、バタチカンという名で伝えられる人物をとらえたのであろう。バタチカンはトルコ語で「牧人」を意味するという(3)。その名から判断するとバタチカンの登場は、すでにその頃モンゴルの人々のなかに、高原北部を西から東へ流れるオノン川の水源を抱えるブルカン岳山間の草原に、牛馬の牧養人として一定の拠点を確保した集団のいたことを表わしているのであろう。

バタチカン以降、『元朝秘史』が伝える系譜にはさまざまな名をもった人物が登場する(左頁系図I参照)。それらの人々を単に架空の存在として見過ごすのではなく、それらを一つ一つ世代に並べ、後世の史実に裏づけられる確かな年代から逆にさかのぼっていくと、バタチカンの生誕は七世紀中頃のことと推定される。この頃に寓意的表現とはいえ、系譜上はじめて具体的な名前をもつ人物が登場したのにはそれ相応の理由があったと考えねばならない。

　七世紀の中頃というと、唐の勢威がモンゴル高原にも及んだ時代であった。六六二年、高原に勢力を張っていたトルコ系種族の鉄勒《てつろく》の相次ぐ叛乱を鎮圧した唐は、高原北部のオルホン川流域に瀚海《かんかい》都護府という鎮撫機関を置いて鉄勒諸部を統制した。こうして鉄勒とさきに服属せしめていた突厥《とっけつ》というトルコ系の二大部族グループを支配下に置くことができた唐であったが、わずか二十年も経たないうちに相

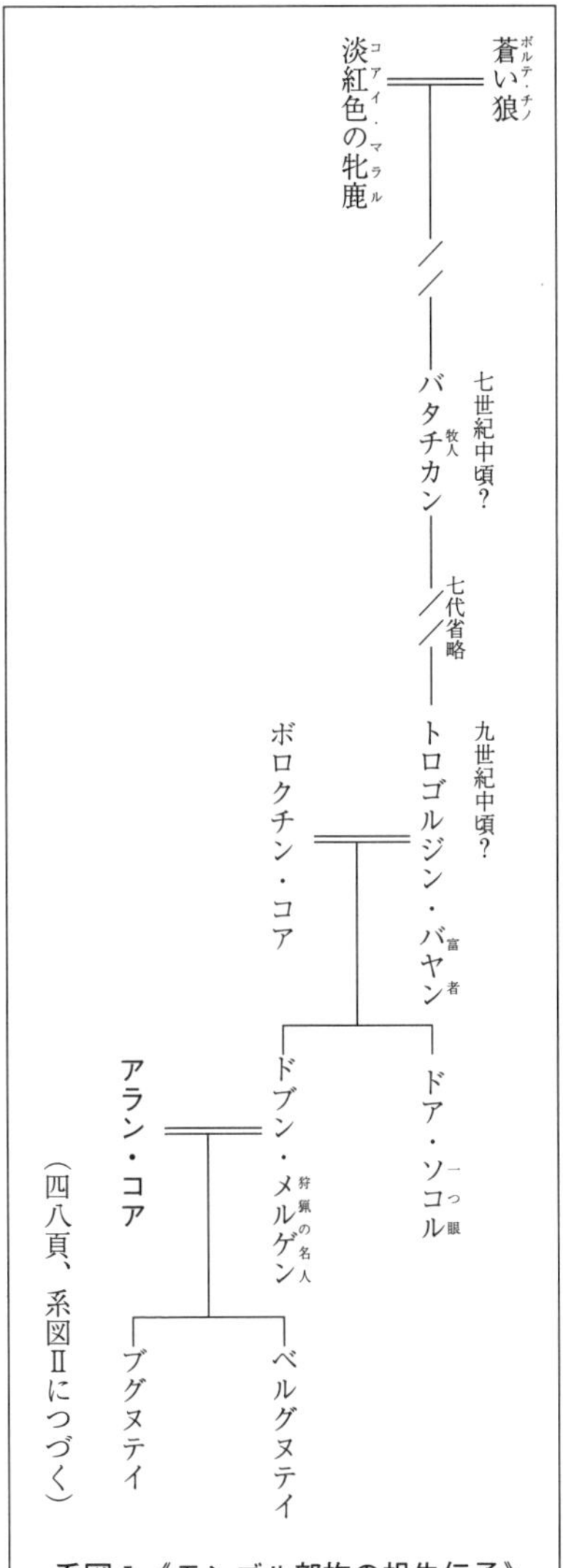

系図Ⅰ《モンゴル部族の祖先伝承》

次ぐ突厥の叛乱に遭い、ふたたびその独立を許すこととなった。

この頃の室韋に目を転じると、十七あるうちのいくつかの部族は、高原に唐の支配が及ぶ前から長いあいだ突厥に服属していたというから[4]、彼らはおそらく唐とトルコ系部族国家との争いや、再建後の突厥（東突厥）と鉄勒との確執が招来したであろう政治的混乱に際会して、支配のくびきから脱出する好機ととらえたであろう。室韋の一部族であった蒙兀はどうかというと、残念ながら資料に徴するものがなく詳らかにできない。彼らもまたこの高原の情勢に応じて、果たして積極的に独立を画策したかどうかは別にして、少なくとも部族統一の意識に燃えたことは想像に難くない。もしそうだとすればこの時期にバタチカンという人物を登場させ後世に伝えた――口承あるいは何らかの記録の形で――ことに何の不思議はない。バタチカンというトルコ系の名は、突厥が長い間にわたって高原に圧倒的な支配力を及ぼしていた歴史的事実を反映すると同時に、蒙兀の人々がその一部族であることを自覚し、積極的な営為としてそのことを標榜した現われにちがいない。

ところで高原の歴史において、支配を受ける側の人々が本来異なる種族であっても支配側の人々と一体感をもち、みずからその一員と称することはしばしば見られることであった。モンゴル部族についていえば、ほかならぬ『元朝秘史』の冒頭に、部族の根源をトルコ系種族にひろく流布している狼祖伝承にもとめたことに、そのことが現われているといえよう。また時代は降るが、モンゴル国が空前の世界帝国へと発展したときにもそうしたことが見られる。イランの地に政権を樹立したチンギス・カンの孫フレグのイル・カン国において十四世紀の初頭、第七代君主ガザンの勅命により歴史の編纂にあたった宰相ラシード・ウッディーンが、『モンゴル史』――ペルシア語で書かれた万国史『集史』にのちに組み込まれる――の序文に、「モンゴル人たちの部族は往古《おうこ》此の方、『トルコ』の名で知られる」とし、また「モンゴルはトルコ系部族中の一つの種族である」(5)と書き記した。モンゴルの人々はずっとのちまでも、自分たちの出自を高原の主人公であったトルコ系種族にもとめて異とせず、そればかりでなくみずからトルコ系の部族であることを謳って出自を誇ったとさえいえるのである。

さて、モンゴルの人々が七世紀中頃に住地としたブルカン岳の一帯は、森林のあいだに草原がひろがる森林ステップを抱えるところであった。バタチカンの名は「牧人」を意味したが、その後の系譜には森林種族の名がかぶされた複数の人物や、「狩猟の名人」を意味するメルゲンという名をもつ人間が何人か登場する。このことから判断すると、バタチカンをもってモンゴル部族の祖先が草原に生活基盤を置く民となり、ブルカン岳の一画に定着したと見做すことはできない。おそらくその後しばらくは森林と草原が接する土地で、さまざまな経済的要請や社会的契機に促されて狩猟から牧畜・遊牧へ、またその逆の転化を経験し、あるいはいわゆる半猟半牧の民となって生活していたのであろう。だが「牧人」の名が示しているように、のちにモンゴル帝国を創建した人々の祖先がこの頃にタイガと呼ばれる針葉樹林地帯に接する故地を出て、オノン川に沿ってブルカン岳の山麓へ南下し、高原中央と指呼《しこ》の間の地に進出したのは歴史的事実であったといえよう。

そのバタチカンから代が九回かわって、『元朝秘史』の記事にモンゴルの人々の高原進出の様子を伝えるもう一人の重要な人物が登場する。それはトロゴルジンという名の、はじめて具体的に従者や家畜の所有について言及された人物である。時代は、推測するにバタチカンから約二百年降った九世紀半ば頃のことである。

『元朝秘史』は、トロゴルジンがバヤンと呼ばれる長者であり、ダイルとボロという名の二匹の駿馬《しゅんめ》を所有し、ボロルダイという若者を従えていたことを伝える。バヤンとはヤクート族では《森の霊》を指し「森林動物の持ち主」といった意味であるが(6)、モンゴル語に入って「富者」を意味するようになった。つまりトロゴルジンは周囲からバヤンと称されるほど富にめぐまれた人物であったということであろう。しかしそれがただの長者でないことは、わざわざ具体的な名をもつ若者と馬を登場させていることが示唆している。すなわち、「茶褐色」を意味するダイルと「蒼色」を意味するボロという名をもつ二匹の馬は、古来トルコ系民族が大地を《褐色の地》、天空を《蒼色の天》と呼んで仰望したことに照応しており、それはこの時代モンゴル部族が高原に支配権を主張する一定の空間を確保するまでになったことを意味しているのである。そしてまた、トロゴルジンが、従者の若者の名前から判断するとイキレス族という集団を隷属させていたと推測することも許されるであろう。

この頃の高原は、突厥の跡を継いだ同じトルコ系のウイグル国が八三九年に瓦解し、かわってモンゴル系の諸部族が台頭し一斉に活躍をはじめたときであった。彼らはこの機に部族ごとに、あるいは氏族ごとにいくつもの波となって高原に進出していったものと推測される。この「モンゴル民族の西進」とも呼ぶべき出来事はそれ自体高原の歴史上一つの画期をなしたにちがいなく、また、おそらくはタタルやケレイトを含めモンゴル系の諸部族の人々にとっても、けっして忘れることのできない輝かしい部族興隆の時代として代々語り継がれたにちがいない。そしてこのことは、『元朝秘史』の叙述の上では、後世人々から「モンゴルの母」と慕われるアラン・コアという女性と、その女性から生れ、聖祖と崇められることになったボドンチャルという人物にまつわる神秘的な説話へと一気につながっていくのである。

聖祖《ボグド》ボドンチャルの生誕

さて、『元朝秘史』は、トロゴルジンに二人の息子がいたことを教える。兄はドア・ソコルといい、ソコルとは「一つ眼」を意味するが単なる片眼ではなく、「額の真ん中に一つ眼《まなこ》をもつ」（村上訳、巻一・四節）と描かれていることから、この者が何かしら神秘的な存在であることが暗示される（五六頁参照）。弟の方はドブン・メルゲンといった。メルゲンとは「狩猟の名人」という意味である。

ドブン・メルゲンは長ずるに及んで、兄ドア・ソコルのはからいで、バイカル湖東南のバルグジン河谷一帯を住地としている有力な狩猟部族であるバルグト族の女と、やはりバイカル湖の南の森林山岳地帯に住む狩猟民の男の間に生れた娘を娶った。娘はバルグジン河谷に流れるアリク・ウスン――「浄水」あるいは「聖なる川」を意味する――という川の辺《ほとり》に生れたアラン・コアという名の美しい女性であった。

ドブン・メルゲンは二人の息子をもうけたあとほどなくしてみまかった。その死後、遺された妻アラン・コアにまことに不思議なことが起きた。それは夜毎の出来事であった。『元朝秘史』の伝えるところによれば、天幕の戸口の上の窓から「光る黄色の人」が月の光を伝うように入ってくると彼女の腹をさすり、その光は腹にしみ入っていった。そして出ていくときは、月が沈み太陽が昇りはじめる狭間《はざま》の光の筋に沿って、黄色い犬のように這い出ていった。そうこうするうちにアラン・コアは懐妊し、夫がいないのに三人の男子を生んだというのである。

このうち一番末の子はボドンチャルと名づけられた。

このボドンチャルこそ、モンゴル部族を構成する諸氏族のなかから抬頭し、モンゴル帝国の創建を成し遂げた氏族であるボルジギン氏の始祖として、のちの人々から尊崇され祀られるようになった人物である。いま、ボドンチャルの辿った数奇な生涯を述べる前に、この不可思議な説話が一体何を意味し、また、なぜ語られねばならなかったか、少し考えてみたいと思う。

私たちはまず、アラン・コアが「浄水」を意味するアリク・ウスンという名の川の辺に生れたという言い伝えに、水が浄《きよ》めに果す重要な役割が反映されていることを見てとれよう。そうだとすれば、彼女が聖なる受胎にふさわしい女性として描かれていることに気づくであろう。このことは「アラン」という語が〈完全な、完璧な〉という意味をもち、アラン・コアの名そのものに清く聖なる意味が蔵されているという説によっても裏づけられる。(7) してみれば、彼女が河川もしくは淡水の精霊としての性格を付与された人物として登場していることはもはや疑いの余地がないといえよう。一方、戸口の上窓から入ってくる「光る黄色の人」は、天から遣わされた日月の精霊にほかならない。これによって私たちはまた、この説話の背景にトルコ系民族の間に古くから見られる信仰観念、すなわち上界の天神と地上界の《神聖な地-水》、すなわち地神（地母神《ちぼしん》）の、二つを崇拝の対象とする観念(8)が潜んでいることも無理なく推定できるのである。

こうして見てくると、この説話が語っていることは、アラン・コアの生んだ三人の男子が上界の天神の息子である精霊と、バルグジン河谷という特定の領域の主精霊との間に天降された子である、と結論づけてかまうまいと思われる。

それでは、なぜボドンチャルとその兄弟がこの時期に登場し、その生誕がこのような説話として創造されたのだろうか。私たちは匈奴以降北アジアに興起した諸国家の多く——東部モンゴルに立った烏孫《うそん》、鮮卑《せんぴ》にしろ、また高原の西部に興起した高車《こうしゃ》、突厥、ウイグルにしろ、そののちのモンゴル系種族の契丹《きったん》にしろ——が、ひとしく支配氏族の発祥譚をもっている事実から、権力の座に即《つ》いた氏族が積極的な営為として呪術的威信に充ちた説話を創造し、それによって人々の一般的承認を得、共同体の維持をはかったと考えることができるだろう。(9)事実これらの説話を遺した部族や部族連合国家の中核氏族は、同じ祖先から生れた同族の間に台頭し、さらに集団を構成していた他部族をも圧倒して支配者となったのである。それはまた、集団の結束を固めなければならない現実、すなわち彼らを取り巻く政治的現実をおのずと認識することでもあった。では、モンゴル部族のばあい、どのような外的な「現実」が存在したのだろうか。

ボドンチャルが生れたのは、トロゴルジンから二世代のちのことであった。時は十世紀はじめから半ばにかけてと推定される。とすればこの頃の高原は、ウイグル国の崩壊後四散したトルコ系の人々にかわってモンゴル系諸族が中央に興起したときであった。しかしあたらしい主人公となって群雄割拠していたモンゴル集団ではあったが、諸部族のあいだにまだ有力者が現われず、高原はその覇権の帰趨《きすう》が杳《よう》として知れない歴史上「政治的空白の時代」と呼ばれる状態にあった。だが、この真空状態にもようやく終りが告げられようとしていた。高原東方の契丹と呼ばれていた部族集団に耶律阿保機《やりつあぼき》という一代の英傑が現われたのである。一部族の首長であった彼は、大興安嶺の東南部に八つに分かれていた同族を統一すると、「大契丹国」と号して国家を建設した。九一六年のことである。

耶律阿保機は当初、唐の滅亡（九〇七年）後十カ国が乱立し、短期間に王朝が五つも代るという分裂時代を迎えていた中国北部への侵略を企てて南下した。しかしそれに失敗すると、軍をまとめて今度は高原中央へ向かった。そして東部にいたモンゴル系のタタル部族や中央に勢力を張っていた同系のケレイト部族を圧迫して支配を拡大していった。

ボドンチャルはまさにこの時期に符合するかのように登場する。すなわち、彼の生誕説話は一方でモンゴル部族自身の生成発展という現実と、他方で契丹の跳梁という政治的現実を背景にして創造されたにちがいないと思われる。果して『元朝秘史』は、モンゴル部族の興隆については、ボドンチャルの数奇な生涯に託してつぎのように描いている。

母アラン・コアが死んだあと、ボドンチャルは、その出生の背景を疑った異父兄弟から親族とみとめられなかったために、一族のもとを離れて放浪の旅に出ることになった。行き着いた先はオノン川下流の中洲にある森のなかであった。彼はそこに草庵をむすび、まず鷹を捕獲して狩猟のために訓練した。そして鴨や雁を狩って日々の糧とし、またときには近くの森林狩猟民のもとめに応じて、鷹を放ってやっては仕留めた獲物と交換に馬乳酒をもらって暮らしていた。

やがて彼は、やはり日月の精を父とする兄ブグゥ・カタギに捜し出され、ふたたび一族に迎え入れられることになった。ボドンチャルとその兄たちはその後、ブルカン岳を最初に切り開いた森林狩猟民のウリャンハイ族（現在ソヨート族と呼ばれる人々もこの一集団）を征服し、その一帯を支配下に置いた。ウリャンハイとは、元来東北平原の北域からシベリア南辺の森林山岳地帯に住む狩猟民をひろく指して使われる名称であり、その名で呼ばれる人々は地域によっていくつかの集団を形成していた。ボドンチャルたちが帰属せしめたのは、ウリャンハイのなかでもブルカン岳に住み鍛冶にも従事するグループであった。火を起こして鉱石を熔かし貴重な鉄を作り出す鍛冶師が、北アジアの人々の間ではシャマンとならんで尊崇された事実(10)から推測すると、彼らはウリャンハイの諸集団のなかでもっとも有力で指導的な立場にあり、祖先祭祀の主宰権を握っていた人々であったにちがいない。

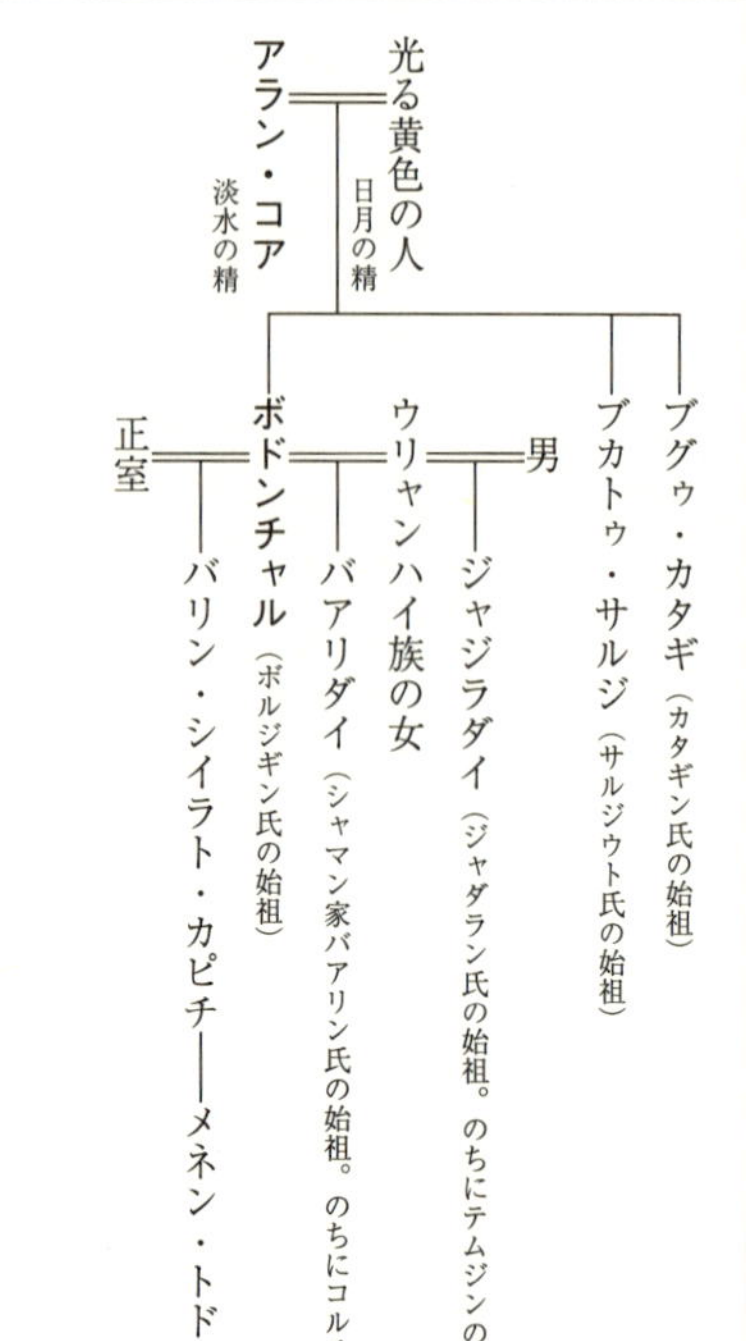

系図Ⅱ《ボルジギン氏の形成》

このような集団を征服したことは、それまで狩猟民と深い地縁血縁をむすんでいたモンゴルの人々が、彼らに対し政治的・経済的優位に立ったことを示している。そして実際に、『元朝秘史』にモンゴル部族は「馬群と食糧とに、隷民と下僕とに、暮らし住むところにありついた」（村上訳、巻一・三九節）と記されている。彼らはウリヤンハイ族を帰属させたことによって、その規模を特定することはできないが、一定の領地、領民を統《す》べることになったのである。「食糧にありついた」とは、羊や山羊や牛の群れを飼うことになったことを意味し、「隷民にありついた」とは、貢納と納税の義務を負う民を隷属させたことを指す。

モンゴル部族興隆のありさまを伝える記事はさらにつづく。『元朝秘史』は、ボドンチャルが正妻との間に嫡子《ちゃくし》を生み、九代のちのチンギス・カンにつながる家系（キャト氏）の源流となるボルジギン氏と称する氏族を開いたことを語り、その一方でウリャンハイ族の女との間にシャマン家の祖を生んだことを述べる。この森林の民との間に生れた庶子は、ボルジギン氏を代々守護するシャマン家、バアリン氏という名の氏族を形成する。第一章で、チンギス・カンがまだテムジンと呼ばれていた頃に将来の部族の首長となる神意を祈ぎ降ろしたシャマンの話にふれたが、そこに登場したコルチ・ウスンこそはこのバアリン氏の出身であり、のちのモンゴル帝国創建のとき、チンギス・カンによって「国家の大巫《大シャマン》」、すなわち国家の宗務《しゅうむ》をつかさどる聖的世界の最高位に即けられることになる人物である。

『元朝秘史』はボドンチャルの死後、ボルジギン氏がウリャンハイ族から祭祀権を奪って祖先祭祀の主宰者たる地位をも掌中に収めたことを伝えると、一転してあとは系譜に人名を列挙するだけである。それはあたかも、チンギス・カンを登場させるための舞台を設《しつら》え終り、これから迎える歴史世界を目前にしてさきを急ぐかのようである。ボドンチャルの生誕説話は『元朝秘史』にとって明らかに一つの区切りである。そして本書にとっても、次章へすすむ準備、すなわち北アジアのシャマニズムを論ずる用意が万端整ったといえよう。

第三章　『元朝秘史』が描く社会

モンゴル高原は地形上草原がもっとも支配的であり、ユーラシア大陸では他所に見られない一望千里の大草原を特色としているといわれる。だが、その地勢と景観はけっして一様ではない。北部はシベリアと境界をなす森林山岳地帯であり、そこには広葉樹と落葉針葉樹からなる純森林地帯が東西に横たわる。純森林地帯はその北麓でシベリアのタイガ大針葉樹林帯へとつづく。南側には森林と草原とが接壌する地帯があり、山中から流れ出る河川の流域に森林ステップを形成する。大草原は純ステップ地帯に見られ、高原中央部には、ハンガイ山脈の南側から砂礫地帯のゴビ砂漠にいたるまで高原随一の牧草地が展開し、高原の東部、いまの内モンゴルと呼ばれる地方は多くの湖沼を抱え、やはり有数の遊牧地となっている。

自然のちがいは多様な民族を生み、多様な生活文化を育んだ。しかし、そのなかにもシャマニズムは全体を貫く主要な現象として力強く働いているのである。

森林の文化と草原の文化

古来高原は、北方の森林山岳地帯に鳥獣を追う狩猟民と、その南辺に広がる草原に水と草をもとめ家畜に随って移動する遊牧民の、生業を異にする二つの民の世界であった。しかし歴史的事実は、人々がけっして単一不変な形で狩猟あるいは遊牧という生業に固定されていたわけではなかったことを教える。米国の東洋学者O・ラティモアによれば、考古学的証拠は過去に狩猟、牧畜、さらに農業をも含めてこれらの経済諸形態のあいだに盛んな交流や去来があったことを明らかにしているという。そして彼は、生業はそのときの経済的要請や社会的契機によって選択され、したがって一形態から他形態への変化と転移がしばしば見られたことを指摘する(1)。

狩猟と遊牧の二つの形態のあいだにいつでも転移がありえたことは、じつは『元朝秘史』の挿話的な記事に私たちがすでに見てきたことであった。その一つは前章でのボドンチャルの放浪にまつわる話である。彼はオノン川下流の中洲で鷹を使って狩猟の生活を送っていたとき、北からオノン川に注ぎ込む支流づたいに降りて来る狩猟民たちとたびたび接触した。『元朝秘史』は、彼が迎えに来た兄に彼ら狩猟民のことをこう語ったと伝えている。「大きいのも小さいのも、悪いのも良いのも、頭も蹄もない、等し並み」(村上訳、巻一・三五節)の人々である。つまり彼は狩猟に生きる人々が、とくに誰といって権力をもつ者もいなければ、生活に貧富の差もなく、支配・被支配のない平等な社会を形成していることをいったのである。だが彼らはまた馬乳酒を飲むなど牧畜生活の要素を取り入れている人々でもあった。ラティモアがいうように、そこには、住地が狩猟と牧畜の両方を許す環境にあって、ボドンチャル自身を含め、混淆した利益を享受する人々の姿が描かれているのである。

さらに『元朝秘史』はチンギス・カンの幼少期について、一家が牧畜はおろか狩猟さえままならぬ生活を送ったことを記している、それは父イェスゲイを失い、あまつさえ兄弟氏族の裏切りに遭った一家が難を逃れ、オノン川の渓谷に潜んだときである。彼らは野生の果実や木の実をとり、山韮や野生の百合の根や人参を木鍬で掘り起こし、河で似鯉《にごい》やうぐいを釣っては口腹を満たした。テムジンたち幼い子をかかえた一家が自然採集と漁撈に頼って生き延びたことを語っているのである。

これらの記事を、よくある英雄誕生までの誇張された苦難の話と片づけてしまっては、当時モンゴル高原に生きた人々の生活の実態を見落すことになるだろう。それればかりでなく、狩猟採集文化とそれを担った狩猟民が高原の歴史に果した役割も結局理解せずに終ってしまうであろう。ボドンチャルやテムジン一家に関する記事は、ひとり家族といった小さな集団ばかりでなく、氏族や部族もその時々の社会的経済的環境に応じて狩猟・採集民となり、あるいは牧畜・遊牧民となる変化と転移のなかに生きていたことを示すものであろう。高原の歴史という観点から見れば、ラティモアが「蒙古・中央アジアのステップ地帯の歴史が遊牧民に支配されているとしても、決して彼らに独占されているのではなく」、「ステップ民衆の歴史は、森林狩猟民や農業共同体の歴史から独立しているのではない」[2]と指摘していることに耳を傾けなければならない。

しかし、北アジアの諸民族の文化的伝統が北方の森林文化、南方の草原文化という二つの文化に由来することは一方の歴史的事実であり、人々がかなり性格の異なるこれらの文化圏にわかれて属していたことも事実である。『元朝秘史』の記事にシャマニズムの諸現象を探しもとめる前に、少なくとも近年まで確認できるこの二つの文化のちがいを通観しておきたいと思う。このことによって北アジアのシャマニズムがこの点でも複合的なものであることが明らかとなるだろう。

森林文化は、起源的にもっぱら狩猟によって暮らしてきた人々によって担われ、きわめて古い時代の信仰観念と習慣を、住居の形式や埋葬方法や狩猟儀礼などに保存している。一方、草原文化は馬・牛・羊・山羊・駱駝の五畜、なかでもとくに馬によって特徴づけられる遊牧を主体とする人々によって担われ、巻き狩り（野獣を囲い込み、騎手が追い立てて捕える狩猟方法）などの狩猟も行なって糧食を補うが、主として羊肉と、家畜の種類を問わずその乳から作られた乳製品を食料とする。信仰や習慣については、彼らが何もさえぎるもののない草原でさまざまな文化に接し変容していったことは推測に難くないだろう（九二頁参照）。

個々に見ていくと、まず住居は、森林文化圏では木を円錐形に組んだものを、冬は獣皮あるいはそのなめし皮で覆い、夏は白樺などの樹皮で覆って天幕《チウム》（地方によってヤランガともいう）とする。この形式は少なくとも一万年以上も前の後期旧石器時代のヨーロッパ南東部やウクライナ地方にすでに見られるものである(3)（九二頁参照）。一方草原文化圏ではフェルトで覆ったゲルと呼ばれる天幕に住む。葬制はどうかといえば、森林地帯の人々は遺体を樹の上に置くか、あるいは枝のところに台を設けてその上に安置する。樹上葬もしくは台上葬と呼ばれる葬礼であるが、神霊や精霊が自然の樹木、あるいは依代《よりしろ》として立てた木に憑依すると観念されるシャマニズム信仰に根ざしたものである。この葬礼が古く室韋諸部に見られたことはさきに見たとおりである。南部の草原地帯では地下に埋葬するのが一般的であるが、一部に火葬も行なわれる。

　つぎに、人々の信仰観念が比較的永続的に保たれるといわれる祭儀や儀礼を見ると、二つの文化ではまず例年の供犠《くぎ》祭の日取りが異なる。森林地帯の住民は猟期のはじまる秋に行ない、草原の住民は液汁に富む牧草と豊かな水に恵まれる春に行なう。供犠の儀礼にも違いがあり、家畜を屠殺し霊体に乳を供える風習は草原文化に特徴的である。ついでながらこの草原の屠殺儀礼は、狩猟民が野獣を殺したときの狩猟儀礼を模倣したものといわれ、森林文化に深い関わりをもつが、聖別された家畜が犠牲に供される点で狩猟儀礼とは区別される。

　さて私たちは前章で、モンゴル部族の人々が遠い昔、まだ蒙兀と呼ばれた時代のある時期に、いまの中国とロシアの国境の森林地帯を出て高原へ進出していった様子を見た。この過程はボドンチャル以降高原の統一へと向かう加速度的な運動へつながっていく。たしかに『元朝秘史』がもっぱら描き出すのは、その過程で生じた部族や種族間のはげしい抗争と、ときに同じ父系親族に連なる者同士の骨肉の争いの世界だが、そこにはまた、森林文化と草原文化の相互の受容とそれぞれの変容の歴史が描かれてもいる。そして、そこに展開されているのはまぎれもなくシャマニズム信仰の世界である。

聖地ブルカン岳のシャマン

チンギス・カンがこよなく愛したと言い伝えられるブルカン岳は、オノン川の源流を抱え、樹木の繁茂する鳥獣の豊かな山である。一説によれば落葉高木の楊柳《ポプラ》の樹が多いところであるという。(4) もしそうだとすればその一帯は当時から森林ステップ特有の広葉樹林の美しさに加え、楊柳の樹形の美しさが一段と見事な景観を作りなしていたものと想像される。

そのようなブルカン岳を最初に開き起こしたのはウリャンハイ族であった。『元朝秘史』には北方から渓谷を伝って移動してくる狩猟民の姿が描かれていた。おそらく彼らはウリャンハイ族の諸集団やバイカル湖東南のバルグジン川流域に住むバルグト族に属する集団であったと思われるが、ブルカン岳一帯は、一定の禁猟を誓い合いさえすれば、出自に関係なく誰でもそこを住地あるいは猟地とすることが許される平和な世界であった。アルグン川下流の故地を出たモンゴルの人々も早くから入植がみとめられていたと見え、バタチカンの時代、それは七世紀中頃のことであるが、一時的にせよブルカン岳の山間に一定の牧地を所有していたことはさきに見たとおりである。それ以降バヤンと呼ばれたトロゴルジンの時代までの約二百年の間の足跡を詳らかにすることはできないが、ブルカン岳周辺に住む森林狩猟民と深い地縁・血縁関係をむすびながら、後世ボルジギンという支配氏族に成長する一つの血縁集団を形成していったのである。

九世紀半ば頃トロゴルジンの時代に入って、モンゴルの人々が支配・被支配のない平等な社会を作っていた森林狩猟民と異なった道を歩みはじめたことは、イキレス族と思われる一つの集団を従属させた話からうかがい知ることができた（四二頁参照）。しかし、彼らが狩猟と牧畜の両方を許す環境のなかで、むしろ森林山岳地帯を生活の拠点としていたことを示唆するのは、「一つ眼」を意味するソコルという名をもった人物の登場であった。『元朝秘史』はこの者にまつわる奇妙な話を伝えている。

ドア・ソコルはトロゴルジンの二人の息子のうち兄の方であった。彼は百里先まで見通せる「額の真ん中の唯一つの眼」で、いつもブルカン岳の頂からはるか下方の渓谷を眺めやっていたという。ドア・ソコルはいわゆる千里眼の持ち主として描かれているのである。後世に採集記録された民族誌的資料によれば、北アジアの人々の間ではシャマンが千里眼の能力をもつと信じられていた。たとえばヤクート族の話であるが、あるシャマンは過去の記憶について語り、シャマンとなる召命を受けたあと、精霊たちに血や肉を飲み喰いされるといったおそろしい解体儀礼を伴う入巫式（一二九頁以降参照）を経験し、そこから生き返ったとき三十露里（一露里は約一キロ）四方で起こることは何でも見通せる能力を身につけていたと証言したという(5)。守護霊を通して遠くのものを見たり聞いたりする能力を彼は入巫式で獲得したのである。千里眼はまた時間の透視能力、すなわち予言能力を意味する。ドア・ソコルはまぎれもなくシャマンであったのだ(6)。

ある日、ドア・ソコルはいつものとおり弟のドブン・メルゲンと連れ立ってブルカン岳の頂上に登り、はるか眼下の渓谷を望み見ていた。そのとき一群の人々が川に沿って山道をさかのぼってきた。ドア・ソコルは一台の幌車のなかに一人の美しい乙女がいるのをみとめて、もし他人《ひと》の妻となっていなければ弟のためにもらってやろうと思い、二人して山を降りていった。果してその女性はまだ嫁ぐ前であったので、望み通りドブン・メルゲンに娶ってやることができた。この乙女こそ、アリク・ウスンという川の辺に生れ、のちに日月の光に感じてボドンチャルを生んだアラン・コアその人にほかならない。

ドブン・メルゲンはアラン・コアとの間に二子をもうけ、一家は平穏無事の日々を送っていたが、兄ドア・ソコルが亡くなると、その跡を継いだ甥たちから親族とみとめられず、そのため春を迎えて皆が水と草をもとめて移営していくなかで、ブルカン岳の山中にとどまることになった。一族の紐帯《ちゅうたい》を失うことが、苛酷な自然に生きる北アジアの人々にとってどのような意味をもつかは推測に難くない。『元朝秘史』はこの不可解な話を書きとめるだけで、なぜ一家が身内とみとめられなかったかひとことも語っていない。そこでここは想像をたくましくして謎を解かねばならないが、思うにドブン・メルゲンは、兄のように霊威を振るう存在ではなかったとしても、ブルカン岳の主《ぬし》的存在であったのだろう。一方のアラン・コアはさきに見た通りバルグジン河谷の河川もしくは淡水の主精霊としての性格を付与された人物であったにちがいないから、こうして見ると二人とも特定の領域に深くむすびついた守護神的存在として、ブルカン岳一帯の土地から離れることが許されなかったという推測が成り立つ。そして他方で、この話はある現実を背景としているものと思われる。その現実とは、モンゴルの人々が大きな集団社会を形成していく過程で起きた氏族の分岐という事実である。有力な氏族は四、五世代も経つと経済的繁栄を背景に、どんどん分岐して発展する。ドブン・メルゲン一家が親族としてみとめられなかったのは、ボルジギン氏の発展のなかで故地にとどまる集団と、高原に出て行く集団に分かれていった必然的な姿を描いたものでもあるにちがいない。――なお、前章でふれたボドンチャルの放浪の旅の話も、やはり同族の分岐を背景にしたものであろう。さらにまた、この話は、後世の人々がモンゴル部族の聖地をブルカン岳一帯にもとめたとき、呪術的威信を付与するために創造したものと理解することができるだろう。

狩猟民の「以レ竿懸レ肉祭レ天」儀礼

ブルカン岳に残ったドブン・メルゲンは、ある日のこと、鳥獣狩りに入った森のなかで、ウリャンハイ族の人々と出くわした。彼らはちょうど狩りを終えて、仕留めた牡の三歳鹿のあばらの骨と臓物《ぞうもつ》を火に焙《あぶ》っているところであった。彼は肉を分けてくれるように頼んだ。すると、彼らは肺臓のついた皮を自分たちの分として取り、肉をすべてドブン・メルゲンにくれたのである。

高原では、狩りのあと獲物を皆で共食しているところにたまたま通りかかった者がいれば、他部族の者であれ旅人であれ客としてもてなし、もとめられるままに食を分配し、また饗応を受ける側もそのような場に行き会えば声をかけて参加するのが慣習であった（いまもこの慣習は残っている）という。(7) それは、次の狩猟の機会にも獲物が得られるように願う呪術的な習俗とも、原始狩猟時代の共産制にまでさかのぼる社会的慣習の名残りであるとも説かれる。(8) だが、なぜウリャンハイの人々はドブン・メルゲンにやって、自分たちには肺臓のついた皮のみを残したのだろうか。

『元朝秘史』はこの肺臓のついた皮をジルドゥと記している。ジルドゥとは、猟獣の頭部と心肺などの内臓を切断せずに皮がついたまま一続きにとり出したものを指す。近年までの北アジアの狩猟民の事情を伝える民族誌的事実資料によれば、人々はジルドゥを狩猟儀礼に使用するという。すなわち、それを樹や杭に引っ掛けて、屠殺した動物の再生を祈るのである（『元朝秘史』の「傍訳」では、ジルドゥは「以レ竿懸レ肉祭レ天」と訳されている。一一二頁以降および第二部第二章註9参照）。

ドブン・メルゲンが出会ったウリャンハイの狩人たちは、狩猟を終えて部落へ帰り、再生儀礼をともなう天への供物の儀式を行なっていたところだったのであろう。獲物のうちから神に捧げるのにもっとも値打ちのあると考えられたのが三歳の牡鹿であり、骨と臓物を焙っていたのは供物を火によって天に届けるという習俗を表わしたものであったろう。『元朝秘史』には「肺臓のついた腹の皮」としか書かれていないが、おそらくは頭も、いや蹄さえついていたにちがいない。

さて、ドブン・メルゲンは鹿の肉を馬に積んで帰る途中、今度は、これも森林狩猟民の一集団でありバイカル湖の南に住むバヤウト族の男に会った。貧しいみなりの男は肉を分けてくれるように頼むと、交換にといって連れていた子供を差し出した。『元朝秘史』はこのときのことを、ドブン・メルゲンは「三歳の牡鹿の片方の腿肉《ももにく》を裂いて与えて、その子をば連れてきて、家の中で召使っていたのである」（村上訳、巻一・十六節）と書き記している。この短い挿話にじつはモンゴル部族の発展が語られている。つまり、ここはモンゴル部族がバヤウト族を隷属民として従えた歴史的事実を寓意的挿話に託して表現しているのだ。(9)

天降る神霊

ドブン・メルゲンの死後、寡婦となったアラン・コアが日月の精に感じて懐妊しボドンチャルを生んだことは前章で述べた通りである。私たちはその説話が何を意味し、なぜ語られねばならなかったかを見た。ここでは、少し角度をかえて、このボドンチャルの出生にまつわる話をふたたびとり上げてみたいと思う。

『元朝秘史』は、夫がいないのに母に三人の男子が生れたことに不審を抱いた兄弟たち、つまりドブン・メルゲンとの間に生れた二人の兄弟が他部族の子だと陰口をきくのを見かねて、アラン・コアがこういってきびしく諫めたことを伝えている。

かろはずみにも　何をか言う
かくして見れば　明らけく
かの人こそは天《あま》つ御子《みこ》
黒き頭《かしら》にひきなべて
何をか言える汝《なれ》たちは
遍《あまね》きものの　君とならば
民草《たみくさ》こそは　そこに覚《さと》らん（村上訳、巻一・二一節）

＊対訳――

軽はずみなことを言ってはなりません。
あの黄色い人〔日月の精〕は、思えば、
上界の神が遣《つか》わした御子にちがいありません。
〔私が授かった子たちは〕下々の者と比べようのない、
尊い身分の持ち主であり、
将来、きっと多くの人々の上に立つ君主となるでしょう。
そのときになってはじめて、人々は、この不思議な出来事の真の意味を知るでしょう。

私たちは『元朝秘史』がアラン・コアの叱責の言に託して、ボドンチャルが将来「黒き頭」をもつ人々、つまり民人を支配する君主となるために天神から授けられた子であることを告げているのに気がつくだろう。

この説話は、氏族や部族の始祖伝説を類型的にとらえる見方に立てば、日月の光もしくは精気に感じて懐妊することから感光説話あるいは感精説話と呼ばれる。これは北アジアにひろく分布する種族であるツングース族の間に流布している説話として、『元朝秘史』の冒頭の狼祖説話のようにトルコ系民族に普遍的に見られる伝説と区別される。だが、ここで私たちが注意しなければならないのは、感精説話であれ狼祖説話であれ神霊の天降ることにおいて何ら変りなく、いずれも天神崇拝にもとづいた思想に貫かれている点で一致していることである。

氏族や部族の始祖、あるいは偉大な指導者が、「上なる天神よりの命運をもって生れた」と伝承する説話は、霊威が人間に天降されるという観念に支えられている。この観念は北アジアを遍く覆っているものであり、人々に最も尊崇されるシャマンの誕生説話にも普遍的に現われる。それは地方によって、また種族によってさまざまに伝承されるが、いずれもつぎの二つの基本的な型で代表される。一つは上界の神の息子と地上界の娘の交合にもとめるばあいと、もう一つは、上界の運命を定める神によって育成されたシャマンの魂が地上界へ降ろされ、女性の胎内に宿るばあいである（一一八頁参照）。いや、そもそも北アジアの多くの民族の間では、この世に現われた《最初のシャマン》は神から遣わされた鷲と地上界の女との間に生れたと信じられているのである。おそらくはそれを祖型として、いくつかの型のシャマン説話が派生したのであろう。のちに述べるように北アジアでは最初の遊牧国家匈奴以来、長らくシャマンが氏族や部族の長でもあったことを考慮すれば、族祖伝承も君主の生誕説話も、本来鷲と地上界の女性を父母とするシャマン生誕説話の祖型から生れたと見るべきなのかもしれない。

さてボドンチャルについては、母アラン・コアの死後、親族としてみとめられなかったために放浪の旅に出、しばらくして兄ブグゥ・カタギに呼びもどされたあと、兄弟で力を合わせてウリャンハイ族を襲い従属させたことは前章で述べた。その寓意的な表現で語られた一連の話が、モンゴル部族の発展の軌跡を物語っていることも見た。ひとこと付け加えるなら、古くからブルカン岳一帯を住地とし鍛冶の技術をもっていたウリャンハイ——おそらく鉄製武具の生産に従事したであろう——の服属は、彼らが弓射にすぐれ道なき深山幽谷の獣道に精通し、いざ北方の森林山岳地帯を戦場とする戦となると卓越した能力を発揮したことと相俟って、のちにボルジギン氏がモンゴル部族のなかで圧倒的な地位をうち立て、さらに高原に勢威を拡大していったときの一大原動力となるのである。そしてウリャンハイ族の服属はまた、彼らがその後も長い間森林地帯に留まったと推定されることから、古来のシャマニズムの伝統をよく維持し、伝えることにもつながったであろう。

神樹の周りを駆けめぐる人々

『元朝秘史』はボドンチャルにまつわる説話をひとしきり語ったあと、それを境に歴史時代に入る。そして、その五世の孫《そん》にカイドゥという者を登場させる。カイドゥは中国の史書『元史』によれば首長となってボルジギン氏を隆盛に導いたという。歴史上おそらくはじめてその存在がたしかといわれる人物の登場である。そしてカイドゥから降ること三代にして、今度は史料にその実在が確かめられるカブルなる人物が登場する。

それは一〇八四年のことというから、モンゴルの人々が唐の史書に歴史上はじめて蒙兀の名で登場してから、四世紀余りの歳月が経ったときである。ボドンチャルの時代から数えると約一世紀半ののちのことである。この年、カブルは高原の宗主国である契丹へ使いを遣わして通交をもとめた。これを契丹の史書は「萌古国からの来貢」と記録した。契丹は、モンゴル部族が部族連合国家をうち立て、カブルを君主《カン》として載《いただ》いたことを知っていたのであろう。

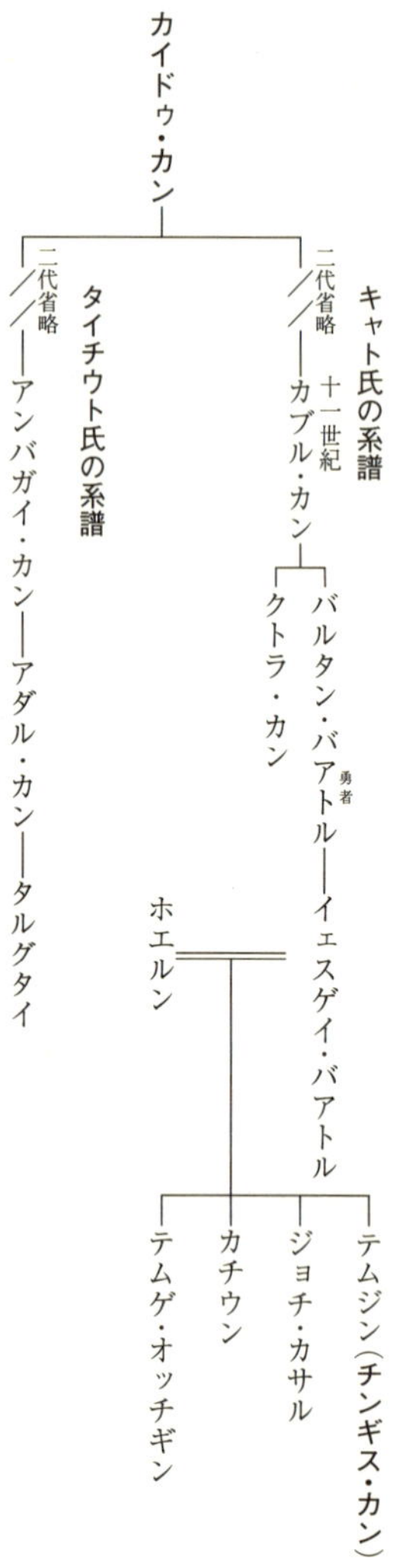

系図Ⅲ《キャト氏の形成とチンギス・カン》

カブルが天寿を全うして亡くなったあと、カンの位を継いだのは、彼が生前に後継者として指名したアンバガイであった。アンバガイは同じボルジギン氏の出身であったが、三代前に分岐独立してタイチウト氏と名乗っていた氏族の領袖《りょうしゅう》であった。カイドゥの死後、数多くの氏族が分岐しそれぞれが有力な集団となっていたが、諸氏族の頂点に立ったのがカブルの系統のキャト氏と、アンバガイが率いるタイチウト氏という二大氏族であった。わずか三代前まではカイドゥを共通の祖としていた両氏族はしたがってきわめて近親の関係にあるが、アンバガイが後継者に指名されたということは、彼が指導者としてよほど器量に富み、ボルジギン氏の成員から推戴を受けるにふさわしい人物であったのであろう。なぜならば、匈奴の昔から、部族の首長になるのは争いを収め訴えを裁決してよく集団をまとめ、外部と戦っては大いに戦果を上げて同族に経済的利益をもたらす者と相場が決まっていたからである。またカブルがアンバガイを推戴し、それが実行されたということは、両氏族がまだこの頃は友好関係にあり、ボルジギン氏発展のために力を合わせていたことを示している。

しかし、アンバガイ・カンの時代は、ボルジギン氏がさらに隆盛に向かうときであったと同時に、高原の内外で風雲急を告げる事態に直面したときでもあった。歴史は、高原中央に同じモンゴル系の部族集団ケレイトが王権を確立し、契丹との間に戦端を開いたことを教える。この大叛乱は一〇九二年にはじまり一一〇〇年にケレイトの王が捕えられて、ようやく終結した。またそれより少しのちのことであるが、契丹内部を揺るがす事件が起きた。それは、従来東北平原の森林地帯の統治に消極的であった契丹の隙に乗じたツングース系種族の女真族《じょしん》（狩猟と牧畜を主な生業としながらも、農業にも従事していた）の興起であった。一部族長であった完顔阿骨打《ワンヤンアクダ》に率いられた彼らは大金国（金）をたて、一一二五年ついに契丹を滅亡させ、中国北部を支配するに至った。

アンバガイはこのような情勢にあって東方の経略に意を用いた。彼は、高原の東部に依然勢力を張っていた同じモンゴル系部族集団タタルの一部族と姻戚関係をむすぶことを画策した。だが契丹にかわって高原の支配者となった女真族の金は、北方遊牧民の辺境侵寇に対して直接的な武断で臨んだモンゴル系種族の契丹とは異なり、諸部族を分断させ相互に牽制させるといういわば中国に倣った間接統治政策をとっていた。アンバガイは、金にそそのかされたタタルの別の部族の罠にはまり、金国に送られ木馬に磔《はりつけ》となって処刑された。その跡を継いだのがカブル・カンの子クトラであった。クトラはチンギス・カンの祖父の弟にあたる人物である。カンの位はこれによってキャト氏にいわば奉還される形となった。

クトラのカン即位の儀式は、オノン川中流のゴルゴナク河原の林に囲まれた聖地でもよおされた。部族の首長や君主の選出あるいは遠征などの重大な国事を決定するとき、モンゴルの人々はクリルタイと呼ばれる部族長会議を開催し、有力者の総意を謀った。また、即位式に先立って、これから合議の上決定されることがらの神聖であることを、神かけて誓うための神事が執り行なわれ、そのあとに即位の祝宴が開かれた。『元朝秘史』はそのときの様子を、クトラ・カンの即位後の祝宴についてのみ記し、素っ気ないほど短く、しかし生き生きとつぎのように描写している。

モンゴル人の喜びは、（地を）踏みならし宴して楽しんだのであった。クトラを皇帝に戴いて、ゴルゴナクの生い茂る（神）樹の周りを、肋骨《あばらぼね》ほどに溝ができ、膝小僧までに泥地《ひじ》となるほどに踏みならした（村上訳、巻一・五七節）。

天の定めによって生きる高原の人々にとって神意の降りる場所、すなわち神霊の依代《よりしろ》はその部族の聖地の樹木であり、もしくはそのために切り出され聖地に据えられた樹であった。紀元前三世紀に勃興した匈奴では、天地や精霊や祖先を祀る春秋の年二回の大祭には聖地に神祠《しんし》を設け、神霊の依代とした樹木の周りを会衆はめぐったという。同じような祭祀は匈奴国家を構成する氏族あるいは部族ごとに小規模なものが行なわれたが、一千年という長い年月と民族を超えてモンゴルの人々にも受け継がれ、君主

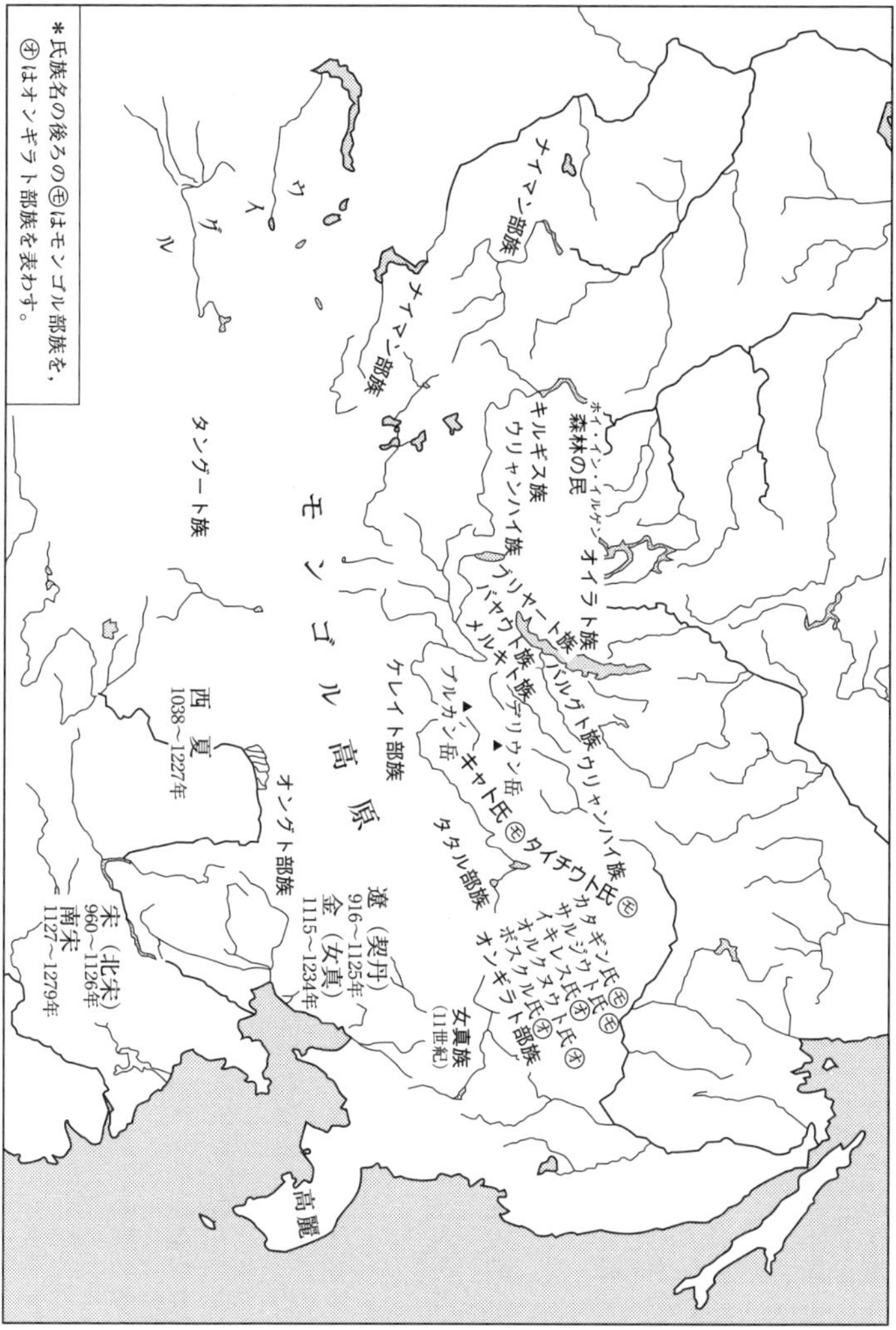

11〜12世紀の北アジア

モンゴル部族と長年通婚関係にあったオンギラト部族を含め，高原はモンゴル系種族がトルコ系種族にかわって支配的であった。（筆者作成）

即位の儀式や春秋の天神を祀る集会でも同様のことが行なわれたのである。(10)

クトラのカン即位の儀式が行なわれたオノン川流域のゴルゴナク河原は、モンゴル部族の聖地であった。聖地には氏族や部族に関わりの深い山や河がえらばれ、そこは地神が住み多くの精霊が集う特定の領域とされた。こうして神格化された土地はまた、その部族や民族の領土観念とむすびついて、やがて民族名などによって示される固有の地となった。(11) モンゴル部族にとってそのような土地は、『元朝秘史』のなかに「三河の源」の地と呼ばれるところであった。三河とは、高原の北部に流れるオノン、ケルレン、トーラの三つの川を指し、いずれもブルカン岳を擁する山地に発し流れ出る。

聖地というものがどれほど不可分に部族的感情とむすびついていたかは、モンゴル部族がのちにタタル部族やケレイト部族と覇権をめぐって争ったときに、チンギス・カンがボルジギン氏の結束を呼びかけて発した、「三河の源には、(モンゴル族以外のものには)誰をも下営させてはなるまいぞ」(村上訳、巻六・一七九節)というはげしい言葉に表われている。この「三河の源」の地こそ、『元朝秘史』の冒頭の狼祖伝承によって飾られた部族誕生の地であり、はじめて人祖として系図に現われたバタチカンの居営した場所であり、ドア・ソコル、ドブン・メルゲン兄弟が守護神として守りつづけた土地にほかならないのである。

クトラ・カンはこうして、ボルジギン氏のなかでもとりわけカブル・カンの血統につながるキャト氏の人々の歓喜のうちに迎えられた。だがしかし『元朝秘史』は、彼が、金の手先となって幾人ものボルジギン氏の有力者を亡き者にしたタタル部族に対し、部族的復讐を果すため果敢に戦ったと伝えるのみで、そのほかの功績にふれもしなければ、クトラの事業を脇から助けたであろうその兄であり、チンギス・カンの祖父であるバルタンについても一切口を閉ざして語らない。それはなぜだろうか。——じつはその背景に、モンゴル部族が、金国と旧契丹勢力との間に生じた抗争の巻き添えをくって部族瓦解の危機に立たされるという歴史的事実があったのである。(12) それはつぎのような事態であった。

一一二五年に契丹を倒してその故地を引き継いだ金はやがて、黄河の南に流れる淮水《わいすい》までの中国本土を支配するまでに勢威を伸ばし、いまや北朝政権となって南の政権の宋と対峙するまでになっていた。そして海陵王《かいりょうおう》（第四代皇帝）という独裁者が出るに及び、中国南部の都市臨安《りんあん》（現在の杭州）に拠っていた宋を攻略して非漢人民族としてはじめて天下を統一する野望を顕わにし、兵力の増大をはかって北部辺境の契丹の壮丁《そうてい》（軍役にあたる壮年の男子）の徴発に乗り出した。一一六〇年の頃のことである。しかし金は思わぬ契丹人の頑強な抵抗に遭った。そのため叛乱鎮圧の大軍を北へ向かわせたが、そのとき軍の一部がモンゴル部族の領地を侵犯し、大打撃を加えたのである。

その悲劇は青天霹靂《せいてんへきれき》のごとく突然にモンゴル部族を襲ったらしい。『元朝秘史』はこの間ボルジギン氏の有力者の名のみを記すだけで、キャト氏とタイチウト氏の人々の事績をまったく記録にとどめていない。この完全な沈黙は、有力者の多くがみずからまったく関与しない事件のなかに相次いで斃れたという事態を想定しなければ理解できないことである。

このような部族存亡の危機に直面し、モンゴル部族の復興はチンギス・カンの父イェスゲイに託された。しかしそのイェスゲイもタタルの計略にかかって不慮の死を遂げると、つねにカブル・カン、クトラ・カン、イェスゲイと部族の指導者を輩出してきたキャト氏は急速に求心力を失って弱体化した。それにかわってボルジギン氏の主導権を握ったのは、アンバガイ・カンを祖とする兄弟氏族のタイチウト氏であった。

父を失い、有力な後継者を欠いたイェスゲイの遺族は幼いテムジン兄弟を残すのみとなり、凋落した一族が辿る運命にさらされることになった。早晩ほかの氏族や部族に吸収解消されるという遊牧民の掟ともいうべきその運命は、祖先を祀る春の集会のときに一家を襲ったのである。

祖先崇拝と祭祀

北アジアの諸民族は狩猟民であれ遊牧民であれ、天神や祖先の霊に対し「記念と懇願」の供犠《くぎ》の祭りをもよおす。それにはどのような霊体、つまり天神、祖霊のいずれに対して行なうかによって、開催する時期も供物の内容もちがえば、祭祀の主宰者も異なるといったように多様な形態がある。いけにえにされる動物の種類や主宰者のちがいはさておき、時期については、まず天神への供犠は毎年行なわれることはない。一方祖霊へは、病人の治癒や、自然災害をこうむって家畜が激減したときの繁殖の願いなど、その必要の都度もよおされる。またそれらとは別に、氏族や部族ごとに毎年行なわれる祖霊を祀る例祭があり、家畜に必要な牧草の萌えはじめる春か、猟期を迎える秋のいずれか、もしくは春秋の二回行なわれる。

季節がめぐってボルジギン氏に訪れたのは春の祖先を祀る祭典であった。冬のあいだ長く厳しい寒さを避けて山腹の居営地で暮らしていた人々は、春を迎え、間もなく草原のひろく開けた夏営地《かえいち》へ向けて移動するのに先立って、祖先の霊を慰めるための供犠祭をもよおすことになった。

『元朝秘史』は、その日、祭礼のはじまる時刻を知らされず遅れて参列したホエルン夫人とテムジンたち故イェスゲイの一家が、貴族にふさわしい席次も与えられず、あまつさえ共食の供物の肉や神酒をふるまわれなかったことを伝える。参詣の場所は誰にでも近づけるところと、その南側に設《しつら》えられた少数の選ばれた者にしか許されぬ至聖所があり、ここへは女性や子供は出入りが禁じられていたという(13)。ホエルン夫人たちは前者の一般の参詣所でタイチウト氏から侮辱を受けた上に、精霊へ供物を捧げる儀式が終ったあとの、すべての参会者による供物の肉を共食する宴《うたげ》でも非情な仕打ちを受けたのであった。

『元朝秘史』はしかし残念なことに、祖先祭祀の様子をほとんど伝えていない。だがさいわいなことに私たちは、その情報不足を民族誌的資料で補うことができる。それは、モンゴル部族の一派であるブリヤート族の、シャマンの祖霊を祀る供犠祭の報告である。そこで、その資料をつぎに紹介し、この場面の再現のかわりとしようと思う(14)。

祭祀の日、ブリヤート族の各地の村々から、大勢の人が精霊の在所である丘の頂上の、高い木々に囲まれた空地に集まる。そこには死者の馬をつなぐセルゲと呼ばれる杭が立っている。祖霊の利用に供するために馬が犠牲となるのを待ち、屠殺されるとそこに頭部のついた全身の皮を引っ掛けるのである。

参会者はまず、かぶりものをとり、セルゲの傍らでひざまずき祈りを捧げる。男たちは儀式がはじまるまで馬乳酒を飲み、さまざまな仕草や行為で精霊をもてなしている。そうこうしているうちに、いまや老若男女全員がそろい、彼らはセルゲへ家畜の乳とタラスン（果実や穀物を醸造させて作った酒）を振り撒きながら参詣する。その南側に、一般に女性や子供の立ち入りが禁じられているもっとも聖なる場所があり、祖霊のための本当のセルゲである枝の張った大きな白樺の樹が立てられている。

儀式は一般の参詣所ではじまる。参会者はセルゲの周りに南に向いて半円を描くように坐り、シャマンが乳とタラスンを振り撒いたあと、まずはじめに部族の長老がそのタラスンの入った皿を受け取って飲み、それから列席者に順に回す。最後にシャマンも口をつける。一方、その後方に設えてある鍋に水が張られ、犠牲獣の肉を煮る準備がすすめられる。やがて去勢羊が浄められ屠殺される。同様の儀式が、今度はもっとも聖なる場所のセルゲの周りで、シャマンと少数のえらばれた者のみによって行なわれる。引きつづいてさきに調理されていた犠牲獣の肉片と頭部が精霊へ供えられ、精霊の飲み物としてタラスンが祭壇へ撒かれる。やがて儀式は終り、参会者全員による供物の肉の共食の宴がはじまる。

以上は、モンゴル系種族の一派であるブリヤート族の、十八世紀以降に収集された祖先祭祀の模様であったが、祭儀や儀礼の型が固定的で永続的であることを考えれば、ボルジギン氏の祖先祭祀もほぼこのとおりであったろう。聖地は、前後の文脈から判断すると、おそらくオノン川の水源を抱えるブルカン岳山地の一峯デリウン岳であり、主宰者はタイチウト氏の長老が務め、ジルドゥの儀礼が行なわれたにちがいない。

ホエルン夫人は兄弟氏族の仕打ちに、「イェスゲイ・バアトル《勇者》が死んだからといって、わが子供らが大きくなっていないからといって」(村上訳、巻二・七十節)なぜこのような目に会わねばならないのかとはげしく抗議した。その翌日、一家がもっとも恐れていた事態が発生した。タイチウト氏の領袖タルグタイが、イェスゲイの生前その旗下に集まった遊牧戦士の一群を、自分の部衆として併呑すると、ホエルン一家を冬営地《とうえいち》に置き去りにしたまま夏営地へ向けて出発したのである。

その後、ホエルン一家がオノン川上流の渓谷に身を潜め、野生の果実や菜根や河魚を生活の糧に貧窮と苦難の生活を送ったことは、さきに見たとおりである。『元朝秘史』は一家の孤影を描きながらも、やがてテムジンたちが成長し、彼とその二つ年下の弟カサルが丈夫《じょうふ》に育ったことを語る。そしてふたたびブルカン岳の山麓に住地を移し、父イェスゲイが生前に培った人材のネットワークに支援されながら、テムジン兄弟が瓦解の淵にあったキャト氏を再建したことを記す。その陰にはホエルン夫人の男まさりの活躍があった。

コルチ・ウスンが神託を祈ぎ降ろしたのは、テムジンがこのように成長しようやく遊牧戦士として高原にみとめられ、盟友ジャムカと並んで将来のモンゴル部族の指導者と嘱望《しょくぼう》されるようになったときであった。そして一一八九年、テムジンはついにキャト氏の首長の座に即位する。歴史上これを「第一次即位」と呼び習わし、このときはじめてテムジンはチンギス・カンと名乗ったといわれる。

チンギス・カンの君主即位式

一二〇〇年、チンギス・カンは部族的復讐の対象であったタタル部族を滅ぼし、翌年には血縁の固い絆を裏切った兄弟氏族タイチウト氏を討って絶滅させ、一二〇三年にはかつての同盟国であり軍事力において数段勝っていたケレイト部族を二度にわたる戦いの末に征圧した。一二〇五年に最後の強敵、高原西方のトルコ系種族の国ナイマンを倒したチンギス・カンは、翌一二〇六年、高原のすべての民人を支配下に置いてモンゴル帝国を創建した。歴史上これが「第二次即位」と呼ばれる。ここにモンゴル帝国が出現したのである。

君主の即位式はオノン川の水源に近い叢林で開かれた。旄牛《からうし》の尾で作られた白房をもつ九つの吹流しからなる纛《とく》が掲げられた。纛とは、君主や部族長がもつはたほこ（大旆《たいはい》）をいい、纛の数は古代トルコ民族の間では君長の権力の象徴であった。ウイグル国の宮殿には九本の纛が掲揚されていたという。前述のように「九」という数字は究極を意味したり吉祥を示す聖数であるが、ウイグル国が主要な九部族からなる部族連合国家であったことから見ると、実際の部族数を表わしたものでもあったろう。チンギス・カンの即位式で聖地オノン川の辺の叢林に蒼空を衝いて翩翻《へんぽん》とひるがえった纛も、国の統一を象徴して、主要な部族・国の数だけ掲げられたであろう。

『元朝秘史』はこのときの即位式について、「毛氈《フェルト》の幕帳に住まいせる国民《くにたみ》をば服《まつろ》わせて、寅《とら》の歳、オノンの源に集いして、九つの脚ある白い纛《とく》をうち立てて、チンギス・カハンにカンの称号をここにおいて捧げた」（村上訳、巻八・二〇二節）とのみ記述する。この情報不足を補うのがやはり後世の史料であるが、それによればこのとき即位に先立ち神事がもよおされ、ココチュというシャマンが司祭したという。神事は君主に世俗的権威を付与するために不可欠なものであったろう。聖的世界の最高権威者であるシャマンの協力と承認なしには異族や外《と》つ国はもちろん、同族をも悦服させることができなかったであろうからである。

そしておそらく、その儀式は古式に則《のっと》って行なわれたであろう。《蒼い狼》と《淡紅色の牝鹿》との間に生れた子を始祖とする部族伝承がシャマンによって吟誦され、ボルジギン氏の聖祖ボドンチャルに供物が捧げられたあと、チンギス・カン一族の皇統のいかに正統であるかが宣《の》べられたものと思われる。

君主となったチンギス・カンは矢継ぎ早に政策の勅令を発し、国家の建設に邁進した。このことは『元朝秘史』にくわしい。千戸制と呼ばれる古来アジアの遊牧諸国家から受け継がれてきた行政兼軍事組織を全領土に適用して、旧来の氏族・部族を再編成し、「ただ一つの手綱のもとに収めるにいたった」（村上訳、巻九・二二四節）。この政策がいままでの氏族という血縁集団からなる部族制社会にかえて、国家の構成員を国の行政と軍事上の法制を規範とした社会に組み入れたものであることは、多くの歴史家によってつとに指摘されることである。

つぎにチンギス・カンは、千戸制で把握した全国の戸口にもとづいて各戸から兵士を強制徴発し、親衛隊《ケシクテン》の拡大充実をはかった。親衛隊は平時には《黄金氏族《アルタン・ウルク》》であるチンギス・カン一族の警護につき、戦時にはコルと呼ばれるチンギス・カン直属の軍隊である中軍の兵士となって親征に従軍した。天神の恩寵を意味する「ケシク」という名で呼ばれたこの親衛隊に寄せるチンギス・カンの期待と信頼はきわめて厚く、やがてそれは宮殿の家政機関となり、さらに国政の機能を担って行政と軍事をつかさどる中央機関となった。ここに「近代的」な中央集権国家が誕生したのである。

国の大本となる政策の三つ目は、国土の三分割統治制である。チンギス・カンは全土を中央、東部、西部の三つの行政区兼「方面」軍管区に分割し、中央をみずから管轄し、東西には側近と頼む将帥《しょうすい》を置いてそれぞれ統治にあたらせた。高原の中央を中心にして東西に鳥が大きく翼をひろげるような形に三分割するこの統治方式もまた、千戸制、親衛隊組織と同様、匈奴以来草原の遊牧諸国家に連綿とつづく伝統である。

国家を脅かすシャマンの権勢

しかし、国家の礎を築くことに全力を傾注していたチンギス・カンに、まったく予期もしない事態が忍び寄っていた。それは隣国金への侵攻をいよいよ視野に入れようとしていたときのことであった。シャマン家の出であり、一二〇六年の君主即位式を司祭したココチュが、その託宣を祈ぎ降ろす卓越した能力によって、まだあたらしい国家秩序に慣れていない人々のこころの隙間に忍び込み、神意をあやつりさまざまな予言をもって衆を惑わしていたのである。ココチュは宮殿へ自由に出入りできる特権を生かし、ほかならぬチンギス・カンの親衛隊、この、彼がケシク（恩寵）と呼び全幅の信頼を置いていた王室親衛隊にも接近し、ついにその一部の兵士を誘惑するまでになっていた。

聖俗を問わずますます権勢へ傾いていったココチュは、みずからをテブ・テングリ（「天なる天神」）と名のるようになっていた。天神を自称するとは、いかにシャマンとはいえ大変な思い上がりである。ある日、ココチュは宮殿へやってきて謁見をもとめると、チンギス・カンにこう忠告した。

永劫の天つ神のみ神告《つげ》にはこう出ておりまする。一度《ひとたび》はテムジンに天《あめ》が下を取らすべしとあり、一度はカサルに、と出ておりまます。カサルに先手を取らねば分かりはしませんぞ（村上訳、巻十・二四四節）。

託宣によれば、チンギス・カンの弟カサルを一度は君主の座に即けることが、天神の意志だというのである。兄弟二人の間のわずかな疎隔《そかく》をも見落さず、隙あらば政権を攪乱《かくらん》しようとするココチュの偽りの託宣であった。だが、たしかにカサルには、疑心をもって観察すればそれをうべなわせる行動がいままでにもあった。疑いを払拭《ふっしょく》できなかったチンギス・カンは、カサルの弓射の技能に対する日頃の警戒心も相俟って、ただちに彼の居営地へ馬を駆った。そして有無をいわせず捕縛するとはげしく責め立て、最後は一旦分封《ぶんぽう》した領地領民をとり上げて、その勢力を削《そ》いだ。

ココチュの讒言《ざんげん》から一気に兄弟の争いが表面化したことを知った母ホエルンの歎きと怒りは大きかった。『元朝秘史』はこのとき彼女がチンギス・カンにはげしく詰め寄ったさまをこう伝えている。

すぐれた技能《わざ》の持主たるカサルは弓《きゅう》を引く技能《わざ》もてる故に叛き出でたる（敵人に）は弓射合い降せしものぞ、脅え逃れたる（敵人に）遠矢を射競べて降せしものぞ、いま敵人が根絶しされてしまったからと云って、カサルの面倒を見てはやれぬというのですか（村上訳、巻十・二四四節）。

＊対訳――カサルは戦《いくさ》となれば、いつもその人並みはずれた弓射の技で敵を攻めに攻め、たまらずに敗走する敵をもはるか遠くから射倒してみせたのは、テムジン、お前も知ってのとおりであろう。〔すぐれた智恵をもつお前と、並ぶ者のない弓射の名人であるカサルとが二人して力を合わせ戦ったので〕いまは向かう敵はなくなり、天下に君臨することとなったが、それだからといってカサルを用済みのごとく遠ざけ軽んじるとは、一体どういう考えなのか。

やがて、チンギス・カンは驕《おご》りにとり憑かれ権力に溺れたココチュの真実の姿を知った。だが、シャマン家に干渉することは、たとえ君主といえどもそう易々とは手出しのできない問題であり、彼はディレンマに悩み苦しむことになった。そのチンギス・カンに「テブ・テングリ」の処断を決意させたのは、もはや座視していては一族の将来を危殆《きたい》にさらすことになるという危機意識を呼び覚ました、衝撃的な事件の発生であった。ココチュがチンギス・カン一族の支配地から領民を離反させ、自分の配下に吸収するという挙に出たのである。チンギス・カンは《黄金氏族》の領地にまで手を出したココチュの行動に激怒した。

君主の座とシャマンの地位という聖俗の分離は、遊牧国家匈奴においてシャマンが君主となり、政治的征服をすすめていく過程で次第にその呪術的要素を脱落させていったことにはじまったという。(15)だが北ならびに東シベリアやアルタイ地方の森林山岳地帯のような交通の及ばない地方では、少なくとも近代まで世俗的権威と聖的権威は未分化であり、氏族や部族の長になるのは多くはシャマンであった。そして同じことは聖俗の分化がすすんだ草原の遊牧諸部族においてもしばしば見られることであったという。シャマンは人々の尊崇を集めることができれば、いつでも首長、君主の座につくことができたのである。ココチュの場合も、その神意を祈ぎ降ろす秀でた技能《わざ》に加えて、チンギス・カンの信頼をよいことに、一般の人々のみならず、親衛隊員や一族の領民からも尊崇を受けていたのだった。

ココチュを断罪するそのときがきた。チンギス・カンは彼の一家が宮廷にやってくる日をえらび、さきにココチュに領民を奪われ、憤怒のなかにもなすすべもなく手を拱《こまぬ》いていた末弟オッチギンに手はずを整えさせた。チンギス・カンが臨席している場でココチュの罪過を暴き、裁断を下そうというのであった。オッチギンはあらかじめ黄金の天幕の外に屈強な、国の力士三人を待機させておいた。

そうとは知らずにやってきたココチュはしかし、オッチギンのはげしい難詰めにあってすべての事情を知った。だが、時すでに遅く、怒りに色めき立つ彼に組み伏せられ、天幕の外へ引きずり出された。待っていたのは力士たちであった。彼らはすかさず加勢し、ココチュをねじ伏せるとその背中を圧《へ》し折り、息絶えた彼を荷車の傍らに棄てた。それを見たチンギス・カンは、遺体を小さな天幕に収容するように指示し、天辺の煙出し口も戸口の上の明かり窓も塞がせ、その周りに兵士を配置し昼夜を問わず厳重に警護させた。

北アジアの諸民族の間では、シャマンは三度生れかわると信じられていたという。(16) 古代の狩猟文化を特徴づける再生思想は、シャマンの召命を受けた者が経験する入巫式の解体儀礼にも、シャマンの葬制にも現われていて、したがって遺体はけっして土中に埋められることはなかった。遺体は木棺に納められて戸外に置かれ、骨だけとなり棺が朽ちても、遺骸はあたらしい木棺に納め直され、ふたたび樹木の上や台の上に置かれる。骨に再生能力が託されたのである(一二二頁以降参照)。

チンギス・カンはココチュがあたらしく生れ変わるのを警戒し、そのため天窓と戸口の上窓を塞ぎ、見張りを立てて監視させた。だが、三日目に遺体はひとりでに開いた煙出し口から消えてなくなっていた。心配は杞憂《きゆう》に終ったのである。『元朝秘史』は、ココチュが「天神に愛《め》でられず慈《いつく》しまれもせず、身体ぐるみ持ち去られた」(村上訳、巻十・二四六節)と記す。天神は「定め」に従わない者の蘇生をけっして許さなかったのである。

一族に対するココチュの挑戦は、国の統一後はじめてチンギス・カンが直面した危機であった。それがこともあろうに内部からの脅威であり、聖的世界からの干渉であったことにチンギス・カンは大きな衝撃を受けた。

彼は今回の事件の背後に、人々がそれぞれの出身氏族・部族に固有の聖地や祭祀の伝統を失って、寄る辺ない世界に漂っている生の現実を見たであろう。彼らの多くは相次ぐ戦いに敗れ去った集団の遺民であり、勝ち残った部族といえども、自分たちが古来尊宗し祀ってきたシャマン家の再興と、固有の宗教的習俗の修復に相当の時間を要したことは想像に難くない。「一条の手綱」のもとに服《まつ》ろわされた人々は君主を戴いても心的統合の柱を失っていたのであった。そこにココチュが神意をもてあそび人心を惑わす余地があったのである。

チンギス・カンはあたらしい国家にふさわしい聖的秩序を作り上げるために、それに適うシャマンをえらび出すことを決めた。彼はコルチ・ウスンを「国家の大巫《大シャマン》」の座に即け、モンゴルの守護神《ネンドゥ・クトク》となるよう、つぎのように命令した。

モンゴルの国制《のり》では、ノヤンの職務《つとめ》のうちには、ベキとなる習わしがあった。バアリンは長兄《このかみ》の後裔《うみのこ》であった。ベキとなる職務にはわれらのうちの長上から、ベキにはウスン翁よ、なれ。ベキに登らせて白き衣裳を纏い、白き馬に騎り、上座《かみざ》に坐らせて、祭りを執り行い、さらにまた年月を計りてこそ、しかあるべけれ（村上訳、巻九・二一六節）。

＊対訳――モンゴル部族の制度《しきたり》では、将軍（ノヤン）となった者でも、宗務《しゅうむ》に即いてその長《おさ》（ベキ）となる習わしがあった。ベキとなるには直系親族の者に限られるが、汝コルチ・ウスンよ、お前はモンゴル部族の本家筋のバアリン氏の出身ではないか。その上一番の年長者である。お前がベキになれ。白衣をまとわせ、白馬にまたがらせ、上座に坐らせてやろうぞ。祭祀では神事をつかさどり、毎年毎月、施物を受けとれ。わかったな。

モンゴル部族の古くからのしきたりでは、ノヤン（長官、将軍）という世俗の職に即いた者でもベキと呼ばれる聖的世界の指導者となるのであり、それにふさわしいのは、バアリン氏というシャマン家の直系につながり、しかもボルジギン氏一族の長老でもあるコルチだというのである。バアリン氏は、聖祖ボドンチャルがウリャンハイ族を服属せしめたときにその部族の女に生ませた子を遠祖とし、ボルジギン氏集団にあって代々シャマンを出した氏族であった。またベキとは、古代トルコ語の支配者もしくは王を意味するベグに由来する語で、トルコ系民族の間では族長であると同時に聖的権威の長であることをも意味する。コルチはモンゴル部族のベキとなった。それはモンゴル帝国を構成するすべての部族、種族のそれぞれのシャマンの頂点に立つ大シャマンを意味したのであった。

以上、私たちは『元朝秘史』の記事のなかからいくつかの素材をえらんで、そこにシャマニズムの諸現象を探しもとめ、それらを現実に生じた歴史の流れと人々が実際に営んだ生活風景のなかに復元、再構成してきた。

『元朝秘史』は何よりもまず歴史書であり、人々の宗教的信仰や、神をはじめとする超自然的存在の活躍などを直接的に伝える伝承や説話を集めた書ではない。したがってそこにシャマニズムを読み取る作業は困難を伴う。しかし、モンゴルの人々が自分たちの世界と歴史を、自分たちの言葉と思考形式で語ったこの書に深く沈潜し、そこに登場した人々を当時の北アジアの空間のなかで注意深くとらえ、さらに彼らの文化の生成と発展を歴史的時間のなかで考察することによって、そういった素材としての限界を多少なりとも乗り越えることができたのではないだろうか。

私たちはこれまでの考察で、まずシャマニズムが現実の歴史を動かす力動的要因であることを知った。そのことはコルチ・ウスンがもたらした託宣がボルジギン氏を結束に導いたことや、ココチュの偽りの託宣が政権を揺るがしかねなかったことを例として挙げるだけで充分であろう。また、シャマニズムが共同体を精神的に統合する上で重要な役割を果したことも見た。それはボドンチャルが天降された支配者と信じられ、聖祖としてボルジギン氏の結束と統合の象徴であったことや、チンギス・カンが社会の安定にシャマンの役割を重んじたことに示されているであろう。さらに第一章で見たように、私たちは北アジアにおいてシャマニズムが少なくとも近代に至るまで堅固に維持されてきたことも知った。そのことは十七、八世紀のシベリアにおけるシャマンの儀式に守護霊が牛となって現われる表象が保存されていることや、野獣屠殺に見られたジルドゥの儀礼が天神・諸霊への「記念と懇願」の祭儀にいまも現われていることに確かめられるであろう。

では、このような強固な信仰観念となりえたシャマニズムは、一体どのように形成されたのだろうか。『元朝秘史』は、巫儀の様子や、ドア・ソコル、アラン・コア、ボドンチャルといった人物をめぐる説話のなかで、シャマニズムが一方で古代の狩猟文化と密接にむすびついたものであることを示唆し、他方でシャマニズムが霊魂信仰——精霊信仰と天神崇拝——に深く根ざしていることを教示していた。

そこで、私たちは第二部でシャマニズムの根源を「古代」に問うことにする。まず人類の「偉大な狩猟時代」であった先史時代にまでさかのぼり、その時代の文化に現われる呪術‐宗教的観念がどのようなものであったかを探究する。考察の主な対象となるのは、まずは西ヨーロッパの後期旧石器時代の洞窟壁画である。そのあと、ユーラシアの東に位置するシベリアへ目を転じる。そこは、西ヨーロッパで洞窟壁画が描かれなくなったあとの空白を埋める岩壁画の世界である。私たちはそこから、少なくとも近代まで北アジアを覆っていたシャマニズムにつながる宗教的観念と思考の存在を読みとることになるだろう。こうした一連の試みを通して、私たちはこの地域のシャマニズムが「世界観」として形成されていった跡を辿ることができるだろう。

第二部

北アジア文化の形成

《ピゾン（野牛）に斃された男》。図の中央に倒れている男の下方に棒の上の鳥が見える。ラスコー洞窟，「井」洞室。本書105頁参照。（フランス文化・通信省のサイトより。www.culture.gouv.fr/culture/arcnat/lascaux/fr/）

第一章　先史時代の呪術 - 宗教的観念

人類の文化の薄明の時代に、私たちの遠い祖先が遺《のこ》した遺物や、ラスコーやアルタミラなどの洞窟に描かれた壁画は、生命の糧となる狩猟獣を殺すといった経済活動とは無縁の、物質的世界の秩序を超えるような観念と慣習の存在を示唆している。私たちはそれらに何がしかの呪術 - 宗教的な思想と実践の存在を想定することができる。だが、呪術の儀式や祭儀というものが、形として残らない動作や言葉からなる行為である以上、そのことを立証することはほとんど不可能である。

立証不能のもの、あるいは理解を超えるものを前にしたとき、私たちはとかく自分の心理や考えにもとづいて判断したり、あるいは身近にある証拠を尺度として推しはかろうとするものらしい。この章では、遺物や洞窟壁画と向かい合うとき、そういった遠い祖先たちについての空想や類推をきびしく排除しつつも、「事実」から彼らの営為の背後にあるものを読みとろうとする立場にたつ先史考古学者の見解と、人類の原初期から宗教的観念や思考が普遍的に存在していたとする立場から類推を積極的に推しすすめる比較宗教学者の意見を参照しつつ、先史時代の人々の呪術 - 宗教的観念を明らかにしていくことにする。

立場こそちがえ、また主張の強弱こそちがえ、先史時代も後期旧石器時代に入ると、そこに人々の宗教的思想の存在を確信することでは両者とも一致する。一方は、洞窟壁画に形而上学的秩序が反映されていることと、描かれた人物と動物の間に神話論的な神秘な関係が存在することを見出し、もう一方は、ほかならぬ北アジアのシャマニズムを特徴づけている狩猟呪術的技術をもち、「トランス」体験を伴う人物の存在を想定する。これらの理解がただちに近現代のシャマニズムにむすびつくかどうかは別にして、私たちはこの章を通して、人類の偉大な狩猟時代に人々がどのような宗教的信仰観念をもっていたかを知ることになろう。

先史時代も後期旧石器時代につづく新石器時代に入ると、それまでの西ヨーロッパの洞窟壁画にかわって、北方ユーラシアではシベリアの大河流域の岩壁に描かれたさまざまな図像が、先史時代の人々の宗教性について多くの示唆を与えてくれる。それらは私たちを、呪術‐宗教的思想とその実践の存在に対する確信へ一歩近づけ、そこに北アジアのシャマニズムの原初的な形態を見ることさえ許すかもしれない。

後期旧石器時代の文化

時代を遠くさかのぼって、いまから一万二千年前の頃――ヨーロッパ洞窟壁画の最盛期――は、地球が最終氷河期の終末近くになり、寒暖を繰り返しながらやがて現代につづく温暖期へ入ろうとしていたときであった。この時期に先立つ約一万七千年前から約一万年前のあいだのほぼ七千年間が、芸術の真の誕生といわれる後期旧石器時代の洞窟壁画の制作が、西ヨーロッパで盛んに行なわれたときである。洞窟壁画の発見が集中するフランスとスペインを中心とするこの地域の後期旧石器時代を、文化相でオーリニャック（前三万五千年〜前二万五千年）、ソリュートレ（前二万年〜前一万五千年）、マドレーヌ（前一万五千年〜前八千年）の三つの時期に大別するのが一般的であるが、そのうちのソリュートレ後期からマドレーヌ中期までの時代がこの盛期に相当する。

最近の発掘実績は、洞窟壁画の制作がオーリニャック期にまでさかのぼる可能性を示唆しているが[1]、壁画が集中的に制作され、絵画技術が芸術的に高度な段階に達したのがマドレーヌ期であることは、いまのところ揺るがすことのできない事実であろう。それを裏づけるのは、ラスコー（フランス）、アルタミラ（スペイン）、ニオー（フランス）といった量と質と多様性において他の洞窟と比べようのない大洞窟壁画がこの時期に属しているという事実である。したがって、後期旧石器時代の洞窟壁画について語ることは、とりも直さず、この時期とこの地域を語ることだといえよう。

後期旧石器時代とは考古学上の時代区分であり、約三万五千年前からはじまり、氷河期が最終末を迎えた八千三百年前頃までの時代をいう。この時代の文化を担ったのは、西ヨーロッパでは四万年前の頃に現われた人類であり、彼らはそれよりさきに地上に現われていた古生人類（旧人）に対して、現代の人間に直接つながる人々であることから現生人類（新人、ホモ・サピエンス）と呼ばれる[2]。私たちになじみの深いクロマニヨン人はそのもっとも代表的な人々である。

この現生人類の時代を特徴づけるのは、約十万年前からはじまった人類の文化が、この時期に最初の大きな飛躍をとげたことであるといわれる。石器製作に著しい発達が見られ、装飾品や複合化された狩猟具が作られるようになり、もち運びが可能なことから動産芸術と呼ばれる線刻石板と小像が出現し、それにつづいて洞窟壁画が現われる。また、人々の集団間に連絡網と交易網が形成され、組織立った活動が見られるのもこの頃である。この交換網の存在が複雑な言語と芸術を生む背景であったと指摘されているのは興味深いことである(3)。

地域的に見ると、支配的役割を演じたのは大西洋から内陸アジア、さらにシベリアにいたる広大な地帯である。私たちはとかく、洞窟の発掘実績が集中し、とくにラスコーやアルタミラの洞窟壁画が有名なことから西ヨーロッパ、なかでもスペインのカンタブリア地方、フランス南西部とロワール川の南、それにピレネー地方のみが後期旧石器時代文化の地域と思いがちであるが、たしかに洞窟壁画についてはそうはいえても、線刻された石板や小像(動物・人物像)などの動産芸術を見たばあい、中部ヨーロッパから東方のウクライナ、ロシアを経てドン川流域に至るまでその分布が及び(一九六一年にはウラル地方から唯一の洞窟壁画、カポヴァ遺跡が発見されている)、さらに北アジアのバイカル湖一帯では西ヨーロッパに比肩《ひけん》しうる出土例が報告されていることを思い起こさねばならない。

後期旧石器時代文化がひとり西ヨーロッパに限られるものでなく、広範な地域で見出されるのは、その時代に先行する文化、すなわちネアンデルタール人に代表される古生人類(旧人)によって担われた文化が、約四万年前から三万年前に世界各地で引き継がれていったことを考えれば、何も不思議なことではない。事実、中部および東ヨーロッパの同じ後期旧石器時代初期の文化に属する石器群の年代は一貫してフランスより古いことが指摘されており、中東最古のオーリニャック文化が四万四千年前にさかのぼることも知られている。これらの事実から、オーリニャック期と呼ばれる後期旧石器時代初期文化はむしろ、もともとは東方に起源をもち、それが西へ波及したとする意見が出されているのは注目に価する。(4)

その頃のシベリアの住人

後期旧石器時代文化に少なからぬ役割を演じたとされるシベリアは、いうまでもなくのちにシャマニズム文化の中心地の一つとなったところである。だからといって、ただちに二つの文化を関連づけるわけにはゆかないが、文化というものが長く入り組んだ歴史的背景をもつことと、シベリアが近年まで比較的古来の文化を保存してきたことを考えると、その地が先史時代にどのようであったかを、ごく簡単ではあるが見ておくのは無駄ではないだろう。

そのシベリアだが、私たちは現代でもそこがツンドラの極寒の地、あるいはタイガ大森林に蔽《おお》われた交通の及ばない大地といったイメージをもつ。だがじつは、二万三千年前から二万一千年前の間の最終氷河期の頂点にあってさえ、氷に閉ざされたのは山岳地帯と極北地帯に限られていて、シベリア内部は氷床が拡大の極限へと向かっていったこの時代でも人々が植民し、発達した狩猟具でマンモスや毛サイなどの氷河期に特有な動物を狩猟し主な食料としていたのである。しかもこの地への植民はそのときにはじまったのではない。シベリアに人が移住したのはきわめて古く、レナ、エニセイ、オビの諸大河とそれらの支流それぞれの中・上流域からは五十万年前の遺跡が発見されているし、十万年前頃からはじまった最終氷河期の前半、すでにこのような早い時期にヨーロッパ全域を覆《おお》ったと同じ文化が及んでいたことも知られている。

後期旧石器時代に入ると、シベリアにおける人々の居住範囲はさらに拡大していった。当時、植民の中心地はアンガラ川流域およびセレンゲ川流域の南バイカル地方であったと推測され、そこからオビ川とエニセイ川の上流の西シベリア地方へ及んだと見られている。アンガラ川上流域には、約二万三千年前と推定される有名なマリタ、ブレチ両遺跡が発見されており、マリタ遺跡からは屋根を毛皮で覆い動物の骨で補強した竪穴式の住居の存在が確認された。遺物のうちで興味深いのは、そこから七、八キロしか離れていないブレチ遺跡で出土したマンモスの牙に彫刻された小像である。それは現在極北地帯で用いられているような、頭からすっぽり被る上下一続きの獣皮の衣服を着用した人物像であった。彼らは最寒冷期を迎えてもこの地にとどまり適応を果したのである。真のシベリヤーク（シベリアっ子）の誕生といわれる。(5)

ところでセレンゲ川の河谷といえば、私たちはそこが、十二世紀の後半にモンゴルの人々が部族発祥の聖地とした「三河の源」の地の西北に隣り合わせ、モンゴル部族と対立した半猟半牧を営むメルキト族の本拠地であったことを思い出すであろう。オビ川とエニセイ川の上流域も、最後にはチンギス・カンに降ったがその後もこの地にとどまり独自の文化をもったキルギス族や、ケスディム、トエレス、バジギト、シビル——いまのシベリアという名称の起源となった——などの有力な「森林の民《ホイ・イン・イルゲン》」の住地であった。話を急ぐようだが、八世紀の北アジアにペルシアのマニ教やネストリウス派のキリスト教あるいは仏教などの外来宗教が到来したとき、何もさえぎるもののない草原地帯とは異なってアルタイのような交通の及びにくい森林山岳地帯では、住民はそれらの影響にさらされずに古来の信仰の伝統をよく守ってきたことが指摘されている[6]。このことが北アジアの森林山岳地帯について多かれ少なかれ一般的にいえることだとすれば、『元朝秘史』に登場したメルキト族や「森林の民」が、太古の昔からの文化を継承し維持していたと見てもあながち間違いではないだろう。

このことを示唆する事実をいま一つだけ挙げるとすれば、さきに述べたことだが、後期旧石器時代のモラヴィアやウクライナ、ロシアの集落に共通する天幕式住居が、現在極北地方やシベリア森林地帯に見られるトナカイや鹿の獣皮あるいは白樺の樹皮で覆った円錐形の天幕（チウムもしくはヤランガ）に名残をとどめていることである。

洞窟壁画の出現と宗教的観念

後期旧石器時代のユーラシア大陸で人類史上はじめて現われた芸術は、動産芸術と洞窟壁画という二つのカテゴリーに分けられる。動産芸術はオーリニャック期のものとして確認できる現在のところ唯一の芸術であり、線刻板と小像の非実用的なグループと、オブジェや装飾品などの実用的なグループに区別される。これら動産品は、年代決定の可能な石器や骨角器の地層から出土することがあるので、図像の表現様式の年代的変遷を追うのに手がかりを与えてくれるが、動産であるゆえに地形との脈絡を欠くことが多く、当時の人々が作品をどのような意図をもって配置したかを把握することは困難である。

それに対してソリュートレ後期から確認される洞窟壁画は、制作時と同一場所に残っているために地形の特徴を考慮に入れた分析を可能にし、また描かれたものは動物像のほかに人物像、記号といったように多様であり、なかには彩色が施されるなど多くの情報を含んでいるといった長所をもつ。このような洞窟壁画の特性を生かし、統計学的方法とコンピュータを駆使して壁画の全体的なイメージを把握し、壁画制作の背景にどのような宗教的観念と思考が潜んでいるかを追究したのが、後期旧石器時代の考古学の専門家であり、二十世紀後半の世界の洞窟壁画研究を主導したフランスのA・ルロワ＝グーランである。

ルロワ＝グーランは、後期旧石器時代に先立つ古生人類の時代も視野に入れ、現生人類だけでなくネアンデルタール人を含む先史時代人の宗教的観念の萌芽とその発展の跡を追究した。彼が一貫して採用した方法は、先史時代人が遺していった遺物や洞窟壁画を個別に研究するのでなく、事例を多く集め、それらを通観し全体として何が見えてくるのかを検討するというものであった。とくに洞窟壁画については、複数の洞室をもつ洞窟を全体としての一個の秩序ないし体系ととらえ、さらに分析対象を洞窟の分布する全域に広げ、そこから収集された数多くの壁画図像データを総体的に解析するという方法を採用した。

彼のとった方法は、ネアンデルタール人の時代の遺物や、後期旧石器時代の洞窟壁画に関するそれまでの理論や説を全面的に無効にしかねないいくつかの見解を導き出した。それらがどのようなものであるかは本書の主題から外れるためとくにふれないが、以下でルロワ＝グーランが先史時代にどのような宗教的観念や思考を見たかを検討していくなかで、ある程度のことはおのずと明らかとなるだろう。

人類学の成果は、現生人類に先立ってユーラシア大陸に現われた古生人類が、現代の私たちと直接むすびつかないことを明らかにしている。しかし彼らはけっして類人猿とヒトとの中間の存在ではなく、その血族はほかでもなく私たちがそこから生れてきた源流である。彼らは私たちと異なった種類のヒトだったのである。この古生人類を代表するネアンデルタール人の時代は、二五万年前から二十万年前にかけてはじまり、約四万年前から三万年前に後期旧石器時代に引き継がれていったと推定されている。

そのネアンデルタール人がしばしば遺骸を埋葬したことと、咽頭の解剖学的証拠から単純で抽象的ではあるが言語をもっていたことが現在知られている。遺体はほとんどが洞窟内から発見されており、なかには顔料と球石の堆積を伴ったり、穴に安置されていた例もあって、すでに複雑な形態を示す埋葬が存在したことが推測される。しかし、現代の私たちの埋葬という概念に近い平地からの完全な遺体の発見例をもってしても、まだ単なる遺体の処分を超えるものではなかったと見られている。

さて、彼らが洞窟内に遺した人工的な遺物から推定できるのは、ルロワ＝グーランによれば、動物の骨と装飾品に当時生存していた野獣にある種の敬意を払っていたことと、明らかに外からもち込まれた黄鉄鉱石や化石や貝殻に対して、神秘的な感情を抱いていたらしいということぐらいである。しかし、たしかに具体的な慣習や実践を実際的に裏づけるものは何一つないのだが、ルロワ＝グーランは、ネアンデルタール人が物質的秩序を超越するような神秘的な性格を帯びた関心をもっていたことが想像でき、さらには生活のさまざまな技術とは無縁の習俗、これをもしそう呼ぶことが許されるならば宗教的習俗といったものが存在したことさえ推定できるかもしれないという。

いずれにしても、このように私たちに不完全なメッセージしか遺さなかったネアンデルタール人は、六万年前から三万年前の間に起きた「重要な変化」のなかで、二万七千年前と年代推定される彼らの特徴を明確にもつ下顎化石を最後に、それ以降もはや地上にいかなる痕跡も残さなくなる。重要な変化とは、さきほど述べた石器製作の技術的飛躍と芸術の出現であり、それに加えて平地埋葬の出現や集団移住の発生などである。組織化された行動を含め、これらの諸現象はさまざまな思想と意味が象徴化されたことの現われであるが、ルロワ＝グーランはそのなかでも芸術に見られる視覚記号的な象徴体系の重要性に注目する。

ルロワ＝グーランは、後期旧石器時代に入るとこれらの文化の飛躍が、宗教、技術、芸術、装身具などすべてに関係して、前の時代とは一目でちがいがわかる知的環境を作り出したことを指摘する。この環境の出現に伴い、私たちは現生人類の宗教的観念や思考の存在を知る多くの手がかりを得ることになる。遺骸の埋葬には、穴を掘り死者を埋めてオーカーと呼ばれる顔料（多くは鉄の酸化物からなる赤土）を上に振りかけるといったように一定の形式が現われ、ソリュートレ期に入ると発掘実績は少ないが野外住居址が見られ、そのなかには儀礼的行為の場であったことをうかがわせるものもある。赤色オーカーはネアンデルタール人の時代にも使われたが、マドレーヌ期の動物図像には、それを用いて鼻面から何本もの線が引かれている。これは息を形象化したものと推定され、また血や生命を示す象徴的表現と考えられるものもあり、「死の形而上学」が存在したことさえうかがわせる。

人間の遺骨に関するめぼしい資料は少ないが、垂飾品用の二本の歯や、同じ目的のための下顎骨の一部、そしてマドレーヌ後期に属する、死後に偽眼の入れられた頭骨などが発掘されており、それらは人間の遺骸と宗教的関心とのむすびつきに関してきわめて実証性に富んだ情報を与えてくれる。

しかしルロワ＝グーランは、宗教的観念と思考の立証性をめぐる議論をずっと先に推しすすめるためには、何を措《お》いても壁画と動産芸術の図像表現を解析することの必要性を強調する。彼はたとえば、後期旧石器時代の初頭から見られるオーロックス（原牛）の角に施されたある種の特徴的な加工に対して、装飾品としての重要な役割をみとめはするが、それ以上に何らかの宗教的な意味が込められており、それがこうした装飾とむすびついたものと推論する。そこには、同時代の洞窟壁画にピゾン（野牛）やオーロックスが主題として描かれていて、壁画全体のなかできわめて重要な役割を演じていることを把握した、彼ならではの鋭い洞察力が働いているのである。

記念碑としての洞窟壁画

芸術に現われた図像の解析を最大の課題としたルロワ＝グーランは、洞窟壁画を地形学的統計と編年の方法によってデータ解析し、その全体的イメージをとらえることに力を注いだ。その結果、彼は複数の洞窟に共通する一つの事実をつきとめた。その事実とは、壁画における動物像の空間分布に明らかに普遍性がみとめられるというものであった。彼は、壁画が図像の無秩序な集合体などでなく、ある種の形而上学的な秩序を反映する体系にのっとって、空間的に構築されたものであることを発見したのである。壁画には綿密な象徴体系こそみとめられないが、三大主題である動物、人物、記号が神話学的な性格をもった思想にもとづいて配置されており、総体的に見れば壁画は、ある出来事に思いをいたしそこで何らかの行事を行なうという記念碑的役割を示していたのである。

ルロワ＝グーランはこうして、後期旧石器時代人が何がしかの世界観をもって宇宙や世界をシンボルで表現し、それらシンボルを通して宇宙と世界を理解し、克服しようとしたことを明らかにしてみせたのである。そしてさらに、彼らが、理解したものを「枠組みとして、しかるべき場所にきちんと据えられさえすれば、将来の出来事に大いに作動する」[7]と考えたにちがいないとの推論を導き出した。言い換えればルロワ＝グーランは、壁画に何らかの呪術‐宗教的営みの跡をみとめたといえよう。動産芸術である線刻板と小像についても、その造形内容に洞窟壁画と同様の性質、すなわち記念碑としての特徴がみとめられることから、彼は小規模な聖域の構成要素であると理解した。

このように洞窟が真に組織された世界であり、聖域といってよい場所であるとするルロワ＝グーランの見解と同じ考えに立つのは、最近（原著一九九八年）出版されたスペインのアルタミラ洞窟壁画に関する書物の監修者であり、現代の世界先史美術研究の第一人者といわれるA・ベルトランである。彼はルロワ＝グーラン同様、今日もち得るかぎりの知識を駆使しても、アルタミラ洞窟壁画の制作動機はあまりにも複雑であり、洞窟とその絵画が厳密に何を意味するかは確信をもって知りえないとする慎重な姿勢をとる。しかしその一方で、「壁画のある洞窟は間違いなく個人ないしは集団の、祭祀であれ儀式であれ、それを執り行う場であった」(8)と主張する。また同書の共著者の一人である先史考古学者デ・キロスも、旧石器時代芸術が人間集団の観念の表出であり、それを通じて宗教、神話、感情、そして社会統制のあり方が現われているととらえ、壁画の大部分は、人々の集団が集会を行なう場所として繰り返し訪れて制作したものであろうと推論する(9)。

しかしながら、古生人類の遺していった「非常に微々たる数」の資料はむろんのこと、現生人類の洞窟壁画にしても、呪術の儀式や祭儀がそもそも身体表現や言葉から成り立つ行為である以上、そこに宗教的観念やその実践が存在したことは「立証」されえないとして、極めて慎重な姿勢に終始したルロワ＝グーランにとって、洞窟壁画の発見以来さまざまに提出されてきた理論や説は、当然のことながら、「行き過ぎた歪曲」としか映らなかった。「芸術のための芸術」という無償行為説はとうに否定されていたものの、狩猟の模擬行為説や、猟運もしくは猟獣の繁栄を祈る呪術行為説、あるいは若者の加入礼やトーテミズムといった説は、現代の、かつては「未開」人と呼ばれた古代的人間の観察から得られた民族誌的資料との類推に根拠をおいて熱心に論じられていたが、彼は、それらは自説を裏付けるのに都合のよい要素をあれこれと選択したものにすぎず、いかなるコンテクストも無視した説にすぎないとして否定した。

しかしルロワ＝グーランがこのような学問的良心を堅持しながらも、膨大な壁画や動産芸術のデータを統計学的方法とコンピュータを駆使し、分析した結果は、彼を単なる批判的立場に押しとどめてはおかなかった。ルロワ＝グーランが、ネアンデルタール人が異常なもの、説明不可能なものと対峙したときに、後世の私たちと同様の反応を示したにちがいないといったとき、彼は古生人類の時代に何がしかの宗教性の影を見たのである。そして後期旧石器時代芸術から充分に吟味された諸事実を引き出すことができれば、現生人類の物質的生活のさまざまな技術とは無縁な慣習と営為を知ることが可能であろうといったとき、彼はそこに影以上のもの、すなわち呪術－宗教的観念と思考と呼べるようなものの存在を確信したということができるのではなかろうか。なぜならば彼は、呪術とはさまざまな働きかけを通して外的世界に対する関係や適応を体系づけていく行為であり、宗教とは現実を超越する世界で人間を統合するという実際的な営みであり、それらの行為の背景にある宗教的観念が人間の属性にほかならないことを理解していたからである。これと同様の考えを比較宗教学の立場から積極的に展開し、洞窟壁画に宗教的思想とその実践を見ようとしたのは、二十世紀最大の宗教学者といわれるミルチア・エリアーデであった。

先史時代人の想像力と抽象能力

人類はその発祥のときからホモ・ファーベル（作る人）であり、ホモ・ルーデンス（遊ぶ人）であり、ホモ・サピエンス（賢い人）であると同時に、ホモ・レリギオースス（宗教的人間）でもあると主張[10]するエリアーデは、人類全体を宗教的なものととらえる立場から、世界各地に見られる宗教現象を旧石器時代から現代にいたるまでの歴史のなかに辿り、宗教的観念の原初期からの存在とその普遍性を追究した。

このようなエリアーデにとって、先史時代における人間の精神活動が単に「技術」の保持と伝達に限られていたと見るのは、到底受け入れがたい考えであった。彼は、古来に通信や相互の交流があったとは考えにくい現代世界の辺境各地に、同一の宗教的観念が見られるという事実が、人間本来の能力、すなわち思惟と想像力と抽象能力の存在を証明するものであり、それら諸能力が先史時代人にも備わっていたと確信する。したがって、後期旧石器時代の洞窟壁画から呪術‐宗教的信仰の実践を立証することは不可能としながらも、彼は、その時代の諸資料と現在明らかとなっている民族学的事実を比較することに正当な理由をみとめ、むしろルロワ＝グーランとは対照的に、「類推」に太古の時代の宗教的観念を解明する手がかりを積極的にもとめた。エリアーデは現代のいわゆる「未開」状態にある狩猟民、言い換えれば古代的人間の儀礼と信仰を「生きた化石」として参照し、先史時代の呪術‐宗教のいくつかの側面を再構成することにつとめたのである。

それでは彼自身は洞窟壁画とどのように向き合い、また、それをめぐるさまざまな解釈をどう評価したのだろうか。――いくつかの例を挙げてそのあたりを見ていくことにしよう。

まずはじめは、フランス南西部のモンテスパン洞窟で発見された粘土製の無頭の熊の彫像である。何らかの狩猟儀式をそこにみとめるかどうかでルロワ＝グーランの頭をもっとも悩ませたものである。この動物彫像は、投げ槍によると思われる穴が全身に穿《うが》たれていて、ニオー洞窟（フランス）にある矢の射込まれた多くの野牛図や、トロワ＝フレール洞窟（フランス）に描かれた矢や槍で傷つけられた動物図像と同様、狩猟呪術の証拠もしくは原初の狩猟の再現であるともっぱら解釈されている。エリアーデもこの彫像に狩猟儀式の痕跡をみとめる。

もう一つは、同じ洞窟内の粘土質地表に残された人の足跡である。一般的には、古代的な文化に見られる加入礼（イニシエーション）と同様の儀式が行なわれた際に若者たちが遺した円舞の跡と解釈されているが、エリアーデもこの見解を支持する。

つぎの例は、フランス南西部のトロワ＝フレール洞窟にある有名な人物像である。この、一般的に《トロワ＝フレールの呪術師》と呼ばれる図像は、トナカイと思われるシカ科動物の枝状角をもち馬の尾をつけている。エリアーデはこれを動物の「主《ぬし》」精霊か、あるいはそれを体現した呪術師と解釈する。また同じ洞窟の錯綜した壁画のなかには、野牛の仮面をかぶり横笛のようなものを口にくわえた人物像もあり、楽器を演奏している踊り手と解釈されている。エリアーデもこの見方に与し、それはまた他の

（左）《トロワ＝フレールの呪術師》。線刻され彩色が施されている。高さ75cm。
（右）《トロワ＝フレールの踊る人物像》。野牛の仮面をかぶり横笛をくわえている。弓をもつとも解釈される。高さ20cm。左右ともブルイユ神父による明細画。トロワ＝フレール洞窟（フランス南西部アリエージュ県）は1916年の発見。

複数の洞窟で発見されている、獣皮をまといしばしば踊る姿勢をとっている人物像と同様、現代の古代的社会の狩猟民族に見られるような、狩猟に特有な儀礼に関わるものととらえる。

彼は、トロワ＝フレール洞窟のこれらの人物像が、ただちに先史時代の〈シャマン〉であると断定もしていなければ、舞踏と解釈される場面が神との交信の場を意味するともいっていないが、ある種のシャマニズムの呪術師、しかも北アジアのシャマニズムを特徴づけている狩猟呪術的技術をもち、かつ「トランス」体験を伴う呪術師と見做す。ちなみにルロワ＝グーランも《トロワ＝フレールの呪術師》と呼ばれる人物像が呪術師であることを否定はしないが、しかし、鳥の顔をもちながら耳や角はトナカイのものであり、胴体や尾は馬を描いていても性器はネコ科動物のもの、手は熊かネコ科動物の前脚で、脚だけが人間というこの複合的な図像を、壁画に描かれた主要な動物たちの象徴の集合とみて、ただちに祭儀と関連づける見方に批判的であることは付け加えておくべきだろう。

これらの例に対する解釈からわかるように、エリアーデは、後期旧石器時代にシャマニズムの存在したことをほぼみとめた観がある。その根拠はひとえに、シャマンに見られるようなトランス体験が、原初的な現象として人間的条件を構成するもの、つまり真の意味での人間の実存に深く関係するものであって、このような体験をもたないいかなる人類も時代も、およそ想像できないと考えるところにあった。彼は、トランス体験が現代のオーストラリア、マレー群島、北ならびに南アメリカ、その他の地域の古代的民族の間では、天上界の最高神とむすびついて、世界樹や忘我（エクスタシー）の観念に見られるように「上昇のシンボリズム」（第二部第三章参照）としてあらゆるところに記録されていることを指摘する。シャマンの天界への飛翔もトランスという直接的な体験を核とする現象である。このようにかつて普遍的に見られたトランス現象が、先史時代にも存在したと想定するのは、エリアーデにとって、議論を要するまでもない明らかなことであったのだ。そしてこの確信が後期旧石器時代にすでに、ある種のシャマニズムが存在していたという見解を導き出したのである。

獣皮を身にまとった人物図像

さて、ルロワ＝グーラン後の考古学界では、彼が痛烈に批判した主観的で恣意的な操作による行き過ぎた解釈は鳴りを潜めたが、昨今はその反省の上に立ちつつもあらためて民族誌的資料との類推による解釈が見直され、そのなかでもとくに壁画をシャマンのトランスとの関連で読み解く試みが多くなったといわれている(11)。

しかし、ルロワ＝グーランがいうように、呪術も祭儀もほとんど痕跡を残さずに消滅してしまう身ぶりや言葉から成り立つ行為であるからには、どんなに巧みに説明することができたとしても仮説の範囲を越えることはなかなかできないであろう。現に、シャマニズムの起源を洞窟壁画に置く説が、その根拠とする壁画の出現する箇所、すなわち外光の届かない、まさに秘儀が行なわれたにちがいないと思われるような洞窟の内部にしか図像が見られないという事実にしても、洞窟の入口に近い区域が結局のところ風化したか、のちに人の手が加えられて破壊されたかであるとする有力な見方の前では説得力を欠くと指摘されている。また、壁画が迷路のような洞窟の響きのよい場所と関係があり、記号はシャマニズムの儀礼で鳴らされる打楽器のリズムを表わすという見方も、それらの記号はそれ単独では何も表現していないとする見解(12)に対しては、根拠を失うようである。シャマニズム的な狩猟模擬行為説や、猟運と猟獣の繁栄を祈る呪術的行為説にしても、ルロワ＝グーランが指摘したように、洞窟壁画において矢や槍で傷ついた動物像が、全動物中たかだか四パーセントしか見られないという事実をどう説明するか、課題が残されているといえよう。

しかしここで私たちは、もちろんシャマニズム壁画起源説にただちに飛びつくわけにはゆかないが、ルロワ＝グーランが、洞窟壁画が体系として記念碑の特徴をもち、また動物が圧倒的に多く描かれ、それらが生活の糧のための「呪術的な食料貯蔵庫」ではなく「一種の動物図像集」[13]であると結論したことに注目し、シャマニズムとの接点を探ってみることはできるだろう。すなわち、「動物図像集」が、一緒に描かれている仮面を被った人物像や、獣皮をまとった半人半獣像と何らかの関係をもっていると仮説的に想定した上で、壁画に現われた人物像を眺めてみようと思うのである。この想定は、北アジアの人々が古くから猟獣および動物一般と密接な関わりをもっている事実に照らしてみれば、けっして不合理なものではない。

そこで、それらの人物像をどのように解釈することができるか、まずはひろく通行している見方に若干のコメントをつけ足して概観してみることにする。

最初にとり上げるのは、後期旧石器時代を代表するラスコー洞窟の「井《せい》」と呼ばれる洞室の壁面に描かれた人物像である（第二部扉図参照）。ルロワ＝グーランが《ピゾンに斃《たお》された男》と呼ぶその鳥の顔をした人物像は、画面の左下方の犀《サイ》、右上方のピゾンの二頭の獣の間に、ピゾンに斃されでもしたかのように、性器を勃起させ両腕をひろげ、掌を開いて横たわっている。その下方には棒が垂直に立っていて、上に一羽の鳥がいる。ピゾンは下腹部からおそらくはらわたと思われるものを出しており、その傷口の上部を一本の投槍が右上から左下へと貫いている。

この謎の画像は、鳥を乗せた棒がアラスカのエスキモーとアメリカ北西部のインディアンたちの葬式用の杭を連想させることから、狩猟の災難の絵と解釈されたり、男は死んではいずエクスタシー（脱魂）の瞬間を描かれたシャマンであるとする説が出されている。[14] いずれも鳥か人物かの一方にだけ焦点があてられているために不充分な解釈と批判されているが、たしかに鳥についていえば、この地域ではそれが世界樹（シャマン木）（一三七頁以降参照）とむすびついて登場し、魂を意味することは民族学的事実としてひろく知られている。鳥はまた北アジアではシャマンの守護霊もしくは補助霊として巫儀に登場し、シャマンの魂を育てる「動物の母」、あるいは上界の神々の一人としても、シャマンの体験する入巫式の夢幻的現象のなかに出現する。またさきに述べたように、鷲は《最初のシャマン》の生みの父であると信じられている。このように鳥は万事、シャマニズム現象と深くむすびついた存在である。このことから棒の上の鳥を、男からすでに離れた魂と解釈し、《ピゾンに斃された男》の図像をシャマニズムに深く関係すると見る説が成り立つことは一概に否定できない。

つぎにスペインのアルタミラ洞窟の「大天井画の部屋」の壁画と、洞窟の最奥部へ向かう狭い通路の壁の二つの仮面がどう解釈されているかを見てみよう。天井画の方には少なくとも八体の半人半獣の側面像が線刻されている。それらは仮面をつけ、二足で立って両腕を祈るような仕草で挙げていると判断される。壁の二つの仮面の方は、そのうちの一つが「馬の尾」と呼ばれる洞窟の最奥部に入る手前の小部屋の入口にあり、両目と口は描かれているが、全体は岩面の自然の形状を利用して制作されていて、出っ張った岩面それ自体が馬と思われる動物の頭部のように見える。もう片方の仮面は、最初の仮面のすぐそば、小部屋のちょうど中央の岩にあり、人の手がまったく加えられていないが人間の顔を思わせる。

これら二つの仮面で注目すべき点は、洞窟の入口から奥へ向かうときはけっして見えないのだが、逆に小部屋の中央から洞窟の入口へ向かうときはつねに見えるといった構造のなかに収まっていることである。その特別な構造と画像配置から、先史考古学者デ・キロスは、そこに成人儀礼に特有な閉じられた空間（小部屋）と、儀式後の方向指示（二つの仮面が果す）を見出し、何らかの通過儀礼を伴う社会構造の存在を推定している。(15)

仮面を被ったり獣皮を身にまとっている人物像は、これら以外にも相当数が発見されている。以下の例はいずれもフランスはドルドーニュ県にある洞窟である。テイジャ洞窟には、アルプス・カモシカの仮面と毛皮服を身につけた踊る呪術師と評される人物像が描かれ、ガビュー洞窟では、角をつけアノラックのような衣裳をまとっていると形容される二人の人物像がある。仮面もしくは角をつけたかぶりものをかぶり、獣皮を身にまとっている姿は、シベリアの種族に現代も残る豊猟祈願の儀式に登場する人々と同じであり、狩猟とむすびついた解釈の妥当性を裏づけるものかもしれない。

また同じドルドーニュ県で、レ・コンバレル洞窟から三九個の人間あるいは半人間のデッサンが発見されている。その一部は仮面を被った顔をしているといわれ、そのうちの一つをマンモスを象《かたど》った顔をもつ人間の半面彫像と見る意見もある。ローセル洞窟では、ソリュートレ期とその直前の時代との複合文化層から、仮面や獣皮はつけていないが、一体は男性、四体は女性を線刻した薄浮彫《レリーフ》が発見された。

舞踏の場面に相違ないと解され、また、呪術の儀式を行なっているものと解釈されている。(16)

私たちは、後期旧石器時代の、今日に知られるさまざまな人物図像を見てきた。その結果、それらの人物像も、あるタイプのシャマンを表わすかどうかはさておき、ルロワ＝グーランがいうように洞窟の地形と動物図像とに深く関係して、自然界の出来事に意味を付与する、神話論的な図式を構成する「全体」のなかに収まることを知ったであろう。この観察をもう一歩すすめて、人物と動物との間に神秘的な関係の存在を想定することは、エリアーデの「ヒトは生まれながらにして宗教的人間である」という指摘と考え合わせるとき、もはや主観的でもなければ恣意的でもないと思われる。いやむしろ本書では、この神秘的関係のなかに動物の呪力に対する崇拝の観念を見、それが動物世界と人間世界の連続性のなかにおいてやがて超越的な支配者と考えられた自然の「主」精霊や、先祖の霊の神人同形的支配者への信仰にとってかわられていったと主張する意見をとり上げて、現代のシャマニズムとのつながりを探っていきたいと思う。

動物の呪力に対する崇拝は、世界各地の原始古代社会において普遍的に見られたものである。本書の主題の対象である北アジアの諸民族に関していえば、それは、ほかならぬ動物にとってさえ毛皮は一種の変装にすぎず、その仮装の裏に霊魂が隠されているという観念を生み、(17)シャマン衣装に動物が象られる表象となって現われもすれば、シャマンの守護霊や補助霊がしばしば動物の形をとるという表象ともなって現われ、また世界像や自然現象に対する解釈にも現われる。

しかし、ドイツの民族学者H・フィンタイゼンは、これほど北アジアでは動物がシャマニズムと密接な関係を形成しているにもかかわらず、彼らの狩猟呪術や動物儀式や動物神話、あるいは部族の系譜伝説などにシャマンが一切出現しないという興味深い事実を指摘する。彼はこの事実から、動物に対する崇拝がシャマニズムという文化形態が生れる前にすでに存在していたと推論する。したがってシャマニズムを特徴づける精霊の憑依という現象についても、それ以前に動物による憑依があったと推測する。つまり彼は、動物崇拝がシャマニズムに先行して存在し、その根源的な構成要素の一つとなったと結論づけるのである。

この動物崇拝とシャマニズムの関係については、すぐあとの第二章でくわしくとり上げるが、その前に、私たちは西ヨーロッパから東方へ目を転じ、北アジアの遺跡にも現われている人物と動物の図像に注意を払っておこう。それはつぎのような事情に由る。

北アジアとくにシベリアでは、人々は洞窟ではなく河川沿いの岩壁に絵を描いた。それらの岩壁画には、古いものは後期旧石器時代にさかのぼることができるが、新石器時代を中心に動物と人物の図像が数多く残されている。それらは、マドレーヌ後期以降もう描かれなくなったヨーロッパの洞窟壁画と、後世のシャマニズムの諸現象との間の表象上の空白を埋めるものであり、また、その「空白」と深く関わることであるが、動物から人間ないし神人同形的存在への崇拝対象の移行について多くの示唆を与えてくれるものだからである。

シベリア岩壁画の踊る人物像

シベリアの大河の一つであるレナ川は、バイカル湖西岸の山地に源を発し、ロシア中・東部を流れて北極海に注ぐ。その上流沿いの岩壁に一九四〇年代、西ヨーロッパ後期旧石器時代初期の様式に近い野牛と二頭の馬の図像が描かれているのが発見された。その後の調査の結果、様式、技術、内容の異なる岩壁画が数多く発見され、このシシキノ岩壁画と呼ばれる遺跡の場所が長期にわたって（青銅器時代まで）壁画制作に使用されたことがわかった。壁画のうちもっとも古い年代に属するのはこの野牛と二頭の馬で、その単純な技法から制作年代は後期旧石器時代と推定されている。このことからシベリアの後期旧石器時代人が動産品の制作だけでなく、西ヨーロッパと同じ壁画の技法を修得していたことが知られる。

岩壁画は、ヨーロッパの新石器時代の初めにあたる六千五百年前頃から、シベリアのタイガ各地に見られるようになり、なかでもエニセイ川右岸の支流であるアンガラ川沿いの、「岩島」と呼ばれる遺跡に見られるのは、質と量の点でシベリアの新石器時代芸術を代表するものといわれる(18)。

各地の岩壁画に共通しているのは、北方諸民族の動物の主であるオオシカが描かれていることだが、そのなかで注目されるのがこの「岩島」壁画のうちの一つ、数十頭のオオシカのなかに図式的に特別の姿勢をもって描かれている男性像である。ロシアの考古学者A・オクラドニコフは、この人物像に現代のシベリア・タイガの狩猟民の祈りの姿を重ね合わせ、具体的には狩猟民族であるエベンキ族がかつて行なっていた豊猟の儀式、彼らがシングケラウンと呼ぶ《大猟の獲物》の儀式との相似を指摘する。

オクラドニコフによれば、少年の頃の記憶を辿るエベンキ族の老人の話では、その儀式は聖所に全氏族を集めて行なわれ、森の狩人たちはトナカイの皮を被り、頭には角をつけて動物を魅惑するために踊る。この秘儀は幾日もつづくが、終盤になってシャマンは、動物の主であり氏族の母である神話的な牡オオシカのもとへおもむき、狩猟の成功を請願したという。豊猟を祈る祭りといえば、ある民族学者の報告に、シベリアのトナカイの民であるサモィエード族（サモディ族）が、トナカイ猟の成功を祈って目隠しのまま棒上に吊るした野生トナカイの皮を射る《清浄なテントの祭り》と呼ばれる儀式を記録しているのも参考になるだろう。(19)

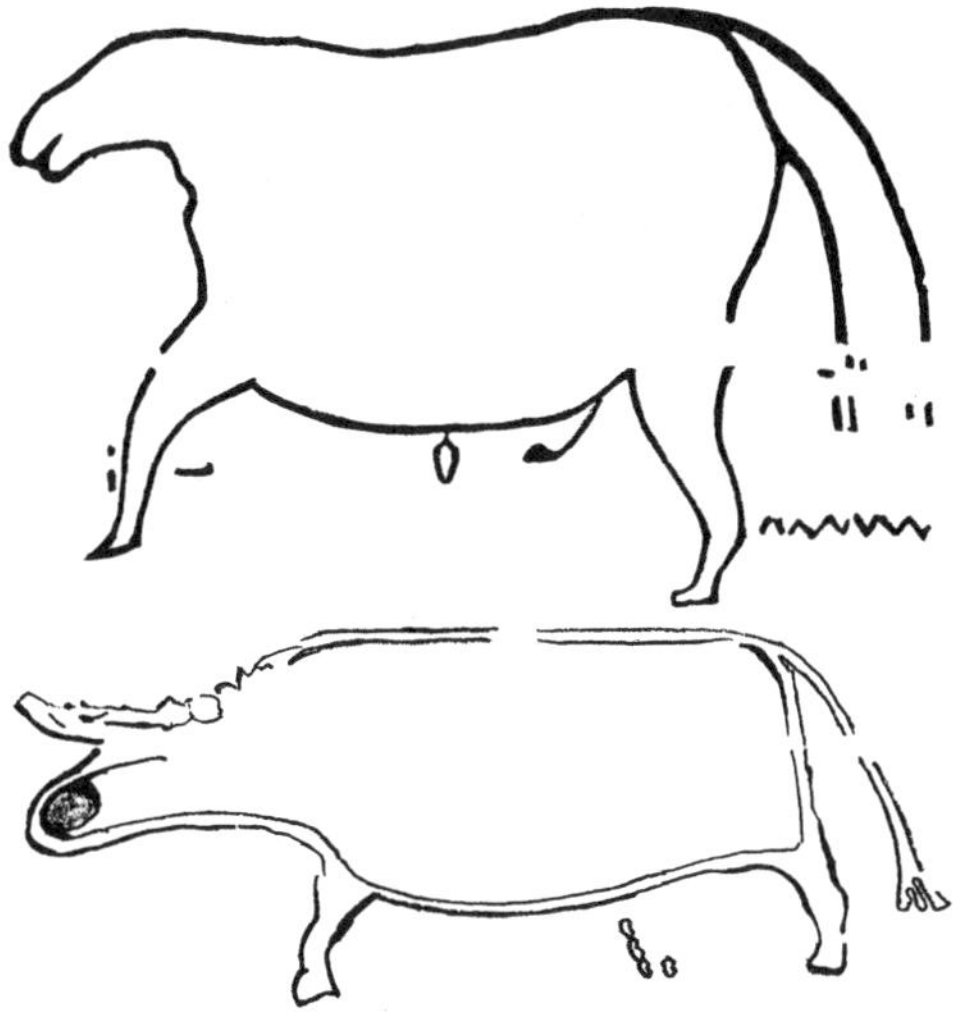
（上）シシキノ岩壁画に描かれた馬。（下）同，野牛。（A．オクラドニコフ／加藤九祚訳『黄金のトナカイ—北アジアの岩壁画』美術出版社，1968より筆者作成）

ところで、三つの岩島からなる「岩島」遺跡の壁画に描かれているのはいずれも一種類の動物、オオシカである。オオシカはシベリアではシシキノ岩壁画にも、同じレナ川上流の、シシキノとは別のもう一つの岩壁にも、そしてずっと西方に位置するエニセイ河谷のトゥバ川の岩壁にも同じモチーフで現われているが、そろってこれらの地域には同時期の制作になる人物の坐像もしくは踊る人物像が描かれていた。

オクラドニコフはこの事実から、ある一つの仮説を導き出した。彼はシベリアの岩壁画全体に、動物にかわるあらたな尊崇の対象の出現を見ることができるとし、同様の人物像がヨーロッパ北方のバルト海岸の岩壁にも見出されることから、それがバルト海からエニセイ川まで、さらにエニセイ川からバイカル湖までの連鎖となって西から東へ伝播したと推定したのである。そしてその対象の変化は、いままで幾千年にわたってつづいてきた古代の崇拝の対象であった動物が、人間の祖先の霊や自然の神人同形的存在にとってかわられたことを示しているととらえた。彼にとってこの変化における人物像の登場はシャマンの発生を意味するものであった。それを裏づける有力な根拠の一つとして、彼はシシキノの岩壁に小さな動物やその他の画像と並んで描かれた巨像を挙げ、その人物像の頭上から放射している六本の線がシャマンの角のある冠を示し、腰から下を急角度に曲げているのは踊っている姿勢を表わしていると解説する。そしてほかにもシャマン図像の例として、制作年代にふれていないが、アンガラ川の支流にある岩壁に彫られた人物像を挙げる。それは頭に角のある冠をのせ、肘を曲げて手を上へさし上げ、三角形の胴体には肋骨が示されていると説明される。おそらく肋骨は再生を象徴したものか、シャマンの動物衣装を象ったものかであろう。彼によれば、同じ岩壁には丁寧に刻まれたシャマンの太鼓の絵もあり、それは博物館の民族学的コレクションに収蔵されている実物の太鼓を彷彿とさせるほど正確に描かれているという。

オクラドニコフは、このような崇拝の対象の変化が、シベリアのタイガにおける古代住民である森林種族の世界観の変化を映し出したものであることを指摘し、「芸術と神話において、かつて無制限に支配していた動物的テーマが終りを告げ動物とともに人間が、より正確にいえば人間に似た霊が現われた」[20]と結論づけた。この主張は、さきのフィンタイゼンの説くところと同じであり、次章でくわしく論じることになるテーマ、すなわち、かつて動物にすべてを委ねていた精神世界がさまざまな外来文化の波に洗われた結果変容し、動物が、自然界や動物界の、神人同形的にとらえられた霊的存在に席を譲ったとする議論を、シベリアの岩壁画から裏づける証言である。

第二章　狩猟文化と北アジアのシャマニズム

北アジアのシャマニズムは、有史以前からインドやイランの南方文化の、そしてのちには古代近東メソポタミア文化の何らかの影響をこうむっていて、「複合」文化として発展してきたことが指摘されている。しかし、その構造と全体がそれらの外来文化の影響によって創造されたものではけっしてないことは、民族学も宗教学もひとしくみとめるところである(1)。

エリアーデは、この地域のシャマニズムの理論と特徴的な技術が、外部の文化が到来するはるか以前の古代文化に属していることを強調する。その古代文化とは、一つは先史時代の狩猟文化であり、もう一つは現代の古代的民族——オーストラリアやマレー群島、北ならびに南アメリカ、その他の地域の——の間にいまなお記録されている原始古代人の信仰観念や思想である。その原始古代の観念・思想とは、具体的には天上界の最高神に対する崇拝を背景とした、天地二界の間の交通に関係する信仰を指し、彼が「上昇のシンボリズム」と呼ぶものである(次章参照)。

U・ハルヴァも民族学の立場からエリアーデ同様、シャマニズムが北方森林地帯の狩猟文化の、きわめて古い原始時代の信仰観念と習慣に由来することを指摘する。彼は、それらがつまるところ霊魂信仰に根ざしたものであることを説き、それが、動物もまた人間と同様に魂をもつという考えと精霊への信仰を生み、天神をも人間の姿に似た存在として思い描き崇拝の対象とした要因であるという。

いま一人、やはりこの章の多くを負うH・フィンタイゼンの見解を見ると、彼もさきの二人と同じ結論に達しており、北アジアのシャマニズムが、一つには後期旧石器時代の狩猟文化を構成要素とし、もう一つにはある時期に降神術的トランスを要素に加えて、「シャマニズム」として成立したものであると主張する。彼の説明によれば、第一の要素が「動物に委ねられた精神世界」、すなわち狩猟民を内的にも外的にも条件づける世界観を形成し、彼自身が「動物層」と名づけるところのシャマニズム文化へと発展したのである。第二の要素でいう降神術とは、霊媒が霊的存在を己の身に侵入させ、神の「働き」を得る術であるが、それはシャマンが身に精霊を憑依させ天界へ昇るという、リアリティをもった体験の技術にほかならない。

北アジアのシャマニズムの根源を考察するとき、動物崇拝に根ざす先史時代の狩猟文化と、霊魂信仰に由来する天神崇拝の二つを本源的な構成要素とすることについて、三人の基本的な見解にこれ以上何も付け加えるものはないだろう。本章ではまず、そのうちの狩猟文化を考察してみたいと思う。

動物の呪力に対する崇拝

フィンタイゼンは、古代社会においてすべての動物がもっていると信じられた呪力、その超自然的な力に対する崇拝が、シャマニズムの諸表象の根柢にあることを指摘する。言い換えれば、そのような呪術性を無傷で保存し、狩りと動物という主題をさまざまな表象や慣行、あるいは神話や民話に登場させたのが北アジアのシャマニズムであるととらえる。

彼によれば、狩猟と猟獣そして動物一般とむすびついたこれらのきわめて多様な表象において、その中核をなすのは種々の自然領域の「主《ぬし》」という観念である。この観念は北方ユーラシアのほとんどいたるところに見られるもので、「主」を頂点とした完備された位階組織が形成されている。たとえば北東シベリアのある種族では、それぞれ大地、淡水、海の支配者と考えられている霊的存在が各領域の主《ぬし》精霊であり、それぞれの下位に山や森、ツンドラ、川、湖沼など特定の場所とむすびついた精霊たちが居り、さらにその下に固有の精霊が宿っているとされる個々の森や川や湖の霊が存在すると考えられている。また、この自然領域の主と同時に、動物界や魚の世界にも独自の「主」がいると思い描かれ、動物ならば、大地の主の支配下にありながら、熊や虎やトナカイといったその地方やその種族にとってもっとも強力で神聖な動物が特別の神的な主と見做され、位階全体のなかで傑出した位置を占める。

こうした動物を、その呪力のゆえに霊的存在としてとらえる観念は、当の動物にとっても毛皮が一種の変装にすぎず、その下には神的な力と智恵、さらに人間の姿さえ隠されているという考えにむすびついて、動物を崇拝の対象とした。フィンタイゼンが「動物層」と呼んだシャマニズム文化は、この動物崇拝に根ざしているのである。

フィンタイゼンが、動物崇拝がきわめて古い時代からの観念であり、厳密な意味でのシャマニズムが出現する前に存在していたと主張したことはさきに述べた。彼はこの見解を推しすすめて、後世のシャマニズムは、原始古代の狩猟民の生活のあらゆる面を条件づけていた世界観の諸要素を自己のなかに受け入れて、自己本来の観念世界を拡大し深化させていった文化であると理解する。そしてそれらの要素が、つぎの四つの表象や観念にとくに著しく現われていることを指摘する。

一 シャマンが「動物の母」、つまり育ての親をもつと信じられていること。
二 シャマンが巫儀をもよおしたときみずからも動物となって現われること。
三 シャマンの補助霊（シャマンが儀礼を行なうときの補佐役）もしばしば動物の形で現われること。
四 シャマンの衣装が動物を象っていること。

これらの要素のうちでもっとも原初的なものは、それがシャマンの誕生に関わることから、「動物の母」と見て間違いないと思われるが、それはさておき、まずは「動物の母」（動物母）とは一体どのような存在なのか、ヤクート族のシャマンの生誕説話のなかに具体的に見ることにしよう。この説話は、フィンタイゼンがその著書『霊媒とシャマン』に引用したものであるが、つぎは、その要約である。(2)

病気のために死んだと思《おぼ》しいヤクート族の二十歳の男は、上界にいる運命を定める精霊（カラス神）が遣わした使いによって墓から掘り起こされる。彼にはシャマンとして再生させられる運命が待ちかまえているのだ。そのために彼の魂は精霊のもとに連れて来られ、梢が天まで届くカラマツの木の一番上の鳥の巣に置かれて、修業の年限である三年の間、羽の生えた白いトナカイの乳によって育てられる。偉大なシャマンとなることが定められている者ほど木の高い方の巣に置かれるのだが、「一番上の巣」といい、三年という長い修業期間といい、それは男が大シャマンとして生れかわることを約束されている証である。

さて、その年限が来ると、上界の運命を定める精霊は男の魂を掌にのせ、申し分なく育ったことを確かめるとはじめて自分の子としてみとめ、アジャと名づけた。そして地上にもどって偉大なシャマンとなるよう中界すなわち地上界へ突き落した。男の魂はこうして地上界の、ある女の体の中に宿ることになった。やがてその女から生れた男は、五歳になったとき、昔、二十歳のときに死んで墓に埋められたことや上界へ連れて行かれたことなど、地上界と上界で起こったすべての出来事を思い出した。男は七歳になってはじめて精霊にとり憑かれ、入巫式(イニシエーション)に臨むことになった。そして解体儀礼(後述)を受けたあと八歳ではじめての巫儀をもよおし、ただちに名が知れ渡るシャマンとなった。その後、十二歳で早くも大シャマンとなったのである。

この説話は、多様なシャマンの成立過程の伝承の一つとして、きわだった特徴を示す。つまり、シャマンもまた偉大な首長や君主と同様、神意によって天降される存在であることを示すものであり、また、フィンタイゼンがいうように、上界と中界からなる世界構造——上界はさらに七層もしくは九層からなるものと観念された——や、シャマン木(カラマツ)、解体儀礼などといったシャマニズムの表象世界で絶えず反復される要素群が出現し、さらに男がカラス神から子とみとめられたように、上界の精霊とシャマンの間の親子関係が示されるなど、シャマニズムの本質的特徴が描かれている点でほかに例を見ない特徴をもつ。したがって本書では、これからもこの説話に事例をもとめてしばしば参照することになるが、ここでは白いトナカイがシャマンの育ての親として登場していることと、それが羽をもつという特異な表象を示していることに注目しつつ、フィンタイゼンの「四つの表象」について見てみよう。

まず第一の要素の「動物母」である。右の説話の核心部分を振り返ってみると、それは上界の運命を定める精霊であるカラス神が、男の魂をトナカイに育てさせ、未来のシャマンとして養成することにあった。そのとき「育成」のいわば大道具として登場するのは、天まで届くカラマツの木でありその上の巣である。いかにもトナカイと木の上の巣をむすびつけるものは何一つないように思われる。しかし私たちは、トナカイが羽をもつ動物として描かれ、鳥と同形の存在として登場していることに気がつくであろう。さきに述べたように、北アジアの多くの民族の間では、鳥は特別な表象であった。つまりそこには、動物母のもっとも原初的な表象である鳥の名残がとどめられているのである(3)。一方、トナカイはヤクート族の生活文化圏のなかでもっとも強力で聖なる動物の一つ、すなわち動物の「主《ぬし》」である。したがってここでは鳥にかわって、生業にもっとも深く関連する動物であるトナカイが育ての親として登場しているのだが、シャマンの魂が鳥によって育てられるという本来の観念がヤクート族においては、生業の影響をこうむってもトナカイが羽をもつことに現われていることが知られる。

ところで、ヤクート族にとって動物の主はトナカイに限られない。青い斑のある牡牛やオオシカや熊もそうであった。彼らにとって牛もまた動物の主であるのは、以前、現居住区の南方を住地としていた頃、牛馬の遊牧民であったことに由来する。このように一つの種族や部族が複数の動物の主精霊をもつのは北アジアの諸民族ではめずらしいことではない。ツングース族のばあいはトナカイやオオシカ、熊などのほかに、神話上の動物で腹の前部に八本の脚をもち、蹄は後ろを向いた一種の山羊を主精霊とすることが報告されている。(4)「主」となる動物が複数になるに伴ってシャマンのもつ動物母もいろいろであるが、ヤクート族について知られていることは、面白いことにシャマンの実力によって異なる。力の弱い者の動物母は犬であるが、才能のある者はトナカイ以外に牡牛や馬、鹿あるいは熊などを動物母とするという。(5)

動物母になるのはこのように複数種類の動物であるが、いずれもシャマンの魂を育てる親であることにかわりはない。しかしそれは巫儀のときに現われる守護霊でもなければ、まして補助霊ではない。シャマンの生涯でせいぜい三度しか現われない存在である。その三度とは、ふつうはシャマンの魂の育成期と入巫式の解体儀礼のとき、そして死のときであるといわれる。(6)このことを、その原表象が鳥であることと、「天降る」観念の二つと考え合わせると、「動物の母」が、動物に委ねられた精神世界の表象のうちでもっとも創古的なものであることが理解できるだろう。それは天神の「定め」のうちでも、もっとも重要なものの一つであるシャマンの生と死——解体儀礼は死と再生を意味する——という重大な契機に現われる存在であるのだ。

つぎに二番目の要素であるが、シャマンが巫儀のときみずからも動物となって現われる表象は、私たちには『元朝秘史』の記事ですっかりおなじみのものである。そこではシャマンのコルチ・ウスンが上界へ昇り、牡牛となってテムジンのライバルであったジャムカ側のシャマンと戦う様子が描かれていた。また近年の民族誌的資料に、少なくとも近代までヤクート族の巫儀で同様の表象が現われていたことも見た。これらはいずれも相手と戦う場面であることから、牡牛は補助霊ではなく守護霊であることが知られる。守護霊はその名のとおりシャマンを守護し、また相談にのる精霊である。そして巫儀のときその部族にとってもっとも強力で尊敬に値する動物に化身するのである。

第三の、シャマンの補助霊も動物の形（アヒルをはじめとするあらゆる種類の鳥、牡鹿、狼などの野生動物）となって現われる表象は、第四のシャマンの儀礼装束と相互に深く関連する。動物形の補助霊がもっともはっきりとした表象となって現われるのは、シャマンの天界への旅において先導役として登場するときである。一方、シャマンの上衣が鳥の尾羽や動物の骨で飾られたり、かぶりものに鳥の羽あるいはシカ科動物の角をつけたりしているのは、天界への旅のときにそれ自身が補助霊として働くか、あるいは補助霊を憑依させやすくするためであろう（第一部扉図参照）。シャマンは太鼓を手に取り、儀礼装束を羽織るとただちに巫儀をはじめることができると観察されるのも、装束と補助霊との密接な関係を示している。

フィンタイゼンは、西シベリアのエニセイ族の人々が、シャマンの上衣には母トナカイがいると彼に明言し、その上、トナカイが補助霊としてシャマンを先導し他界へ向かって飛んでいるところを絵に描いて見せたことを報告している。彼らが衣装に象った動物を補助霊と認識していたことは明らかである。

動物にすべてを委ねる世界観はこのように、何よりもシャマンの理論と技術に深くむすびついているが、むろんそればかりでなく、ほかの表象や観念にもひろく現われることに注目する必要がある。たとえば、ヤクート族においては天を馬で、地を牛で表わす(7)といったように「世界の解釈」に見られ、また、ある地方では雷を起こす者は鳥の姿をしていると考える(8)ように、自然現象の解釈にも現われているのである。これらの事例に見られる観念の存在から私たちは、この世界観がいかにひろく北アジアの人々の思惟の形式を規定しているかを理解できるであろう。

狩猟文化と再生の思想

北アジアの人々の世界観の基盤となった動物に対する観念と信仰、すなわち動物も人間と同様に魂をもつという観念と、動物の呪力に対する信仰は、生命の糧のためには他の生命体を殺戮せざるをえない北アジアの諸民族に固有の儀礼を生んだ。人々は仕留めた猟獣から、心臓や肺臓などの内臓を頭のついた全身の皮と一緒に一続きのまま取り出し、それを杭や木に懸けて祀り、動物の霊をなぐさめた。また、骨を損なわないように慎重に扱い、台の上や樹の上に安置した。内臓はそこに魂あるいは魂の力が潜んでいるとひろく信じられ、動物のもっとも主要な部分と考えられた。骨は、それが残っている限り何か不思議な仕方で生命が続いていると観念され、再生能力が託されたのである。

私たちはここでも『元朝秘史』の一節を思い出すであろう。それはチンギス・カンの遠い先祖ドブン・メルゲンにまつわる話であった。森のなかで出会った狩猟民は、屠殺した三歳の牡鹿の肺臓のついた腹の皮を自分たちの手もとに残すと、もとめられるままに肉をドブン・メルゲンに分けてやった。『元朝秘史』には「肺臓のついた腹の皮」(ジルドゥ)とだけあるが、それは頭部も脚もそして蹄もついた全身の皮であったにちがいない。(9) このような再生儀礼はつぎの狩猟の豊穣を祈願するためであり、また、魂をもつ生命体を殺戮したという罪業意識を取り除くためであるともいわれる。

狩猟時の野獣屠殺儀礼に見られるこの「再生」の思想は、のちにその詳細にふれる供犠祭における家畜屠殺の儀礼にも反映されれば、シャマニズムのほかのさまざまな表象や観念のなかにも現われる。たとえば、動物母が鳥のばあい、鳥は鳥でもしばしば鉄の翼や鉄製の嘴《くちばし》をもつといい伝えられるのは、おそらく骨と同様長いあいだ朽ちることのない金属に再生の思いが込められたのであろう。また、シャマンの儀礼装束で、上衣や長靴に骨や金属で骨を象った飾りをつけたのも、補助霊がすみやかに象られた動物の形となって現われる(つまり再生する)ことを期待したのだろう。これらの例は動物に関する再生の表象であるが、北アジアの諸民族の間ではシャマンもまた再生すると信じられた。私たちはチンギス・カンがココチュの蘇生を警戒してその遺体を厳重に管理したことを思い出すだろう(七九〜八〇頁参照)。シャマンに対する再生信仰が人々の間にひろく行き渡っていたことが、この一事からもうかがえる。シャマンは死んでなお三度蘇生するのであった。

シャマンの再生観念はその入巫式や葬制を特徴づけもすれば、シャマンの生誕説話のモチーフとなっても現われる。その詳細は後述するが、ここでは「死と骸骨と骨とが北アジアの全世界観をどれほど浸透し尽くしている」(10)かを示す例として、北方高緯度地帯の住人であるドルガン族に伝わる説話を紹介しておこう。これはフィンタイゼンが、ロシア語で記録された資料をみずから翻訳し公にしたもので、彼はそれを抜粋の形で著書『霊媒とシャマン』に転載している。ただ残念なことに、この「太陽の娘と貧者の息子の話」と呼ばれる説話の全体の構成がどうなっているのか、またその息子とはシャマンにちがいないのだが、彼に課せられた使命が何なのかといったくわしいことは同書からはわからない。つぎはその抜粋をさらに要約したものである。

ドルガン族のある貧者の息子は、オオシカの姿をした補助霊の助力を得るために、母親によって危険な旅に送り出される。息子は一面をオオシカの骨で覆われている岬につくと、母親にいわれるままに、骨の間に埋もれている一頭のオオシカの、角の間の眉間のあたりにハンマーを打ち降ろす。するとバラバラであったオオシカの骨に筋がつき、互いにくっつき合って一体としてのまとまりをもった。もう一撃を加えると骨組みに肉がつき毛皮が生え、山のように大きくなった。

さて、母親は三度目となる最後の一降りを息子に命じる。するとオオシカはその場に四本足ですっくと立ち上がり、荒い息づかいをしながら四方を見渡し、息子にこう語る。「おれは世界が創造されて以来ずっとここに横たわっていた。――お前はいかなる理由で、どんな用件でおれをふたたび目醒めさせたのか。お前の話と釈明をすぐに聞かせてくれ」。

私たちはこの説話に、シャマンの補助霊が動物の形となって現われるという観念が鮮やかなイメージをもって描かれているのを見て感動を覚えると同時に、それが紀元前六世紀のユダ王国の預言者で、のちにユダヤ教の父と呼ばれたエゼキエルが経験した《幻視》の一つ、ひからびた骨の上にふたたび肉をつける神の力の幻想の話との間に、不思議な一致を見て驚くであろう。

ドルガン族に伝わる説話とエゼキエルが視《み》た幻想は、「母親」が「主《しゅ》なる神」、「母親によって送り出された息子」が「主の霊に満たされて送り出されたエゼキエル」、「オオシカの骨」が「人間の骨」となっているちがいはあるが、構成とモチーフは同じである。このモチーフの一致は、エリアーデが「骨からの再生」に関して説くところに照らして見れば、世界各地、とくに遊牧民――ユダ王国を創ったヘブライ人の起源は複雑であるが、もとは遊牧民である――の間に見られる「骨のなかに生命原理を発見するという古代的伝承が、なおアジアの精神的な面から完全に消え去ってしまっていないことを示している」のであろう。このことからも、北アジアのシャマニズムがいかに古い時代の狩猟文化に根ざす観念を受け継いでいるかが知られよう(11)。

供犠と再生思想

北アジアの諸民族が狩猟時に行なう野獣屠殺儀礼の本質が仕留めた猟獣の再生祈願にあり、この再生思想が、獣の内臓に魂あるいは魂の力が潜むと考えられたことに生じ、再生能力が骨に託されることを私たちは知った。この観念はまた、狩猟民と遊牧民とを問わず、北アジアの人々によってさまざまな機会にもよおされる供犠祭の儀礼のなかにも保存されている。

供犠とは、天神や、その下位の神々や精霊たち、あるいは祖霊に供物を捧げる「記念と懇願」の儀式である。このとき家畜は屠殺されるか生きたままでいけにえとして捧げられる。果して生きたままの動物を捧げることが固有の古い儀礼の一つの形式なのか、あるいは後世の、殺生を禁じるチベット仏教の影響かわからない。しかし長い歴史のなかで、農耕文化からの影響を含め、さまざまな外来文化の影響をこうむっても供犠のありかたのなかで共通しているのは、その儀礼が天神と諸霊を饗応するだけでなく、彼らに家畜を用立てるというもう一つの目的をもっていることである。(12) そのためにはいけにえとなった家畜の魂を天へ送りとどけなければならない。そうであれば供犠祭で行なわれる家畜屠殺においても、天界での再生が重要な観念であることは容易に想像できるであろう。

供犠のありかたは、供物を捧げる対象の霊体——天神か、天神の使いである神々や精霊か、祖霊か——によっても異なり、また生業——狩猟か、牧畜か——によっても異なる。その複雑なありかたにおいて再生の観念がどのように現われるかという問題については、残念ながらハルヴァもフィンタイゼンも、またエリアーデもとくに主題として論じてはいない。だが、さいわいハルヴァが北アジアの諸民族の供犠と供犠祭についてまとまった叙述をしているので、そのなかに私たちの当面の関心に対する解答を探ってみることにしたい。

天神への供犠　まず、天神への供犠であるが、北方のツングース族はトナカイ（ふつう白い毛の個体が選ばれる）を屠《ほふ》り、その皮を台上の横木を渡した柱に張る。アルタイ北方のアバカン渓谷に住むある半猟半牧の民の場合も、頭だけが黒い白羊を犠牲にしたあと、骨はけっして壊さず最後に皮と一緒に焼く。ハルヴァはさらに、アルタイ地方の他の住民は、白い馬が天神にとってとくに値打ちがあるものと考え、いけにえにすると記しているが、そのあとの処理については何も言及していない。そこで、エリアーデの見解を援用して補足してみよう。エリアーデはアルタイ地方では、犠牲となった馬の皮と骨を長い柱に懸けてさらすことがひろく行なわれているといい、さらにこの慣習のもっとも純粋な形態は極北民族の間に見出されるともいっている[13]。これらのことを総合すると、天神への供犠のときに骨に再生が託されるのは、ひろく北アジアの諸民族に共通する事実と見做して大きな間違いはないだろう。ついでながらハルヴァによれば、この天神を祀る供犠祭はふつう毎年もよおされることはなく、種族によっては三年に一度しか行なわれない。また、こうした供犠祭ではシャマンが犠牲となった動物の魂を諸霊に届ける役割を担うが、儀式の主宰者はシャマンではなく部族の長や家長である。

下位の神々や精霊への供犠　つぎに、下位の神々や精霊たちへの供犠についてであるが、まずその特徴は、「記念」——精霊たちの機嫌を損ねないよう、定期的に供物を捧げ「思い出す」こと——ではなく「懇願」をその主たる目的とする点にある。具体的には病人の治癒祈願や、野獣や霜害で家畜に大きな被害をこうむったときの繁殖の祈願などである。これは神々や精霊との接触なくしてはきり抜けられない難事であるから、シャマンが祭司となる。この供犠における再生観念については、ハルヴァの記述からは何も断定的なことはいえない。しかし、さきに挙げた北方のツングース族のばあいについて、彼らが今度は黒いトナカイを選び、それを屠ったあと皮を針葉樹に懸け、骨は天幕の地中に埋めるといっていることから、やはりこの供犠のばあいも再生思想が反映されていると見て大きな間違いではあるまい。

祖霊を祀る祭　第三の供犠の形態として、各氏族・部族毎に祖霊を祀る例年の祭が挙げられる。祭の日取りは種族の生業によって異なり、馬や牛を牧養する民は牧草が成長する春に行ない、森林地帯の狩猟民は猟期のはじまる秋に行なう。私たちは『元朝秘史』において、テムジンが母ホエルンに連れられて参加したボルジギン氏の祖先祭祀が、春の移営に先だって行なわれたことを想起するだろう。森林山岳地帯の故地を出て久しく、すでに遊牧の民となっていたボルジギン氏の人々は、家畜のために水と牧草をもとめて夏営地へ移動するところであった。

この祖霊を祀る例祭に関しては、ハルヴァが挙げている例からは、ヤクート族が頭のついた馬の全身の皮を木に懸けることが知られるのみである。一方、前に述べたようにフィンタイゼンがブリヤート族のシャマン霊の供犠祭について紹介しているので、それをふたたび見てみよう（七一〜七二頁参照）。それによるとこのモンゴル系の部族も、馬の全身の皮を、死者の馬をつなぐセルゲと呼ばれる杭に引っ掛けることが知られる。

以上のことから、供犠祭は形態を問わず、「狩猟文化に密着した野獣の屠殺儀礼に酷似した儀式」(14)をもち、そこに再生観念がはっきり現われていると結論づけてもかまうまい。なお、再生観念の議論から横道にそれるが、狩猟時の野獣屠殺と、供犠祭のときの家畜屠殺の儀礼に相違点があることを指摘しておくことは有益であろう。そのちがいとは、供犠祭におけるいけにえが、天神や神々あるいは死んだシャマンの霊といった超人間的な存在の利用に供するものであることから、このばあいの屠殺は聖性の高い行為と見做され、野獣を仕留めたときとは異なり、もはや贖罪を意識する必要はないことである(15)。

シャマンの解体儀礼とイニシエーション

再生思想はまた、さきに少しふれたようにシャマンの生誕にまつわる説話や入巫式、あるいは蘇生信仰のなかに、さまざまな表象や観念となって現われる。それがもっとも端的にしかも劇的な形で現われるのは、シャマン職の召命を受けた者が入巫式に臨んで経験する、精霊による解体という夢幻様の体験においてである。

祖霊や精霊たちからシャマンとなるよう白羽の矢を立てられた若者は、最後はその強制的な要請に屈服して召命を受諾する。シャマン候補生となった若者を待ち受けているのは、解体儀礼を伴う入巫式である。彼は幻覚に陥り精霊たちの会話を耳にしながら、自分の身体が解体されるのを待つ。この一連の体験はシャマン候補生の内部に生じる意識の変性がしからしむるものであるが、外部からは失神や意識喪失、あるいは病的な現象と観察されることから、いわゆる「巫病《ふびょう》」——シャマンに特有な病的症状——と見做され、それゆえかつては往々にして、シャマンが精神病者であるという誤った解釈が行なわれた。だが、事実はそうではない。それは現代の深層心理学によってつぎのように説明される。すなわち、「意識の背景」へすべての神経を集中させることによって知覚される幻視《ヴィジョン》のなかで体験する「強度に視覚的な性格の空想」(16)なのである。

さて、この内的変性過程は、シャマン候補生が祖霊や「動物の母」、あるいはアバースィという悪魔に変化した精霊によって身体を解体されることでクライマックスを迎える。このとき彼は、実際は隔離された小屋や天幕のなかで半分死んだような状態で横たわっているが、幻覚のなかで自分の身体が解体される一部始終を目撃する。解体された肉と血は「死と病のすべての根源の方向へ」振り撒かれ、あるいは祖霊と精霊たちによって飲み食いされる。それがすむと今度は儀式の最終段階である「再生」を迎える。骨はすべてもと通りに並べられ、関節と関節はぴったりとはめられ、頭が以前の場所に据えられると骨にあたらしい肉がかぶせられ、鉄の糸で縫い合わせられさえする。その際、精霊があたらしいシャマンの体をつくるために肉を必要とするので、シャマン候補生の出身氏族の者や家畜が犠牲となって死ぬのだといわれる。大シャマンであればあるほど氏族がこうむる犠牲は大きくなる。(17)

このような苛酷な解体儀礼の目的は、最終的には祖霊や精霊たちによるシャマンの公的承認にあり、その一方で、シャマン候補生による出身氏族への保証、すなわち同族の仲間を死とそのほかの不幸から救済するために、自分を犠牲にして働くことの誓約にある。この重要な問題についてはのちにふれるが、もう一つの重要な側面をここで見ておこう。すなわち、ブリヤート族ではシャマン候補生が入巫式のあと成熟すると理解され、ヤクート族では候補生が解体後シャマンとして生れかわったことをはっきりと認識し、「三十露里四方で起こることなら何でも見通せる」[18]と証言したという。このように、解体儀礼を伴う入巫式はあたらしい存在様式の獲得の儀式なのである。つまり、シャマンの入巫式は、かつて原初の人間共同体にひろく見られ、また現代の古代的社会においても見られる加入礼（イニシエーション）の一形式なのである。ここではそれが、神や霊的なものが関わるという意味で、いかに根源的なものであるかを、フィンタイゼンとエリアーデの見解を通して検証してみたい。

フィンタイゼンは、シャマンの入巫式が二つの点で一般の加入礼に見られない特異な発展を遂げたことを指摘する。一つは、それが部族のなかでも精神的指導者に適用されるときに現われる。入巫式でシャマン候補者は職務に対する責任を自覚し、著しい自律性の高まりを示す。このことが、古くは誰しも一生に経験する社会的慣習の儀礼であり、普遍性をその特徴とする一般の加入礼に、きわめて個人的な性格を帯びさせているのである。もう一つはそれが自己加入という形式をとることである。この自己加入について彼はつぎのように述べる。すなわち、多くの古代社会の部族加入礼（成人式）に見られるように、ふつうは年長の成員が行使する強制力によって加入礼が行なわれるのに対して、入巫式のばあいは伝統によって強制されはするものの、つねに何らかの人格化を伴う多種多様な霊的実体の関与に納得し、みずからシャマンとなることを承諾する形をとるのである。

エリアーデもまた、シャマンの成立過程が個人的体験の重要性によって特徴づけられることを強調する。つまり、部族加入礼（成人式）がその社会の全成員に義務づけられている集団儀礼であり、秘儀集団あるいはブント（「講」。宗派、地縁などで固くむすばれた宗教的信仰集団）の加入礼も、それらの大部分が男性という性に限定されてはいるものの、秘密講を構成する全員を対象とするものであるのに対し、シャマンの入巫式は個人的決断にもとづく点で、それらと区別されるべきだという。さらにこの加入礼が神もしくは祖霊という超自然者によって「思し召される」ことと、より高い宗教的地位を獲得するために選ばれた者が是非とも受けなければならない儀礼であることにおいても、他の二形式とは異なった顕著な特徴を示しているという（第二部第四章参照）。

また、エリアーデの説明によれば、部族加入礼であれ秘密講の加入礼であれ、あるいはシャマンの入巫式であれ、加入礼というものは、制度や信仰、あるいは習俗などのしきたりが伝承によって受け継がれていく古代社会では第一義的な重要性をもつものである。彼は加入礼の目的が、加入させる人間の社会的、宗教的地位を決定的に変更することにあり、それは実存条件の根本的変革にひとしいことを指摘する。「社会的地位の変更」とは人間社会に導き入れることを意味し、成人の行動規範や技術、慣例的制度を習得させることを意味する。北アジアのシャマンの入巫式においてこの側面ははっきり現われないが、シャマンが祭司的人物であり、かつてはほとんどつねに部族の指導者でもあったことを考えれば、やはり入巫式も社会的地位の変更という要素をもっていたといえよう。だが、ここでより重要なのは彼が指摘するもう一つの変更、すなわち宗教的地位の変更である。

エリアーデは、この変更を「精神的・文化的価値の世界へ導き入れる」ことであるといい、部族の聖なる神話と伝承、神々の名や働きについての物語を伝え、何よりも天地開闢《てんちかいびゃく》のときのはじめに、その部族と超自然者との間に樹立された神秘的な関係を教えることであるという。つまり宗教的地位の変更とは、その部族のもつ首尾一貫した世界観を啓示することにほかならないと彼は説く。そしてこのような啓示は、一連の厳しいイニシエーション的試煉によってのみ果され、その試煉の大部分は、多かれ少なかれ復活もしくは再生につながる儀礼的死を伴うことを指摘する。

エリアーデはさらにこう述べる。――あらゆる加入礼の中心のモメントは、修業者の死と、その生者の仲間への復帰を象徴する儀式によって表わされる。このとき死はそれまでの存在様式の終焉《しゅうえん》を意味し、あらたな生命の誕生、精神生活のあたらしい始源への準備に欠かすことのできない絶対的な条件である。加入礼の筋書では、「死」は終止の思想、なにごとかの最終的完了の思想を表わすのである。しかし加入礼の死は、全体が無に帰するという一般的な死の観念をもたない。それは絶対的始源に帰ることによって原初に現われていた聖なる力、その創造のエネルギーを復活させるものであり、修業者は死によって終止符を打ったそれまでの存在様式とはまったく別の存在様式を身につけ、あたらしい人間と

なって生れかわるのである。(19)

シャマンの召命における解体儀礼も、まぎれもなくあらたな生命の誕生と、精神生活のあたらしい始源への準備である。儀礼的死によって導き入れられるところは、はるかな遠い祖先の霊と、まだ記憶にあたらしいシャマンの祖霊の世界、すなわち神々と精霊の世界である。そしてそれは、エリアーデのいう絶対的始源に合一化するシンボリズムのなかでも、もっとも原初的な形態を保存しているものといえよう。なぜならば、次章から第三部にかけてくわしく論じるように、その世界こそ人間がそこから生れた根源的同一性の世界だからである。

第三章　天神崇拝と北アジアのシャマニズム

エリアーデが北アジアのシャマニズムの根源を古代文化にみとめたとき、狩猟文化とならんでもう一つの要素として挙げたのは、今日なお世界の古代的社会の伝統と習慣に記録されている「上昇のシンボリズム」であった。エリアーデは、このシンボリズムが天界と地上界の二つの世界間の交通に関する信仰にその基礎を置き、その信仰の背景には、天の聖性を感じ啓示として受けとめたことに生じた、天上界の神に対する崇拝が存在することを指摘する。むろんこのことは彼だけの創見ではなく、ハルヴァもフィンタイゼンも同様の指摘をしていることは前に述べたとおりである。

この章では、天に対する人類の「原初の発見」が、北アジアの人々の間にどのような天空・天神観念を生み、この地域のシャマニズムの理論と技術をどう形成していったかを見ていくことにしたい。

北アジアの人々の天神観念

私たちは第一部で、『元朝秘史』の具体的な記事から、モンゴルの人々が天神に対してどのような観念をもっていたかを見た。彼らにとって天神は天の最上界に座《まし》す永劫《えいごう》の存在であり、何よりも「定め」

を天降す存在であった。コルチ・ウスンの神託やチンギス・カンの祈りはこの観念がいかに深く天神崇拝に根ざしたものであるかを示していた。

このことがなにもモンゴルの人々に限られたことではなく、北アジアの諸民族に共通していえることを、いま別の史料に拠って確認しておきたいと思う。

その史料とは、『元朝秘史』の時代をずっとさかのぼる六世紀半ばから、その間盛衰があったものの八世紀中頃までの約二百年にわたり、北ならびに中央アジアを支配したトルコ系民族の部族連合国家、突厥《とっけつ》の碑文である。それらはその国の「可汗《カガン》」と呼ばれた君主とその側近の顕彰碑であることから、支配階級の天神観のみしか伝えないという批判があるかもしれないが、当時政治的指導者と聖的世界の指導者が充分に分化されていなかったことを考えれば、それがシャマンと一般の人々の天神観であったと見て大きな間違いではないだろう。いや、突厥とその後継国であるウイグル王朝を建国したトルコ系の諸民族が、ウイグル国の瓦解（八三九年）後も長い間、北方ユーラシア全域に大きな影響を与えつづけた歴史的事実を考えると、碑文に現われた天神観はひろく北アジアを覆う共通の観念であったといえよう。

そこでその碑文——八世紀の前半に建立されたと推定されている——を見てみよう。それらから読みとれる彼らの天神観念は、突厥をはじめトルコ系諸民族の歴史と文化にくわしい東洋史学者護雅夫《もり》によれば、国家支配の意志を啓示し、その意志を託した指導者に力（勇敢さ）と智恵（賢明さ）を授け、彼を地上界の支配者として人々の間に天降す存在であった。さらに天神は、このような統治の「定め」を降す以外に、人間のみならずあらゆる存在の命《いのち》の時、すなわち死期をも決める存在であった(1)。天神に対する観念はこのように昔から少しもかわらずに『元朝秘史』の時代まで、人々に受け継がれてきたのである。

天神はまた、すべてを定めるがゆえに人々の祈願の対象となった。人々は、天神に供物を捧げ機嫌を損なうことがなければ、そしてまた、天神の教えにそむかず「道理」に生きれば、御加護を授かり、あるいはときに「定め」を見逃してもらえると考えたのである。ここに、天界との連絡を作り出すことのできる唯一の人物として、シャマンのすこぶる重要な役割が生れるのである。

「原初の発見」とシャマン木

エリアーデは、そもそも天（天空）が宗教的な意味を帯びることになったのは、人類の天に対する「原初の発見」にあるという。すなわち、天が高く無限であり普遍で力強い印象を与えたことから、人々はそこに超越性や力や聖性を直接啓示するものを見、このような領域には必ずや神々が住まうと考えたのである。したがってエリアーデは、天空神への信仰ははるかな原初の時代から、世界のいたるところにほとんど普遍的に見られるものであるという。天神はかつて天そのものを意味したのであった。だが、ハルヴァによれば、それ以後に生じたそれ自体の変化と外来文化の影響によって、天はより細かく定められた相貌を身につけるにしたがい、人間の姿に近づき、やがてその住居とか助手などという観念が付け加わることになった。こうして天神は天の特定の層に住み、名前をもつ存在として思い描かれるようになったのである。

エリアーデはさらに天神の地位そのものの変貌にもふれている。かつて古代的な宗教生活のなかで中心を占めていた天の最高神は、もっと力動的で効験あらたかであり、しかも近づきやすい宗教形態である呪術宗教的な力や祖霊、太陽神、大女神などに席を譲り、みずからは天上界へ退いて《隠れた神《デウス・オチオスス》》——舞台前面に出て役割を演じることがなくなった神——となったという[2]。彼はこのような変化をひとしくこうむった同じ神のなかでも、北アジア諸民族の天神がより天空的で至上権をもち、創造的性格を維持している点でもっともよくその原初的な性格を保存していることを強調する。

さて、天神が天の特定の層に住むという観念は、前述したような天の重層観念をもたらしたが、それは同時に天にまで達するシャマン木の表象も生んだ。シャマン木は天がそれに支えられて回っていると考えられた天の柱（世界樹）であり、シャマンの魂がその上の巣で育てられる生命の木であり、それはまた天界と地上界とを結ぶ交通路であるといったように、さまざまに観念されるようになった。

そのうちの「生命の木」という表象については、フィンタイゼンはシャマンの葬制である樹上葬とも深く関連していることを指摘する。彼は、樹上葬の本質的な観念は、死んだシャマンの魂を本来の故郷、つまりシャマンとして誕生する前にその上の巣で育成された上界のシャマン木に帰してやることにあり、その目的はしたがって再生を容易にすることにあると推論する。この洞察は、森林狩猟民が仕留めた獣の骨を台上や樹上に置くことを考えるとき、一層示唆に富むものであることがわかるだろう。生命の木としてのシャマン木もしたがって、エリアーデのいう「上昇のシンボリズム」の表象である。そこでこの重要な観念である天地二界のあいだの交通路としてのシャマン木について、少しくわしく見てみたいと思う。

アルタイ地方のある種族やブリヤート族は巫儀のとき、シャマンがそれを伝わって天に昇ることができるように白樺の木を、梢が煙出し口から突き出るように天幕の中央に立てる。彼らは、巫儀の間にこの木が大きくなり、目には見えぬが天にまで達すると信じているからである。シャマンはこの木を登って天界へ旅立つ。その目的は神託を祈ぎ降ろしたり、上界の諸力の決定に関与して同族の仲間を死とその他の不幸から救うためであった。しかしそれはまた、旅を邪魔する精霊の天幕への侵入や、天の各層にいる必ずしも好意的でない神々や精霊たちの干渉を覚悟しなければならないといった困難の伴う旅である。シャマンはこうした苦難を乗り越えてついに最上階に達し、天神に見《まみ》える。もっとも民族誌的資料が教えるところでは、地方によってはもっとも重要な職務の一つである病気治療のときでさえ、必ずしもつねに天神に直接会わねばならないというものでもなかったらしい。たとえばアルタイ地方の民族では、天神は北極星つまり《金の杭》のところまで使者を送ってくるといわれ、シャマンはその使者と会うことによって、いわば間接的ではあるが天神におうかがいを立てることができると信じられた(3)。しかし、たとえ中途までであっても、シャマンがみずから天界へ昇ることにかわりはない。

巫儀における神秘的融合

それでは、その天界の旅とは実際どのようなものなのか、巫儀の場で何が起こり、参加者はそこにどのような現実性《リアリティ》をみとめるのか――ここに、それらのことを知る上で恰好の報告が二例あるので見てみよう。

一つは、ハルヴァが著書に引用しているヤクート族と、その北方の隣人ドルガン族に共通する巫儀に関する報告である。シャマンは病人の治療のために九つの天の層を通り抜けて天上界を目指す。天幕の外には三本の木――おそらく上界、中界、下界を意味したのであろう――が立てられ、そのうちの真中の一本もしくは全部に鳥の嘴か鳥の像がとりつけられている。あきらかに鳥は天界へ旅立つシャマンの道案内役である。ハルヴァは、いよいよ天へ旅立つときの様子とふたたび地上界へ戻ったときのシャマンのありさまをつぎのように簡潔に要約している。「全身をしなやかに動かし、ばちをもった右手を振りまわしながらあきらかに鳥の飛ぶまねをする。天界に旅するとき、九つの停まり場所があると考えているので、シャマンは旅の途次、それぞれの停まり場所で、そこの霊に贈りものを配らねばならない。天界へ昇る間、シャマンはたびたび上下へ視線を投げる。もどってくるとき、シャマンは前かがみになり、『中の』世界、つまり人間世界に着いたときは失神状態になっている。正気にもどらせるには火花を打ち出してやる。シャマン自身が意識がもどって来たことを告げる」(4)。

もう一つの例は、少なくとも十八世紀の中頃にはアルタイ地方のキリスト教伝道団の文書室に保管されていたと思われる古写本に記録されているものである。それは、この地方に住むアルタイ語系民族の天神の供犠祭における巫儀の模様を描いて、最初の例より余程詳細である。これもハルヴァがその古写本から引用し要約したものだが、それをさらに約《つづ》めてつぎにかかげる。(5)

三日間にわたる祭儀はおおよそつぎのように運ばれる。初日、太陽が沈むと準備にとりかかる。森の中の空き地に祭場となる天幕が設けられる。シャマンは馬群のなかから一頭を選び、天神に捧げるためにその日の夜に屠殺する。天神の利用に供するためである。二日目、「太鼓の主」や「火の母」などの精霊を、皿に盛った供物の肉で饗応したあと、シャマンは歌をうたい太鼓を打ち鳴らしながら、決まった順番に従って諸霊を呼び出しはじめる。やってきた諸霊を太鼓の中に捕えると、最後に巫儀を邪魔するかもしれない精霊の天幕への侵入を防ぐために、「戸口の霊」に入口を守るよう頼む。

こうして祭儀の導入部が終ってすっかり準備が整うと、シャマンはいよいよ天界への旅に出る。緑の梢が天幕の煙出し口から突き出るようにあらかじめ立てられた白樺の木には、天の階層を示す九つの印が刻まれており、彼は各階層に対応する刻み目に順に足をかける。するとすぐさまがさがさという物音が響き、シャマンの「さあ、突きぬけたぞ」という叫び声とともに、参会者は彼が天に昇っていくのを知る。ついでシャマンは天幕のなかで白樺の木と火の周りを駆け回り、ますます恍惚状態におちいり、歌をうたい一層激しく太鼓を打ち鳴らす。こうしてはまた各層を一つ一つ昇っていき、そこで観察しあるいは経験したことを参会者に知らせる。第六天では月に、第七天では太陽に会う。シャマンはその都度さまざまな儀礼を行ないながら次々にすすみ、とうとう第九天まで到達し天神に会う。そして捧げた供物に満足してもらえたかどうかを確かめ、天神から天候の変化、その年の豊凶などの確かな情報と供物の希望などを聞いたあと、地上界へもどり参会者に報告する。祭りのもっとも重要な部分はこれで終りである。しかし三日目の夜にもう一度行なわれ、供物の酒が刻み目のついた白樺の木にふりかけられたり宴会がもよおされたりする。

私たちはこの二つの資料から、ただ単に巫儀におけるシャマンの一連の所作を知るだけでなく、そこに霊体（天神・精霊）、シャマン、巫儀の参会者の三者が一体となった神秘的融合を見てとることができるだろう。そしてこの神秘的融合が、参会者にふつうの意識世界で経験する実在性《リアリティ》以上の実在性《リアリティ》を付与していることを知るであろう。

天界の、ある光景

ハルヴァの著書から引用したさきの二つの事例は、その場に立ち会った第三者の目撃談か、ほかならぬ願い事を頼んだ同族の仲間の証言か判然としないが、そのいずれであれ、巫儀の参加者の観察記録であった。つまりあくまでも外から眺めた記録であり、地上界の出来事についての証言であった。それに対してつぎに挙げる話は、シャマンが上界へ姿を現わした様子をとらえたものであり、シャマン以外は経験することのできない超現実的次元の世界、すなわちシャマンがトランス状態で体験する世界を上界の視点から描いて見せている点できわめて興味深いものである。

それは前章でも引用したヤクート族の死んだ男の魂の物語である。男がカラマツの木の一番上の巣で羽の生えた白いトナカイの乳を吸っていたときに、地上界のシャマンが、病人あるいは死者のものと思われる魂を奪い返しに、上界へ昇ってきたときのありさまがこう描かれている。

彼がそうやって巣に横たわっていると、例の老人〔運命を定めるカラス神〕が息子の一人にこういっているのが聞こえた。「せがれや、真中の世界へ行ってお前の女を連れておいで」。それでカラスの顔をした息子の一人は下界へ向かった。やがて彼は頭の毛の上に浅黒い女を乗せて戻ってきた。これを契機にみんなはうかれだし、歓迎の祭りさえ始めて踊り狂った。こうしているうちに巣に横たわっている男の耳に声が聞こえた。「真中の世界に住んでいるおれたちの息子が、この女をさらいかえしにこなければよいが。そうだ彼女を鉄の倉へ隠して置いた方がいいぞ」。かくして彼らは鉄製の貯蔵小屋へ女を隠したのである。

彼がじっと巣に横たわっていると、次に聞こえてきたのは中界で轟くシャマンの太鼓の音であった。それに合わせる歌声も彼の耳へとどいてきた。音は徐々に大きくなり、次第に近づくとついに人間の頭が出口の穴の下から現われた。彼が見たのはすでに白髪の交じった中背の敏捷そうな男であった。その男は上に着くやひたいに太鼓の撥を斜めに構えた。すると、すぐさまひたいの真中から角が生えてきて牡牛に変身した。牡牛は一撃で女の閉じ込められていた貯蔵小屋の戸を打ち砕くと、彼女を連れて下界へ降りて行った。このため上界は泣き悲しむやら叫ぶやらの大騒ぎとなってしまった。

例の老人の息子は改めて真中の世界へ赴くと、そこから膚の白い女を連れてきた。彼はその女もまた隠したのだが、今度は彼女をちっぽけな地虫に変えてテントの支柱に閉じ込めておいた。しかし、ふたたび太鼓の音とシャマンの歌が聞こえてきた。そして今度も彼女の隠されていた支柱を打ち砕き、女を見つけると連れ去ってしまった。老人の息子は三度《みたび》中界へ赴くと、そこの女を連れ帰った。しかし今回は上界の人間や精霊には、もうあらかじめシャマンの出現に対する覚悟ができていた。彼らは出口のそばでたき木の山に火をつけると、手に燃え木を持って穴の口の周りに並んだ。シャマンがそこへ姿を見せたとたん、かれらはその木で打ちのめし、地上へ撃退したのである(6)。

この、ヤクートの人々の豊かな想像力から生れた説話は、地上界の巫儀の観察からはうかがい知ることさえできなかった上界の様子を垣間見せると同時に、その超現実的出来事が、人々にとって確かな実在性《リアリティ》をもっていたことを私たちにみとめさせるものである。さらにシャマンの職務、すなわち死者もしくは病人の魂を探索し奪い返すという行為が、一体全体どういう事態を指すのかも教えてくれる。私たちはまたこの説話から、北アジアの人々が病や死という避けがたい不幸を、業の思想でとらえたり苦しみとして描くのではなく、エリアーデがいうように、それらに豊かな観念と魅惑的な形象を与え、救済の光に照らす(7)ことで解決にあたったことを知って、感動を覚えずにはいられないだろう。

巫儀と精霊たち

さて、さきのアルタイ地方の巫儀の模様を記録した古写本は、シャマンに助力を差し出す精霊を描いて具体的であった。「太鼓の主」は、精霊を呼び出すために打ち鳴らされ、やってきた諸霊をその中に閉じ込めるための太鼓を管理する精霊である。太鼓の響きの良し悪しは、精霊たちを思うように呼び出せるかどうかの決め手となり、彼らを摑まえ、そのなかにしっかり閉じ込めておけるかどうかは、シャマンの飛翔の成功の鍵を握るのであった。「太鼓の主」はまぎれもなくシャマンの守護霊として登場しているのである。

「火の母」は、シャマンが儀式の最中にその周りを回る「火」を見守る精霊である。北アジアの諸民族の間では火そのものが大いなる尊崇の対象とされ、危険な諸霊を追い払うための浄化儀礼に使われたり、その燃え方でさまざまな前兆を見たりするという(8)。「戸口の霊」は、悪霊が儀式をぶち壊しに来ないようその銅剣で見張る精霊である。「火の母」も「戸口の霊」も「太鼓の主」同様、守護霊の地位の栄誉に与かるものである。

この古写本はまたこういった具体的な描写を通して、強力な守護霊をもつことが畢竟巫儀の成否の鍵を握っていることも示している。力のある守護霊は配下の霊、すなわち補助霊をそれだけ多く引き連れてもいれば、彼らを思いのままに呼び出し使役することもできるのである。それゆえ強力な守護霊をもつことはシャマンの実力を示し、彼が大シャマンであるかどうかの証でもあった。

私たちはいままで入巫式や巫儀に登場する諸霊を、ただ「精霊」と呼んで包括的にとらえてきたが、諸霊のちがいを、とくに守護霊と補助霊との区別を中心に考察してみたいと思う。それによってシャマンの能力の本質、さらにはシャマニズムの構造が一層明らかになるであろう。

エリアーデによれば、シベリア東部のアムール地方に住むツングース系のゴルディ族（ナナイ族）は、守護霊と補助霊をはっきりと区別していて、補助霊は守護霊に服従し、守護霊によってシャマンに授けられるものと考えているという。果してほかの種族がどうであるか詳らかにするのは本書の能力を越えることだが、シャマニズムのさまざまな表象に見られる精霊については、つぎのようなことがいえるであろう。

まず、巫儀における精霊であるが、まぎれもなく守護霊といえるのは、さきの古写本にあるように、儀式を成功させるためにシャマンによって真っ先に呼び出される精霊である。補助霊も助力を差し出すが、守護霊に呼び出される点で二次的であり、助力の内容も異なっていて守護霊とは区別されるだろう。つぎに上界へ赴く場面では、シャマンが旅の途次や上界で出会う敵対的な精霊と戦うときに、動物形となって憑依する精霊は守護霊と見做すことができる。一方、補助霊としてまぎれもない存在はシャマンの道案内役としての精霊である。そして拉致された魂の捜索のケースで、それに加わって協力する諸霊も補助霊といって間違いないだろう。これらの補助霊も守護霊と同様、動物形となって現われる。それゆえシャマンは旅立つとき、種々の動物の能力や身振りや鳴き声などを模倣すると観察されるのである。

表象の上で見てきたこれらの区別を概念的にとらえ、整理するとおおよそこういうふうになろう。すなわち、守護霊は祖霊や氏族動物霊、聖地などの特定の領域の霊、あるいは儀礼道具の霊といったようにシャマン自身とその出身氏族に密接に関係し、何よりもシャマンの相談役となって働く精霊である。

一方、補助霊はそのような精霊を介して呼び出される霊で、やはりシャマンや出身氏族と関係があるものの、守護霊の下位に属し、それに従う精霊たちである。彼らは特定の動物や森や湖の守護霊であるかもしれないが、シャマンにとっては補助霊なのである。道案内役の補助霊も「太鼓の主」によって呼び出されないかぎり現われることはないだろう。

以上ごく概略ではあるが、これらのことから、シャマンに助力を差し出す精霊たちが、祖霊を頂点とする位階に収まるところの、自然領域と動物界の諸霊であることが理解できるであろう。要するに、シャマンは守護霊と補助霊からなる精霊の一群を所有してはじめてシャマンといえるのであり、彼らがいてはじめて能力を発揮することができるのである。そして彼は、この、ブリヤート族ではウッハと呼ばれる精霊の総体を、苛酷な解体儀礼を伴う入巫式の体験を通して、つまりシャマンと公認されてはじめて祖霊から正式に受け継ぐのである。

さて、これらシャマンの祭儀に集う諸霊はモノに宿るとも表現され、また中空に居るともいわれ、やはり地上界とは次元の異なる世界に住むイメージでとらえられる。しかし、だからといって天界の旅の途上で出会う上界の諸々の神々や精霊たちと無造作にひと括りに扱うことはできない。

さきほど天界への旅に関して引用した、シベリア北方のヤクート族やドルガン族の病気治療のための巫儀では、シャマンは天界の九つの停まり場所、すなわち九層からなる天の各層でそれぞれの霊に贈り物を配るのであった。これらの精霊は、ハルヴァのいう「天神や神々の助手や子供」である。彼によれば、天神がもはや天そのものを指示する原初的形態を失い、人間の相貌を身につけるにつれ、その住まいとか助手などという観念が整備されていったのであった。人々の想像力は天神に住まいを用意し、名前と形姿を付与する一方で、天神とシャマンの間に介在する者として下位の神々やその使いや息子である精霊たちを生み出したのである。彼らこそ、そのはじめのときに神々の資格を与えられ天の各層に配剤された同族の始祖霊や偉大なシャマンの死霊、あるいは氏族動物の始祖霊と思われる。彼らもシャマンを守護する役目に回るときは守護霊にちがいない。だが、「太鼓の主」や「火の母」、「戸口の霊」、あるいはシャマンに憑依する精霊とは区別されるべき存在であろう。

精霊の憑依とリアリティ

シャマンの天界への旅という超現実的な出来事はいうまでもなく魂の旅立ちであり、精霊による憑依を契機として起こる内的変換によって、魂が肉体から離れて上界へ飛び立つ。

そのときの様子をブリヤート族のシャマンが、自分自身の経験として、ロシアのある研究者に語ったところによると、精霊が憑依した瞬間、髪は逆立ち体は高く浮揚し、その上自分が何だか大きくなっているように思え、まぎれもなく精霊のいることを感じたという。[9] これはシャマン自身の体験談であるが、巫儀の参会者が、そのときのシャマンを観察して、あたかも鳥となったように飛ぶ真似をしたり、牡牛となって角で突いたり蹄で地面を引っ搔いたりするなど、やってきた精霊と同じ仕草をしてみせ、また彼らと違わぬ声を出すことを証言した報告は数多い。

これらの現象は、シャマンと精霊との合一と解釈されるのだが、深層心理学ではトランスと呼ばれる意識の変性状態において生じるものと理解される。シャマンは日常的意識の世界から脱して超現実的な夢幻模様の世界へ入った状態にあるのだ。しかし彼は意識を喪失してはいない。このことも多くの事実報告が明らかにしている。このシャマンの意識性については、私たちは第一部で引用したヤクート族の巫儀を思い出すであろう。牡牛となって相手の動物形の病魔と戦うシャマンは、戦いのさなかに巫儀の参会者に向かって声をかけ、小刀をくれと要求した。しかし誰一人としてそれに応えるものがいないと、また太鼓を打って忘我状態に入り、みずから小刀の束を手にいれたのであった。シャマンは忘我と覚醒の間を往き来しているのである。

もう一つ例を挙げるとすれば、迷える死者の魂をあの世へ届けるためにもよおされたゴルディ族（ナナイ族）の巫儀の模様が大いに参考になるだろう。遺族の依頼を受けたシャマンは、忘我に入境して中空に迷う魂を捜し回る。彼は幾度となく遺族に声をかけ、死者の亡くなる直前の行動や生前の服装を聞き出し、本人であることを確かめながら、最後は魂を捜し出すことに成功した。

シャマンが天界への旅の途中にあってさえけっして意識を失っていないことは、フィンタイゼンがエニセイ族のシャマンから治療を受けたときの体験からも知ることができる。彼は、儀式が長時間に及んだためシャマンはしばしば休止をとってパイプのタバコをくゆらせ、そしてまた忘我の状態へ戻っていったと報告しているが、それ以上に興味深いのは、シャマンが彼にこう歌って聞かせたことである。

今おれは精霊トナカイの首筋をみている
精霊たちよ　おれをそんなに前へひっぱるのはやめてくれ
おれはトナカイの首筋をふたたび元へ戻した(10)

フィンタイゼンは、シャマンが精霊に従属しているのではなく逆に命令者として自由に操作している事実がはっきりと描かれている点で、この歌のもつ意味を重視する。つまりシャマンは天界への旅の途次でも自律的な人間としてとどまっていることを、この歌は明らかにしているというのである。思うに、このときのエニセイ族のシャマンは、すでにフィンタイゼンにとって病気の治療はどうでもよく、彼の本当の関心が第三者として巫儀を観察することにあるのを見抜いて、上界へ向かう旅を途中で打ち切ることにしたのであろう。

シャマンの意識性によって特徴づけられるこのトランス状態を、意識と無意識の関係で心理学的にどのように理解すべきかという問題は、第三部でくわしくとり上げる。ここではシャマンが巫儀で呼び出す神々や精霊たちの「現前」が、まさしく参会者の体験でもあったことを、さきに引いた、ブリヤート族のシャマンの祖霊の供犠祭に立ち会ったロシアの研究者の報告から明らかにしておきたいと思う。

その研究者は、一連の儀式の大詰めで祖霊にとり憑かれたシャマンが、興奮して早口でしゃべりはじめ、激しい怒りと興奮状態にあったとき、参会者のうち年長者の何人かは明らかに精霊に問いかけている様子であったと記録している。それゆえ彼はいま何を話したのかと彼らに聞いたのであった。返ってきた答は残念なことに、なおざりなものであったというが、参会者が精霊に話しかけたということの現実性《リアリティ》が損なわれるものではないだろう。

ここまで、巫儀のありさまをシャマン自身の体験談や参会者の証言のなかに見てきた。たしかに上界との接触を作り出すことができるのは唯一シャマンだけであるが、動物形となって現われる守護霊や補助霊、つまりシャマン動物も「シャマンだけが見ることのできる空想の産物」(11)(ハルヴァ)であるといいきるには、いささか躊躇せざるをえない。さまざまな証言からは、むしろ参会者も巫儀において神々や精霊たちの「現前」を経験しているといえよう。換言すれば、巫儀において生じることは超自然的存在者との「場」をひっくるめての神秘的融合であり、参会者はそこに生じるすべての現象をシャマンと共有して体験し、それゆえそこに、むろん自覚することなく、実在性《リアリティ》をみとめているのである。

第四章　シャマン、その人間像

私たちはこれまで、狩猟文化と天神崇拝という、北アジアのシャマニズムを構成する二つの要素について、それぞれ章をあてて考察を加えてきた。それによってこの地域のシャマニズムが、エリアーデがいうように、「それ独自の構造を示し、はっきりさせるに足る理由のある『歴史』をうちにもっている」(1)ことが明らかとなったであろう。しかしそれだけではまだ、この北アジアの偉大な文化を真に理解したことにはならない。現代の古代的社会に見られる神懸かりや悪魔憑きといった現象や、世界各地の宗教のなかに見出される原初的な要素、それゆえに一括りに「シャマニズム的」と見做されている要素と、ようやく区別できたにすぎないだろう。なぜならば、北アジアのシャマニズムにおいて「すこぶる重要な役割を演じる」(2)シャマンの人間像が充分に把握できたとはまだいえないからである。

そこでこの章では、シャマンがどのようにして選ばれるのか、彼の能力は一体どこから付与されるのか、その利他的行為を動機づけるものは何か、シャマンの社会的役割とは何か、といった諸問題を問うことにしたい。このことによってこの地域のシャマニズムが何よりも「シャマンの行為によってひき起こされる宗教体験の強烈さ」(3)によって特徴づけられることが明らかにされ、そのような宗教体験ゆえに、世界のほかのどの地域からも際立った技術と理論をもっていることが示されるであろう。

シャマン職の召命

北アジアの諸民族ではふつう、かつてシャマンを出した家系に属する者にシャマン職の召命が降りる。出身氏族や部族の死んだシャマンの霊、すなわち祖霊が子孫のなかからこれぞと思う人間を選び、かつて自分が引き連れていた精霊の一群（ブリヤート族でいう「ウッハ」）を譲り渡そうとするのである。ときには主人であるシャマンを失った守護霊たちや森や川の精霊たちが、シャマンとなるよう要請することもあるが、この一見シャマンの家系と無関係と思えるばあいでも、その親族の糸をずっとたぐれば何らかのつながりが見出されることが多いという。シャマン職は結局は特定の家系で代々受け継がれるものなのだ。

このことに関して、じつは私たちはすでに、『元朝秘史』の記事に一つの具体的な例を見ていた。それは、チンギス・カンがモンゴル部族の大巫《大シャマン》にバアリン氏出身のコルチ・ウスンを任命したことである。バアリン氏は聖祖《ボグド》ボドンチャルがウリャンハイ族の女に生ませた子を始祖とする代々のシャマン家氏族であり、「長兄の後裔」として全ボルジギン氏の聖的権威の頂点に立つ存在であった。そのときのチンギス・カンの言葉（八一頁参照）に、私たちはシャマン職召命の伝統と本質を見てとることができるだろう。

しかし、シャマンが氏族や部族の仲間から畏敬され、尊崇されている事実からすれば非常に奇妙なことだが、本人もその出身氏族も召命を歓迎すべきものと受けとめず、ほとんどつねにその強制から逃れようとつとめる。本来名誉なことであるはずだが彼と彼の親族は知力をふりしぼって抵抗を試みるのだ。

彼らがなぜこの召命という出来事をそれほどまでに否定的に受けとめるのか。——フィンタイゼンはその理由をつぎのように説明する。彼らは祖霊が自分を単なる道具としか見ていないことを知っており、また巫儀をやることがどんなに苦痛を伴うことかも知っているからであるという。そこにはもう一つ別の理由があると見なければならないだろう。さきに述べたように、解体儀礼は出身氏族の仲間の犠牲を要求してやまないが、それは一方では、当のシャマン候補生にとって倫理的に受け入れがたいことであるからだ。ヤクート族では、召命を受けた者が仲間五人の犠牲の要求を頑強に拒んだばかりに、彼にさまざまな刑罰が降りかかり、ついに精霊たちによって盲目にされ、最後は手足を切り落されたと伝えられている。(4)

しかし、もはやどんな抵抗も無益と悟ると彼は召命を受け入れる。彼を改心させたのは単に刑罰を恐れたためではあるまい。召命がなぜ自分に降りたかを誰よりも自分自身がよく知っているからである。つまり、召命は大いなる衝迫《しょうはく》となって、彼に忘却の彼方から一つの事実をよみがえらせたのである。その事実とは、かつて上界でシャマンの魂——正確には、この時点ではまだ人間の魂である——として育てられていたとき、運命を定める神との間に親子関係をむすび、将来のシャマンとして地上界へ降ろされたことである。そして、このような「過去の記憶」がシャマン候補生によみがえり、召命を自覚的に受けとめることは、思春期への移行期の感受性豊かなときにその徴候を示すという「素質」と深く関わり、また、天界と交信する「能力」の獲得とも密接に関係するのである。

天賦の素質、獲得される能力

本来、北アジアの人々がシャマンの助けを必要とするのは、天界との接触なくしては切り抜けられないような困難と危急の状況にあるときである。それゆえシャマンのもっとも重要な課題は天界との交通を成立させ、神々や精霊たちと「定め」をめぐってなんとか折り合いをつけることにある。この能力は修業したからといって獲得できるようなものではなく、そもそも特別の素質を前提にしているのである。このことを北アジアの人々はよく知っていた。シャマン職が「受けとる」もの、「運命」であるという観念は、彼らの共通の認識であった。

たとえばヤクート族の人々は、若者にシャマンの適性の前兆が現われると、「ある霊が当人に迫り、自分に仕えるよう要求」しているからであると受けとめる。ブリヤート族では「死者がシャマンを決定する」と考え、ツングースの人々も素質が現われた者は「霊魂によっていけにえとして選ばれたのだ」と思い、サモィエードその他の種族でも「霊がシャマンを選び出す」と信じられている。(5)

こういった観念は何に由来するのだろうか。――この問いに対する解答を私たちは、さきに挙げたヤクート族のシャマン誕生の説話に見出すことができよう。もう一度その話を思い出してみると、シャマンとなる「定め」のもとに上界で育てられた男（死者）の魂が地上界に降ろされ、女の胎内に宿ったあと生れかわり、五歳になったとき「過去の記憶」をとりもどしたのであった。上界の出来事も生前の地上界のこともすっかり忘れていた彼に突然記憶がよみがえったのは、召命が降ったからにほかならない。彼はそのとき自分の身に降りかかった運命、すなわちシャマンとなる運命の何ゆえかをはっきりと悟ったであろう。その後彼と彼の親族は七歳になるまで二年の間シャマンとなることを拒みつづけたが、よみがえった記憶は結局召命を受けさせずにはすまなかった。その記憶の核心部分は、いうまでもなくかつて人間の魂として上界にいたとき、運命を定める神の息子となったことであり、それによって精霊の一群を受け継ぐ資格を与えられ、シャマンとなるよう運命づけられたことである。

このことを情念のあふれるような豊かさで謳いあげた別の例が、フィンタイゼンが直接エニセイ族から蒐集したシャマン候補生のつぎの歌である。

おお　皆の者よ
キンゲト〔祖霊の名〕は彼の大気の精霊をおれに譲り渡したぞ
つまりそれが最後の言葉の終末である
かつて昔　偉大なシャマンが彼の言葉をおれに譲った
今　精霊ウルグクンの言葉がおれの方へやってくる

昔　おれには記憶がなかった
かつてお前たちに伝えたのは　その最後の言葉の終末であり
それがおれにどうやって譲られたかの顛末である
もともとシャマンをすることは苦痛以外の何ものでもない(6)

フィンタイゼンは、この歌は召命を受けた者が自分の置かれた状況、つまり祖霊の誰がシャマンになるように強制し、また誰が精霊を譲ってくれたのかもはっきり自覚していることを示しているという。このエニセイ族のシャマン候補生は祖霊キンゲトから「大気の精霊」、すなわち精霊の総体が譲られたことを思い出したにちがいない。いまやその一群がやってくるのだ。そうであればシャマンとなることがどんなに苦痛であっても彼は引き受けざるを得なかったであろう。

ここに挙げたヤクート族の説話とエニセイ族の歌は、シャマンとなるべき者の素質がいつどのように賦与されるかをはっきりと示している。シャマンの素質は、氏族の人々には「受けとる」ものと考えられているが、当のシャマンには、過去の神秘的な体験のなかですでに賦与されたものであったのだ。こうしてみると、シャマンとしての「生まれつきの素質」も「定め」の一つにほかならず、それは首長や君主に授けられる力（勇敢さ）と智恵（賢明さ）同様、「天降る」観念のなかでとらえるべきものであることがわかるであろう。

さて、運命の力に押し流されついに召命を受諾した若者は入巫式に臨み、解体儀礼を受ける。儀式が終ったあと、骨は組み立て直されふたたび生命が吹き込まれる。こうしてシャマン候補生はいままさしくシャマンに生れかわろうとしている。だが、長い間の恐ろしい試煉の疲弊と、まだつづく内的葛藤から完全には脱していない。夢幻的現象のなかで彼の耳に聞こえてくるのは、祖霊や精霊たちの、「早く起き上がって巫儀をやれ」とせかす声である。やがて彼は己の内部に「変化」が生じたことを感じとり、彼らの要請を受け入れる。逡巡はすでに去り、巫儀をしようとする衝動に何度も襲われ、ついに跳び上がって踊り出し拍子をとって歌い始める。(7) 自分に与えられた使命をはっきりと自覚したいま、彼はもはや同族の仲間のために魂の救済者となって働くことにいささかも躊躇することはないであろう。

入巫式における解体儀礼は、ほかのすべての加入礼と同様、それまでの存在様式の終焉を意味する死と、あらたな始源、あらたな存在様式への再生の儀式であった。この避けることのできない苛酷な体験がシャマンに、その資格にふさわしい能力を賦与することはすでに述べたが、それでは一体どのような能力がどのようにして与えられるのであろうか。——フィンタイゼンは北アジアの諸民族に関する資料から解体儀礼のありさまをくわしく紹介し、その意義にふれているので、そこに解答を探ってみよう。

彼の説明によれば、シャマン候補生は解体された自分の身体の肉片と血を精霊たちにふるまうのであった。そのときの情景は、精霊たちが肉を貪り食い、血を太鼓の撥《ばち》ですくって飲むとも、肉の切れ端と血は「病気と死のすべての道へ撒き散らされる」(8) とも描写される残酷なものである。この恐ろしい体験は、精霊たちへの饗応が終ったあとの再生の儀式でクライマックスを迎える。シャマンの祖霊や精霊たちは骨をあたらしく組み立て直し、あらたな生命を吹き込む。そのとき肉をつけるためにシャマンの出身氏族の者が犠牲になる。この犠牲については、氏族によっては「死と破滅の水」の堰《せき》の堤、すなわち「不幸」を堰きとめるための堤の資材に使われるためであるとも受けとめられる(9)。

フィンタイゼンは、この犠牲の観念に解体儀礼の本質的意義が隠されていることを指摘し、こう説明する。すなわち、シャマンは祖霊や精霊たちをみずからの肉と血で饗応したことによって彼らとの間に親子関係を築き、運命を決定する上界の諸力を地上界で代表する資格を得ると同時に、その強い密接な絆《きずな》のおかげで上界の決定へ影響を与える立場に立つことができるのである。シャマンはこうして上界で起こることのすべてを知り、それに精通するばかりでなく関与できる者となり、また、その近親関係のゆえにいつでも自分の魂を上界へ移し置くこともできれば、死者の魂をあの世へ導くことも、病人の魂を捜し出すこともできる魂の専門家となるのである。ここにシャマンの能力の根源、あるいは原動力ともいうべきものがあるのだ。しかしその一方で、再生が出身氏族の犠牲の上に行なわれたという事実は、シャマンと氏族との切っても切れない現世的依存関係を形成し、シャマンは同族の加護のために働くことが宿命づけられる。彼はみずからに備わった特殊な能力、すなわち魂の専門家としての能力を自分の氏族や部族の仲間のために無償で発揮するのである。

シャマンの職務

シャマンは何よりも魂の救済者であり、その職務は何を措いても魂に関わることであった。しかし、民族誌的資料は彼がそれ以外にもさまざまな任務を負っていることを明らかにしている。その多様性が語られる理由の一つは、地方や種族の生業の違いに由来するところが大きいと思われるが、本来のシャマンの仕事と、氏族や村の長老の仕事との間に必ずしも明確な区別が立てられないことによる誤解と混乱にも一因があると思われる。たとえばシャマンはふつう、誕生や結婚や葬送と結びついた儀式とは、何か予期しない重大事でも生じないかぎり関係をもたなかったといわれる。

さらに注意しなければならないのは真正のシャマンと、入巫式を受けても何らかの理由で公式に承認されていないシャマン――ここでは、シャマンを自称する者は考慮しない――や、厳密に規定されていないシャマンとを区別しなければならないことである。たとえばさきに挙げたブリヤート族のシャマン霊の供犠祭を例にとると、司祭したのはシャマンであったが、彼はもっぱらその村で定期的に行なわれる「記念と懇願」の供犠祭をつかさどるシャマンであって、魂の専門家となり得るような厳密な意味のシャマンではなかったという。供犠の祭儀を主宰するのは本来村の長老や家長の役割なのだ。その場合でも犠牲となった家畜の魂を天神へ届けるのは参会者の一人としてその場に出席している真正のシャマンであった。

ハルヴァは、みずからトゥルハンスク地方のツングース族の実態を調べた際、彼らから「シャマンの世話になるのはつぎのような場合に限られる」という説明を受けたと報告している。すなわち、「死後一年間はもとの家に留まっていると信じられている死者の魂をあの世へ移さねばならないとき、宿なしの霊体を、そのために創った木像のなかに移し入れるとき、何か超自然的な理由で猟運が去ったとき、通常、秋に猟を始めるとき、それにとくにツングースの一家の者が重い病気に罹ったときなどである」(10)。

エリアーデの指摘も、このツングースのシャマンに関する証言を裏づけるものである。彼によれば、シャマンが職務を遂行するのはもっぱらトランスを体験するとき、換言すれば己の魂を別の世界に移し置くときである。したがって繰り返し述べてきたように、本来その職務は死者の魂を他界へ導いたり、精霊に拉致された病人の魂を上界からとり戻したり、犠牲獣の魂を天神へ届けるときに限られるのである。

彼はまた、「魂を移し置く」という理論と技術とは一見無関係と思われる狩猟祈願に関してこう述べる。すなわち、シャマンが豊猟を懇願するときに巫儀をもよおすのは、畢竟その魂が上界にあることによってもたらされる透視能力が狩猟獣の存在の発見を可能にするからである。この洞察は、北アジアの諸民族のシャマンの多くが猟運の祈願を職務としている理由を明らかにするものであろう。透視能力については、私たちはヤクート族のシャマンが守護霊を通して遠い距離のものまで見たり聞いたりすることができるといったことや、トロゴルジン・バヤンの息子ドア・ソコルがブルカン岳の上からずっと下の河谷を眺めやり、川づたいにやってくる幌車のなかにアラン・コアをみとめたことを思い出すだろう。

フィンタイゼンはゴルディ族のシャマンの職務について記録し、彼らが分掌領域を三つに分けていることを報告する。一つは「医療活動」――拉致された病人の魂を探し出し、ふたたび病人に戻す――であり、もう一つは死者の魂の供養儀礼であり、そして三つ目は死者の魂のあの世への運搬である。「死者の魂」のなかに射殺された猟獣の魂を含めることに異論はないだろう。またゴルディ族に限らず、その他の諸族においてもこれら三つの職務がもっとも重要なものであることはこれまで述べてきたことから明らかであろう。

ツングース族の場合、これに狩猟時の危険からの守護や猟運の祈願が加わり、シャマンによって狩猟行為が儀礼的所作で模倣されるという。北東シベリアのユカギール族の人々は、狩人が現実に獲物を狩るには、精霊があらかじめその獣の「影」、すなわち魂を捕えていなければならないと考え、シャマンにそのことを請願するという。エニセイ族では運勢占いも行なわれ将来の吉兆が予見される。具体的には羊の肩胛骨《けんこうこつ》が焼かれ、シャマンがそのヒビ割れの状態を読みとったり、太鼓の撥や、ミルクや神酒の撒布に使う皿を放擲《ほうてき》し、どの面を向いて落ちたかによって占われるのである。

ブリヤート族やヤクート族では、戦いのときシャマンは軍事指導者になるといわれる。出陣の日取りの決定や進軍経路の選択に関わることであれば、そのことはシャマンの透視と予言の能力を考えれば容易に納得できよう。またトルコ系の種族では、戦《いくさ》のときシャマンによってジャダと呼ばれる呪術が行なわれるという。ジャダとは局所的に風雨を起こし敵を不利な形勢に陥れる術である。かりに「軍事指導者」を字義どおり軍の指揮権を掌握する者と解釈したとしても、シャマンがかつて聖俗未分化の段階においては部族全体の指導者だったことを考えると、何も不思議ではないかもしれない。

ところで、シャマンを共同体の指導者としてみとめる感情は極北地帯の諸民族社会ではつい最近まであったといわれる。一方、私たちは十三世紀に書かれた『元朝秘史』の記事から、チンギス・カンの地位を脅かすまでになったシャマンの存在を知っている。この事実をもってすれば高原中央部の種族であっても、シャマンが氏族や部族の長であったという記憶はあたらしく、聖俗未分化の観念が近年まで残っていたと見て大きな間違いではないだろう。だがしかし、北アジアではシャマンが共同体の指導者となっても、仲間の間で特権的地位を築いたこともなければ政治的影響力を行使することもなく、また、その卓越した能力を発揮して職務を遂行したことに対するささやかな報酬を得ても、ほかの者に抜きん出た経済的地位を占めることはなかったという(11)。ブリヤート族の入巫式では、これからシャマンとなる若者は一つの誓いを立てる。それは、助けを必要とする人々のうちで真っ先に駆けつけるのは貧者のところであり、また、たとえ富める者の招きであっても奉仕以上の報酬をけっして受けとってはならぬとする祖霊の教えを守る誓いである。私たちはこれらのことから、「シャマンの使命とは真に利他主義を貫くもの(12)」であることを知るのである。

シャマンはまた、単に個々の問題を解決するだけでなく、魂の専門家であるがゆえにその職務を通して世界（宇宙）と人間社会に意味を付与する役割を担っていた。私たちは、第二、三章で繰り返しとり上げたヤクート族の大シャマンの生誕説話（一一七～一一八頁、一四三～一四四頁）から、シャマニズムが病や死というすべての人間が逃れることのできない「苦しみ」を救済の光で照らし、また、すべての人間が深く関わりをもつ死後の世界に豊かな観念と魅惑的な形象を与えたことを知った。エリアーデは、シャマンの本質的な役割というものが、同族の仲間たちに「見えざる世界の存在によって引き起こされた危機的状況のなかでも、自分たちのなかのひとりがそれを救うことができる」と確信させることにあり、シャマンが「生、健康、多産、豊穣、『光』の世界を守る」チャンピオンであることを指摘する。[13]また、フィンタイゼンはシャマンを、北アジアの人々が創造した「ほとんど想像も及ばない内容豊かな精神生活」の頂点に立つ存在ととらえ、シャマニズムが「太古からの人類の問題」、すなわち、「『霊魂』の問題をすでに何世紀も、いや何千年もの間、儀礼や詩や舞踏等のなかで繰返し、生き生きと提起しつづけてきた[14]」ことを指摘する。

シャマンは共同体の政治的指導者になろうとなるまいと、共同体の精神的な統合の柱であった。私たちは「シャマンの使命とは真に利他主義を貫くもの」であるというフィンタイゼンの指摘に、シャマンの職務の本質を思い知るであろう。

シャマンの内在力

シャマンの能力は入巫式を体験することによって獲得されるものであった。それは理論的には、運命を定める神の息子となることによって上界の諸力の地上界における代表者となり、その一方で、上界の決定に関与することができると説明されるものであった。技術的には、自分の魂を移し置くことによって天界との交通を成立させることができると理解されるものであった。

これらの能力はふつうの、ということは意識的な経験世界から見れば、透視や予言、空中浮遊、表象の物質化などの諸現象として受けとめられるものである。これらは物理的な接触のない状態、あるいは遠隔の距離で生じる認知や運動であり、心理学では因果的には関係づけられない超心理学的プロセスととらえられる。こういったいわゆるオカルト能力の発現を伝える説話や、巫儀の参会者がそれを実際に目撃し証言する話は数多い。そして、いまなお、シベリアの原住民もシベリアに住むロシア人の多くもこの種の神秘的能力を頑迷なまでに信じているという。

このシャマンのオカルト能力の心理学的解釈に接近したのはフィンタイゼンであった。深層心理学にも造詣《ぞうけい》の深い彼は、このようなシャマンの能力は「人間の根源的な創造中枢とでもいうべき深層に近い精神領域」が「意識層」を支配することによって生じるものであると説明する。彼は言葉を換えてこうも述べる。意識のトランスはシャマンが自分の化身、すなわちあたらしい自我を作り出すことができるようにし、それが自覚によって強化され、シャマンをしていつでもその創造的性質をもった自我を形成させることを可能にするのである。そのような能力はしたがって、芸術などの創造活動や宗教の回心現象となって作動もすれば、また日常的意識では近づきえない「自然」の構造や機能を意のままに洞察することを可能にし、さらに、物理的合法則性を超越した作用を自然のなかで遂行することをも可能にするという。

フィンタイゼンは、このようにシャマンがトランス状態で獲得する力を「心的内在力」と呼ぶ。そして「この内在力にとって、時空概念は存在せず、あるいは可変的な形でしか存在しない」ことを指摘する。それゆえに「この力は自然から推論しえない時空を超えた人間の本質的中枢」として、空間的透視も未来を予知することも可能にすると説く。さらに彼は、この心的内在力を、「あらゆるものを支配し尽くす神的精神そのものの基礎的力」[15]ととらえ、北アジアのシャマニズムという文化圏の特徴を決定づける大きな要素であることを強調する。

つぎの第三部で私たちは、フィンタイゼンのいう「人間の根源的な創造中枢とでもいうべき深層」の構造とその働きを、分析心理学の創設者であるC・G・ユングの「無意識」の理論に拠って解き明かすことを試みる。それによって北アジアのシャマニズムの理論と技術を基礎づけ、民族学的、比較宗教学的方法では接近しえなかったシャマンのトランス状態における超現実的な体験の本質に迫り、さらにその体験が人間意識一般の可能性にほかならず、心的内在力が私たちに本来備わっている能力であることを明らかにすることができるだろう。

しかし、ユングはとくにシャマニズムを論じたわけでもなく、また、その理論は心的経験のきわめて複雑な過程を言葉でいい表わそうとしたものであり難解である。そこでいきなりユングの理論に入っていくのではなく、その理論を応用してシャマニズムとシャマンに言及した先達、イスラーム学者であり哲学者である井筒俊彦に学んで、ユング理論援用の準備として大体の道筋をつけることからはじめたいと思う。

第三部

シャマニズムと現代

ユングの蔵書票。左右端のラテン語の文章“vocatus atque non vocatus deus aderit”は「呼ばれようと，呼ばれまいと，神はそばにいる」の意。スイス，キュスナハトにあるユングの自宅の門の上にも，家族の墓石にも刻銘されている。（筆者作成）

第一章　シャマンのトランス意識

北アジアの人々の間では、精霊が憑依することによってシャマンが天界へ旅立つと信じられていることを、私たちは具体的な事実資料のなかに見てきた。この、憑依によってひき起こされるトランスと呼ばれる意識の変性状態のなかでシャマンの体験することは、日常的経験世界のふつうの意識からながめれば不可解な、超現実的な現象であるが、本人はもとより巫儀の参会者にとっても、意識世界の実在性《リアリティ》に一歩もひけをとらない実在性《リアリティ》をそなえた出来事であることも多くの証言のなかに見てきた。

この章では、このようなシャマンの意識の変性のしくみを、事物の「本質」論との関係で構造的にとらえた井筒俊彦の理論を検討し、意識の内部にどのような事態が生じているかを探っていくことにしたい。(1)

無意識の世界を開く

井筒は、東洋の主要な思想――インド哲学、大乗仏教、老荘思想、イスラーム哲学、禅、中国宋代の儒学、シャマニズム、タントリズムなど――が、事物の「本質」の実在性、非実在性をどのようにとらえてきたかを考察した著書『意識と本質』のなかで、同じ意識にも伝統的に確立された文化によって色づけされた意識と、無意識的な心の働きの影響を受けた意識の二つがあることを指摘する。そして、前者の文化意識としてのあり方を問う立場を「水平的方向での問い」、後者の、意識を階層的構造において考える立場を「垂直的方向での問い」ととらえ、「意識はいろいろ違った仕方で意識であり得る」(2)という命題を考究した。

そのなかで井筒が重大な関心を寄せたのは、その著書の目的が、東洋哲学においても『本質』またはそれに類する概念が、言語の意味機能と人間意識の階層的構造と連関して、著しく重要な役割を果たしている」(3)ことを示すことにあったように、「垂直的方向での問い」であった。垂直的問いとは、意識の縦の深まりの方向、すなわち意識に表層と深層からなる二層構造を想定して、その階層構造にもとづいて意識のありかたを考察することである。そしてこの「問い」を追究した結果、井筒は東洋思想のなかでも、もっとも原初的な形で意識の深層に関わるのがシャマニズムであると結論し、シャマンの意識がこの階層的構造のなかでどのように変性するかを明らかにした。

ところで、意識を表層と深層とに区別するのは、井筒自身が述べているように、記述の便宜上の比喩的表現にすぎない。もともと意識というものに表面も深部もあるわけでなく、日常的意識の働く場所を意識の表層における事態と見做し、日常的条件の下ではほとんど知覚できないある種の意識的現象を、意識の深層における事態と仮定しているにすぎない。それでは一体、意識を階層においてとらえることの意義は何か。――それは心の営みという、じかに体験されるものであっても目に見えない諸現象を分析し、記述する上で必要であるばかりでなく、表層意識も深層意識も挙げてイメージ生産的であるなかで、それらイメージの性質や役割のちがいを明らかにする上で有効だからである。

さて、日常的意識もイメージを形成していることは、たとえばいま一本の木を認識するばあいを例に考えてみるとわかりやすいだろう。私たちは眼前に木を見ているかぎりはふつうイメージの働きに気づくことはない。しかしその木の実在しない別の場所で想起するときただちにイメージが働いていることを知るであろう。このように意識もつねに生成消滅する無数のイメージの連鎖にほかならないのである。しかし、意識に起滅するイメージが経験世界の具体的な事実に密着しているのに対して、無意識から湧き上ってくるイメージは、経験世界から遊離している点で意識のイメージとは性格を異にする。

井筒は無意識のイメージの性質を説いて、それは経験世界の事物に似ているが物質的世界の実在性をまったくもたず、経験的事実性を離脱したものであると述べる。つまり触れたり見たりすることはできないといっているのだが、その一方で無意識のイメージは夢や夢想のなかに現われ、その直接的な姿において体験可能であることを指摘する。彼は、このような無意識のイメージからなる空間を体験し、その世界に生起する事象を理解することが、無意識の世界を開くことであるという。

「想像的」イメージの世界

井筒によれば、表層から深層へ推移するときの意識のありさまを、もっとも原初的で、もっとも明瞭な形で示すのがシャマニズムである。原初的な形で示すというのは、シャマンが無意識世界への移行を直接経験として、いわば素朴に体験することを意味するが、くわしくは後述する。一方の明瞭な形で示すというのは、シャマンの意識が精霊による憑依を契機にして、日常的意識から截然《せつぜん》と分離することを指している。

では、この日常性から離脱したシャマンの意識は一体何を見、何を体験するのだろうか。——井筒によれば、深層意識のもっとも深い層に先験的に潜んでいる根源的な、これ以上分解しえない像——彼はこれをユングに倣って「元型《アーキタイプ》」と呼ぶ——から産出されたイメージの世界を体験するのである。その世界のイメージが、意識の表層で日常的に喚起されるイメージとは、その性格も働きも根本的に異なることは想像に難くないであろう。井筒は、その根源的な像から生れたイメージの世界は、経験的世界の具体的な事実から遊離しているために、事物の質料《マテリアル》的な重みを感じさせるものは何一つない世界であるという。

この非日常的、超現実的イメージの世界を体験するシャマンの意識状態を、井筒はトランスに入ったばかりの状態とそのあとにつづく段階の二つに分ける。そして最初のトランスに入ったばかりの状態で、シャマンの意識は次第に開かれていく超現実的次元のなかへ移行し、つぎの段階ですべてのものがはじめから純粋イメージとして独自なありかたで存在し、日常世界とはまったく別の特有な仕方で活動している世界を体験すると説明する。

さらに彼は、最初の段階に生じている事態をもう少し細かく観察して、トランスの瞬間はシャマンが神的主体となっていることを指摘する。つまり、「神懸かり」の瞬間は「神人合一」の状態であるのだが、神的、人的どちらが優勢かと問われれば神的というべき存在となっているというのである。それに対して「神懸かり」の直後は、その直前がそうであるように人的主体が優勢であり、それゆえシャマンは、トランス状態でも現実の経験世界の事物を認識することが可能なのだと説く。

この井筒の分析は、巫儀においてシャマンがけっして意識を失っていないことを理論づけるものであろう。シャマンが天界への旅のみちすがら、つまり巫儀のさなかに参会者と会話を交わし、ふたたび忘我状態に戻っていったことは多くの事実資料に見てきたが、このような意識と無意識二つの階層間の往き来、外面的には意識の喪失とその回復と見られる変化は、たしかに神的主体と人的主体の頻繁な交代を想定してはじめて理解できることである。

以上、精霊の憑依を契機としてシャマンの意識に生じる事態を意識の階層的構造において見てきたが、井筒は最後の段階、すなわち経験世界とは異なった次元が開け、そこに現われた純粋イメージに満ちた世界に実在性をみとめる立場がシャマニズムであり、シャマンとはこの超現実的次元を方法的に開いて、そこに展開されるイメージを正しく活用する術を心得た者であるという。言葉を換えていえば、シャマンは表層意識と深層意識とを二つながら同時に機能させることによって、現実の経験世界と純粋イメージの世界をいわば二重写しに見ることができる人物なのである。

さて、井筒の説明によれば、トランス状態につづいて現われるこの意識も世界もすべてがそっくりイメージ空間に転成し、渾然となった一個のイメージ世界は、深層意識のもっとも深い層に潜在する根源的な像、すなわちユングが「元型」と呼んだものが形象的に呈示されたところに成立するのであった。井筒はしかし、人間意識の構造を表層と深層の二層からながめるいままでの単純なモデルでは、その「元型」から現成されるイメージの役割や性質を充分にとらえることができないとして、表層と深層のあいだに中間的な意識空間を措定する。そのために深層意識を三つの領域に分ける。一つは深層意識の最下層に位置する「無意識の領域」であり、もう一つは無意識の内容をその意識化の胎動の瞬間に直観的にとらえる層――これを井筒はインド仏教の瑜伽《ゆが》唯識《ゆいしき》思想の考えを借りて「言語アラヤ識《しき》の領域」と呼ぶ――であり、三つ目は無意識層から湧き上がってきたイメージが働く場である。

　こうして深層意識を三層に分けた井筒は、表層意識の領域を含めて人間意識の構造モデルを左図のように呈示する。さしあたって、井筒の図で「言語アラヤ識の領域」と「無意識の領域」とされている二

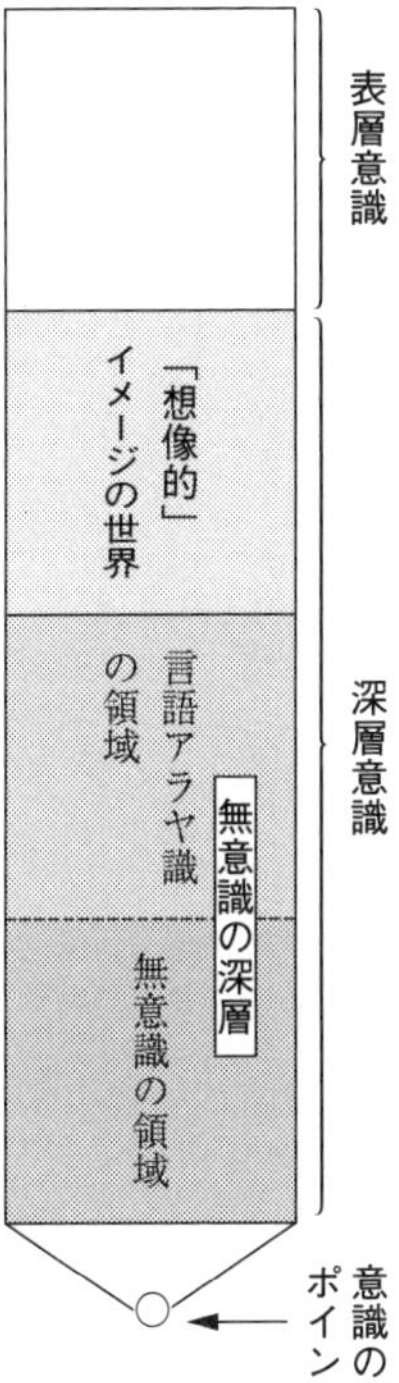

意識の構造モデル

つの層を合わせて一つにし、これを「無意識の深層」と呼んで、深層意識がこれと「『想像的』イメージの世界」の二つからなるものと考えておこう。何より肝心なことは、この「『想像的《イマジナル》』イメージの世界」が表層と深層との間の中間的な意識空間として置かれたことである。このことによって深層意識の深層から生じるイメージの性質と役割が把握でき、シャマンが体験するイメージの世界をより具体的に描くことが可能となるのである。

†注――この図の下端に「意識のゼロ・ポイント」とあるのは、意識が未発の段階を意味する。つまり心が未発状態にあり、意識も存在も未展開の状態を示す。「無意識の領域」は元型が先験的に潜む場所であり、上の領域に近づくにつれ意識化への胎動を見せる。「言語アラヤ識の領域」は、のちにくわしく言及するユングのいう「集合的無意識の領域」に大体において該当し、元型がイメージを現出させる場所である。「『想像的』イメージの世界」は、フランスのイスラーム哲学者であるアンリ・コルバンが、無意識の内容がイメージとして生起し働く場に対して名づけたもので、井筒はそれに倣って意識の構造モデルに定位したのである。ここは「無意識の深層」から湧出したイメージ（元型的イメージ）がそれ独特のあり方で存在し、互いに作用し合って働く領域である。それゆえ「想像的《イマジナル》」と形容される[4]（なお、図は井筒のものに少し手を加えてある）。

「元型」は根源的像、原イメージとして、イメージを産出するものであった。井筒は、そのイメージ形成的に働く想像力は、それがもつ本源的エネルギーがひとたび表層から深層へ転位すると、その瞬間に言語アラヤ識の領域に上り、活発化しイメージを湧出させるという。このときのイメージは象徴性を付与されている点で意識の生み出すイメージとまったく異なるものであり、元型から生じることから「元型的イメージ」――ユングのことばであるが、井筒もこれに倣う――と呼ばれるが、それらが生起し、働く場所が構造モデルでいう「『想像的』イメージの世界」である。しかし、元型的イメージは外界に直接の対応物をもたないため生起しても表層意識まで上っていかずこの領域に一旦はとどまる。だが、元型的イメージのもつ創造的想像力の強烈なエネルギーは一定量を超えると表層意識の領域に出てきて、この領域の経験的世界を照射してたちまちのうちに日常的事物にも象徴性を帯びさせる。つまり物質的事物をもはや物質的事実でないものにしてしまうのである。たとえばシャマニズムに即していえば、森から切り出され巫儀のために据えられたシャマン木（白樺やカラマツ）は、巫儀のクライマックスにおけるシャマンと参会者の意識のなかではもはや事実性を失い、天界と地上界をむすぶ交通路となるのである。

こうして元型的イメージに内在するエネルギーは、全存在世界をそのまま一つの象徴体系に変貌させてしまう。言い換えれば、「存在」を表層意識の原理とはまったく異なる原理である象徴化作用によって分節するのである。したがってこの象徴的分節によって生み出された世界は当然のことながら、経験的世界とはまったく異なった世界である。単にあたらしい世界が現出しただけにとどまらない。象徴化作用によって分節された事物は経験界の事物とはまったくちがった仕方で活動し、その一方で経験界の事物のイメージと作用し合いながら独自の存在連関を描き出すという真に想像的でダイナミックな世界が展開されるのである。したがってそこでとらえられる「存在」は、日常の視野におけるのとはちがった世界観のものであることはいうまでもない。

この、元型的イメージがその本来の機能を発揮して描き出したさまざまなイメージに満たされた空間こそ、無意識の深層を方法的に開くことのできるシャマンにとっては、存在リアリティの本源的、原初的分節構造が露呈された世界である。言い換えれば、シャマンはこの世界に現われる元型的イメージをこそ事物の、実在する普遍的「本質」としてみとめるのである。

以上、井筒の叙述を援用しながら、シャマンの意識にどのような内的変化が生じるかということと、シャマニズムが「本質」の実在を、「元型」というこれ以上分解することのできない根源的な像に見る立場であることを見てきた。彼が展開した理論は、「元型」の発見者であり命名者であるユングの、「無意識の心理学」を踏まえたものであった。そのユングは元型を、人間一般の無意識領域のもっとも深い層に潜在し、つねに心の働きに作用しつづける先験的《アプリオリ》な存在ととらえ、そこから生じた元型的イメージは、元型を先験的なものたらしめる人類の長い歴史における根本体験の具象化されたものであると説いた。

井筒はいってみれば、ユングが元型について明らかにしたことをシャマニズムに適用して、シャマンの意識にどのような事態が生じているのかを意識の階層構造においてとらえ、解説してみせたのである。したがって彼は、元型については発見者であるユングによってすでに説明済みであるとして、その性質や機能や作用についてとくにくわしく言及していない。そこで、つぎにユングの元型について見ていきたいと思う。それによって井筒が元型を普遍的「本質」といったことの意味と、元型が心の働きにおいて果す重要な役割について理解を深めることができるだろう。そして何よりも元型の理解は、本書が明らかにしようとしているシャマンのトランス意識の本性と本質、また、シャマニズムの諸現象の実在性《リアリティ》の解明において不可欠なのである。

しかし、元型とは何かと問うといっても、そもそも相手は意識の遠く及ばない無意識領域のもっとも深い層に潜む知覚不可能なものである。そのようなものを果して私たちはどのように認識の対象とすることができるのだろうか。――ただでさえ極端に複雑な心的現象のなかで、しかも不可知な存在である元型を問題にするとなると途方もない思考困難に出会うといったのは、ほかならぬユング自身であった。それでも彼は理解力の彼方にあるものを何とかして言葉でいい表わそうと努力し、数多くの論文や書物を著わした。ユングの説くところを簡明に、かつ完全な形で理解するのは到底不可能なことであるが、次章以降で彼の無意識過程に関する長年の研究の跡を辿って、彼が元型をどのようなものととらえたかを見ていく。この作業を通して、いままで民族誌的資料からのみ理解してきたシャマンとシャマニズムが、私たち人間の、普遍的な属性にもとづいた心の現象であることが明らかとなるだろう。

第二章　「元型」と魂の危機

現代の深層心理学の創始者と目されるS・フロイトが、無意識の諸現象をはじめて体系的・学問的にとらえてから、意識だけが心的なものであり心的な現象はすべて意識であるという考えはほぼ否定され、それにかわって無意識の働きの重要性が認識され、無意識は意識と対置される概念として用いられるようになった。

無意識という語はしかし、その名のとおり本来意識されないものを指示している。それはそもそも自我と何のつながりもなく、それゆえ直接に意識されることがないから無意識なのである。さもなければ無意識でないことになってしまう。ということは、無意識という語の使用は、許されざる概念の実体化、すなわち実体が存在するかのように認識を導く操作であるという批判を受けてもおかしくないだろう。しかしユングは、臨床心理学の医師として夢や夢想が提供する材料や、患者の病的症状を観察・分析する多くの機会に恵まれ、またみずから施した診断上の「連想実験」の結果などから、無意識層の浅いところのものはもちろん、そのずっと深部に何かしら潜む内容も把握できることに深い確信をいだいた。実際にユングがそこに見たものは、合理的な意識には手に負えない異様な、どうやら神話的な表現を好むと思われる内容であった。それらはいつもは潜在しているが、ある状況の下では無意識層の上部に顔を出し、はっきりと摑めないながら明らかにフロイトの主張した無意識内容とはちがった性格を垣間見せていた。この経験的事実はユングを無意識というものへのさらなる考察へと導いた。そして彼は、意識を凌駕する働きをもつ無意識内容の存在と、それがどうやら私たちの行動と思考を根柢において規定するような先験的なものであることを突きとめたのである。

元型の発見

ユングは深層に潜む無意識内容の存在をみとめ、それを心的過程の一部として想定するまでに至った経緯をさまざまな表現で繰り返し語っている。そのなかの一つ、後期に発表した論文「心の本質についての理論的考察」において、彼は無意識内容を意識へ導く方法に言及し、のちにその性格から集合的無意識と呼ぶことになった無意識内容を発見するまでの過程とその根拠についてくわしく述べている。

それによれば、ユングは精神医学の臨床医として患者の治療にあたっていたとき、彼らの夢や夢想や思いつきの背後に豊かな空想的内容があることを知り、医者としてもまた観察者としても一切の予断や干渉を排し、患者たちの自由な空想のままにそれら諸内容の主題を仕上げさせ発展させるように導いた。患者を意識の背景にあるものへ集中的に向き合わせることによって、空想内容を幻視（vision）として知覚させるように導いたのである。これがユング自身によって「能動的想像」と呼ばれた方法であるが、その結果患者が自由な空想のなかで表現した視覚的・聴覚的イメージや、物語や絵画や造形などのなかに生れた形象が、当初は多彩で具象的であったが、空想活動がすすむにつれやがていずれも一定のモチーフを表わしたり、一定の形式へと変化していく事実が観察された。ユングはその様子をつぎのように述べている。

はじめは混沌として多様であったイメージが、一定のモチーフや形式要素へと凝縮されていったが、それは別々の個人において同一の、あるいは類似した形で繰り返された。それらの主な特徴は、混沌とした多様性と秩序、二元性、明暗・上下・左右の対立、対立が結合して第三のものが生まれる四者性（四角、十字）、回転（円、球）へ、そして最後に中心化および放射状の線による秩序化であるが、これはたいてい四者構造に向っていった(1)。

一人一人の自由な空想活動のはじめに現われたイメージは、ただ混沌と多様としかいいようがなかったが、やがてどれもが二つのものの対立を示していき、さらに四者性という形で展開し、最後にはこれ以上越えられない発達の頂点として、中心点をもつ「四者構造」へとまとまっていったというのである。

ユングはそのとき同時に、それらのイメージや像のなかに、神話的知識はもち合わせていないにひとしい患者たちであったにもかかわらず、ありとあらゆる太古的、神話的なモチーフの登場していることをみとめた。そこには中心構造性とは別に、空想活動の神話形成的な発展性という重要な特徴も見られたのである。

ユングは、この一連の現象の背後に、空想を導いていく無意識的な条件の存在していることをみとめた。彼にはこの条件が創造的な空想活動の調整者かつ奨励者として働いていて、夢や夢想の主題を形象化する原動力の動因と見做す以外に理解しようのないものと映った。

さらに注目すべきことに、主題が形象化されていくプロセスについても別の、ある特有な現象が観察されたのである。それは一般に予測されていたような、無意識内容が原イメージから派生的に同種のイメージを生み出していくといったものではけっしてなく、経験世界と出会ってその無意識的素地を揺り起こされた原イメージが、意識との共同作用によってそのときの空想に見合ったイメージを形成していくありさまであった。したがって無意識内容がイメージや像となって知覚され意識されるとき、それらはそのときの意識の影響を受けていて、原イメージとはどの程度かはわからないが変化していることが知られたのである。ユングはこの観察から、空想の主題を形象化するプロセスが、意識と無意識の総合作用によって特徴づけられることをみとめた。

ユングはこれらの経験的事実にもとづいて、無意識層には、抑圧されたために無意識となった個人の欲望や欲求とは別の、非個人的な、しかも自律的に働く集合的な無意識が存在するという仮説——単なる説明上の仮説ではなく、のちに明らかにされるように「実体化」可能な仮説——をうち立てた。

ユングがこのような無意識内容を集合的と形容したのは、イメージや像のなかに現われたモチーフが神話的な性質や宗教的教義の象徴性をそなえていて、個人的と呼べるものは何一つなく、多少の差はあるものの民族や地域を越えて至るところで見られる同一の意味内容と様式とを顕わしていたからである。それまで無意識の内容といえば、性的欲動や利己的な欲求あるいは権力意志といった、つまり「単に願望するのみ」とフロイトによって表現され、個人に帰属するところの抑圧された心的諸要素（「個人的無意識」）と定義されていたものであった。もっともユングはこの定義に対して早い時期から異議を唱え、個人的なものすべてを抑圧の原理で説明することはできないとし、忘却などによってたまたま識閾下（意識下）となった要素と、のちの意識内容の萌芽である要素も個人的無意識の範疇に加えていた。いずれにしても集合的無意識と名づけられたものは、これらの個人的無意識とは内容もちがえば、同じ無意識層でもその潜む場所も異なると理解されるべきものであった。

　ユングはこのような集合的無意識がイメージや像となって知覚されるとき、それらがきまって太古の時代の古代的な性格をもって現われることから、はじめはその無意識を構成する諸要素を「根源的な像」、あるいは「原像」と呼んだ。しかしそれらがつねに同一でありつづけ、イメージや観念を湧出させる源、すなわち一定不変のものの原理として働いていると観察されることから、のちに「元型」と呼び、人間一般に生得の一つの心的器官(2)になぞらえた。元型を指して「器官」という生理学的用語を用いたのは、身体が外界の諸条件に適応した諸機能の体系であるように、心もまた規則的な自然現象に適応する体系にちがいないと考えられたからである。ユングはまたこの無意識の要素、すなわち元型を心の普遍人間的な部分、誰にでもある超個人的な性格をもつ「心の普遍的な基礎(3)」ともとらえた。

知覚され意識される元型

元型は、それを心的器官に見立てようと、心の基礎ととらえようと、その内容が具象的に目に見えるものでないことはもちろん、たとえ内容が存在するとしても、直接にイメージすることもできないものである。同じ無意識であっても個人的無意識が、たとえば「抑圧された要素」「忘れられた要素」より再生されにくいといったように、意識の抑制の強度によって差はあるものの結局は意識化されるのに対し、集合的無意識は無意識層の深部に潜在していて通常は意識化されることはない。したがって集合的無意識の内容である元型は「無意識」と同様、いやそれ以上にそれについて具体的に語ることのできない仮説としてうち立てられたところの抽象的概念である。

しかし、集合的無意識を構成する元型が、このように直接的に観察することができないものであっても知覚され意識化されるときがある。それはすでに述べたように、夢や夢想のなかでイメージや像あるいは観念となって現われるときである。それらイメージや像には事物の象徴性が付与されていて——それゆえ太古的、神話的あるいは宗教教義的なものと受けとめられる——、それを媒介にして、したがって間接的にでしかないが、無意識が意識にどのような影響を及ぼしているかが観察され経験されうるのである。もちろんその象徴性が何を意味しているかはすぐにわかるものではない。だが無意識が姿を現わすとき、意識へ及ぼす影響を充分に認識すれば、その内容を不完全ながら推測することができるのである。

ユングは、元型がこのように一定の条件の下では知覚され意識されるものであることから、無意識と同様に経験的概念として「実体化」した。それによって彼はのちに見るように、「無意識の心理学」の理論を基礎づけ、心の営みという立証されえない事象をとらえることに成功し、その本質を解明したのである。

ところで、ユングが無意識や元型という概念を実体化して用いた背景には、彼自身の思想上のゆるぎない立場があることを指摘しておかねばならないだろう。それは、すべての心的なものは「物的世界の実在性に一歩もひけをとらない実在の経験であり、その意識化である」[4]とする思想である。ユングはこの立場から、世界認識において〈事物における存在〉、すなわち意識の外側に事物の独立した世界が在ることを主張する実在論的な立場と、〈知性のみにおける存在〉、すなわち意識によって規定される存在が唯一の世界であることを説く観念論的な立場の先鋭な対立に対して、第三の世界認識として〈心における存在〉を主張したのである。[5] 私たちが直接的に生きているのは心が創り出した形象の世界のなかでしかないと説くこの考えに立てば、非物質性を理由に実在性が否定されるものでないことは明らかである。たしかに無意識や元型は非物質的なものを指示するという点では抽象的であるが、ユングにとっては二つとも経験に裏づけられるところの実体化が許される概念だったのである。

井筒にもどれば、彼が元型を深層意識の層で生じている事態を分析するための単なる心理学上の作業仮説とは見ず、普遍的本質として積極的にそれに実在性をみとめてシャマニズムの元型「本質」論を展開したことは前章で見たとおりである。

自律的、生産的な無意識

無意識の深層に集合的無意識の存在することをつきとめた当初ユングは、それは意識に単に反応するだけ、つまり単にそのときどきの意識状態に応えてそれに見合ったイメージを作り出すにすぎず、固有の主体性を欠いているという見方で臨んでいた。いわば集合的無意識というものに対し、「意識の心理学」の知識を当てはめて解釈したり、合理主義的な意図の存在を無理に探すといったようなことはせず、慎重な姿勢をとっていたのである。

しかし、恣意に左右されない心的活動であり「心の自然の産物」(6)にほかならない夢や、あるいは、その原因や経路や意図が多少とも意識され得る点で夢とはちがうものであるが、やはり無意識過程の産物である夢想の提供する材料を観察し分析を重ねるうちに、ユングは、無意識の働きが自律的であるばかりでなく合目的的であることに気づいた。無意識の過程にも意志特有のものである熟慮の上の判断や決断らしきものがみとめられたのである。無意識はなるほど意識から見れば副次的であるかもしれないが、意識の根本機能である思考・感情・感覚・予感といった諸機能をもち、心の営みにおいて意識と同じように主体として働いている。もはや意識に対する単なる反応にとどまっていると見たり、意識の反映ととらえるのは誤りであり、それどころか逆に無意識は自発的であり生産的な活動さえ行なっていると理解しなければならないと思われた。この経験的事実は、無意識のなかに意志行為に似た働きの存在があり、心の営み全体から見れば無意識という第二の心的体系の存在を仮定せざるをえないという見通しを導き出した。

ユングはこの見通しから、心《プシュケー》というものは意識と無意識という二つの対照的な部分が合わさって一つの全体になっているものと理解した[7]。したがって心的な過程や事象は、意識的なものだけではなく無意識的なものをも含み、これら二つの総体、全容であるととらえられることになった。そして無意識の心に占める地位については、それまでたとえばフロイトの見解にしたがえば、「意識的なこころ《ゼーレ》に付いている識閾下の付録」[8]としか見られていなかったが、あらたな把握では意識から独立している存在と考えられることになった。またその性格についてもフロイトによって「単に願望するのみ」としか評されなかったが、それだけではなく、現実の彼方に意識とは別の目標をもって絶えずみずからの内容の編成と再編成にとり組んでいると理解されることになった。

ユングは無意識のこのような性格をフロイトの言い方に倣って、「『願望する』ことができるだけでなく、自分自身の願望を取り消すこともできる」[9]と表現する。この意味を理解するには、心における意識と無意識という二つの互いに等しくない部分同士の関係がどのようなものであるかを知らねばならない。

「ある目標」をもつ無意識

ユングは、意識と無意識は異なった内容をもつ別の媒体ととらえたものの、観察し経験しうる心の働きから知られるかぎり、両者はかならずしも対立関係にはなく、むしろ互いに補い合って「人格」の統一性、全体性を形づくっているものと理解した。のちに見るように、この人格の全体性は人間の本性が本来目指すところの、ユングによって「自己《ゼルプスト》」と呼ばれたものであるが、この「自己」実現の過程のなかで無意識がある目標をもって意識に対して補償的に働いていることが明らかに見てとれたのである。さきに無意識が自律的であり生産的な活動を行なっていると観察されたのも、この目標が一種の指導機能を発揮して無意識内容の編成と再編成にとり組んでいるからであった。

それではその無意識のもつ「ある目標」とは何か。――ユングは、意識に対する補償機能が心の営みにおける無意識過程の本質的な特徴であることを指摘した上で、補償と目標の関係をつぎのようにいう。

意識的自我を補償する無意識過程には心全体の自己調節に必要なすべての要素が含まれている。個人的段階ではそれは夢の中に現われるが、意識には承認されない個人的な動機であり、日常見過ごしていた状況の意味や引き出せなかった結論であり、みずからは認めがたい情動、せずにすませてきた批判などである。しかし、ひとが自己認識とそれに応じた行為を通じて自分自身を意識すればするほど、集合的無意識の上に積み敷かれた個人的無意識の層はますます薄くなり消え失せていく。それによってもはやこせこせした神経過敏な自我世界にとらわれず、客体というより広い世界とかかわりをもった意識が成立する。このより広い意識は、もはや個人の願望や恐怖や希望や野望の神経過敏なかたまりなどではなく、客体、すなわち世界と結ばれた関係機能であり、それによって個人は世界との間に絶対的で拘束的な解きがたい共同体を形成するのである。この段階で生じる混乱はもはや利己的な欲求の葛藤ではなく、自分ばかりか他者にもかかわる困難である。つまり、この段階での問題は結局のところ集合的無意識を活動させずにいない集合的な諸問題なのだ。というのは、それらは個人的な補償ではなく集合的な補償を要するからである。そしてわれわれはここにおいて、意識が当の個人にとってのみでなく、ほかの多くの人々にとっても、それどころかことによるとすべての人々にとっても妥当するような内容を生み出すさまをみるのである。(10)

ユングはこのように、無意識の補償的な働きは心が行なっている自己調節の現われにほかならず、それには個人的と集合的二つの、それぞれ異なる性格の問題の解決に関わる段階があることを指摘する。個人的段階は、願望や欲求あるいは恐怖といった自我と深くむすびついた諸問題、いわば個人の「内面の歪み」の問題であるのに対し、集合的段階の方は、無意識の声に耳を傾けることによって視界の本質的な拡大をとげた意識が見る世界、すなわち「心の現象界」全般にわたる諸問題である。言い換えれば、私たちが人間の本性の回復(ユングのいう「自己実現」)を目指して内面を省察すればするほど、意識はもはや個人に帰属するような諸問題にとらわれず、「広い意識」となって人間存在を直視するようになるのである。この段階の諸問題とは、集合的無意識を活動させてとり組まねばならないような人間一般に共通する生の「困難」であり、したがってそれに対する補償は万人にとって妥当な解決をもたらすようなものになる。当然のことながらこの段階にあるとき私たちは、ユングが「自己認識とそれに応じた行為を通じて自分自身を意識する」といっているように、積極的に集合的無意識を意識化する努力を行なわなければならない。そうしてはじめて集合的無意識を一つの独自な世界、心的な客観的存在ととらえることができるのである。

ユングが右の文章で述べたことを、別のいくつかの文脈でやはり無意識の補償過程について言及している箇所を参照して、もう少し丁寧に見てみよう。

彼は、心全体の自己調節が、心の平衡を得ようとする人間本来の心の自然な働き、心の根源的な要請によるものであることを指摘する。心の平衡は人格の全体性を実現することによってはじめて達成されるのであり、そのためには本来人格の形成になくてはならない要素である無意識内容を意識へ完全に統合することが不可欠である。意識への統合は、個人的な段階であれば、意識には承認されていなかった動機や情動や批判などが夢や夢想のなかに現われることによって果され、意識の行き過ぎ、つまり「意識的な姿勢が一面に偏り、生の可能性の最適条件から遠く離れ」(11)てしまった状態は補償される。

しかし、心は経験のすべての領域からくる影響に反応するものであり、その実体は個人的なものや本能的なもの、あるいは社会的なものに限られず、世界全般の現象のうちに現われている。したがって補償の過程は個人的な段階にとどまることなく、より普遍的でより拘束力をもつ集合関係に向かう。この段階の諸問題は、もともと人間の本性と対立関係にはなかったところの、「本能的なコモン・センス」(「生の法則」にもとづいた知識や智恵)としての規範や基準が、本来の道徳性(意識的な道徳律とはまったく異なり、自然な生命現象としての心にそなわっている必然性)を失ったために生じるものである。それらは個体の、全体としての人格の統一性にもとづく生命活動を損ない、心の平衡を失わせて人工的にいびつな精神を生み出すような種類の問題である。(12) これが集合的段階の諸問題であり、したがって補償がなされれば、それはすべての人々にとっても妥当する内容のものとなるのである。

以上、やや錯綜した議論であったが、無意識の補償行為が心全体の自己調節の現われであり、意識とは別にもつ「ある目標」とは、無意識がみずからの願望をとり下げてでも目指そうとする心の平衡の実現であることが明らかとなったであろう。それでは心の平衡がいかに達成されるかというと、それは人間の本性が本来的に目指すところの人格の全体性の実現、すなわち「自己《ゼルプスト》」実現によってであり、そのためには無意識内容が可能なかぎり完全に意識化され統合されねばならないのであった。そのうち個人的段階の統合はいかにして行なわれるかはすでに明らかにされた。では、集合的段階における無意識内容の意識への統合は具体的にどのようにして果されるのであろうか。――ユングはそのためには、まず何よりも私たちが無意識層の奥深くに潜在する元型の存在に触れ、それを現実のものとして受けとめることをもとめる。

元型の生起する条件

無意識の補償行為は結局、意識の視野を支配しているものと、無意識の闇のなかにあるものとの「心の葛藤」の過程である。ユングが心的な過程の本質ととらえたこの「葛藤」のうち、個人の意識の強制と欲求（願望）との不和の関係が個人的段階における問題であった。それに対し無意識界の深部の暗闇から押し上がってくるものとの不和がもたらす困難が集合的段階の問題であった。この深部の暗闇から立ち現われてくるものは、自然な生命現象としての心の根源的な要請から生れるところの、したがって意識にとって「あたらしい理念」であり、集合的無意識の内容である元型の現象形態にほかならない。

ところで、元型は一定不変のものの原理としてイメージや観念を湧出させる源であった。そしてこの産出力の源泉は個人的なものを超えた何かであるととらえられたが、それが心の平衡の実現に関わることがわかったいま、無意識内容がどんなに意識に統合され同化されても、元型の「あたらしい理念」を産む能力は、内在するエネルギー――ユングは心的過程をエネルギーという物理的概念を導入して説明する（二一七〜二一八頁参照）――によって動機づけられて、けっして止むことのないものであることは容易に理解されよう。しかし元型は、同じ補償過程でも個人的無意識が活動すれば事が済むような段階では浮上することなく、単に可能性として心の奥深くに潜在しているだけである。ユングはそのような元型を「可能的現実」と呼び、「考えるであろう思想、行なうであろう行為、あるいは明日歎くであろう運命」(13)であるという。さらにこれを言い換えて元型を、「今日」を「昨日」に還元するところの根本体験であり、「明日」そうなるであろう可能性(14)であるとも評し、また人類の根本体験の獲得物として心の奥深くにしまわれた知識と智恵であり、もとめられれば知覚と行動に先験的なパターンを与える可能性として働くものであるとも述べる。要するにユングは、元型というものは無意識のもっとも深いところに潜在していて意識されることはないが、心の現実《リアリティ》にほかならないといっているのである。

それでは、このような元型が活性化し意識に知覚されるのはどのようなときだろうか。――ユングは、それは一定の元型に符合する状況が発生したときであるという。元型に符合する状況とは、のちに見るように、布置されている諸元型が相互に意味ある連関をもつようになる状況を指すが、それは肉体的な危険にせよ、心に対する脅威にせよ、元型を回顧しその知識と智恵に学ぶことなしには己の魂の危急を救うことができないような心理的状態のときに生じるのである。シャマニズムの世界に即していえば、見えざる世界、すなわち神々や精霊が棲《す》む世界によって引き起こされる危機的状況、なかんずく死と病に直面したときの魂の危機がこれに該当するであろう。

ユングが「元型的状況」と呼ぶこうした状況がどのようなものであるかは、ここではとりあえず、彼が現実の体験に照らして次のようにいっていることからおおよその感じをつかむだけで充分であろう。

　不安な窮地に立たされたときにはわれわれは、つねにわれわれ自身に対して（でなかったら誰に？）「いったい私はどうしたらいいのか」と大声にしろ、小声にしろ問いかけ、そしてわれわれ自身（でなかったら誰が？）それに対して答えるものである。われわれは、自分たちの存在の根底にあるものと近づきになろうとしているのだ。(15)

つまり「元型的状況」とは、おのずと内なる声に耳を傾けて救済をもとめ、生にあたらしい方向を得ようとせずにはいられないような魂の危機の状況である。たしかにこのようなことは私たちが困難な生に立ち向かうとき現実に経験することであり、それゆえ私たちはときに深刻な夢を見、ときに心は夢想に占拠されるのである。

第三章　心的過程が顕現するもの

私たちはユングのいう「元型的状況」が、集合的無意識が活動し、とり組まねばならないような魂の危機の状況であることを知った。このことはただちに私たちに、北アジアの人々が天界との接触なくしては切り抜けられない困難と危急のときに、シャマンの助けを必要とした事実を思い起こさせるであろう。困難は死やその他の不幸によってもたらされるものであった。それが元型的状況であることは、説明を待たない明らかなことであろう。シャマンは同族の仲間がこのような状況に陥ったとき、彼らの困難と危急を己のこととして身に引き受けるのである。そのときシャマンの意識に元型がどのように生起し作用を及ぼすかを問うことは、ひとりシャマンの内的過程のみならず、私たちの心的過程の本質を問うことになろう。なぜならば、たしかにシャマンは入巫式においてあらたな存在様式を獲得した点で一般の人々とは異なるが、その「様式」は本来人間が普遍的にもつ心的能力や過程を最高に開示しているものだからである。そして、その心理学的事実が明らかになれば、本書の、シャマニズムの実在性を明らかにするという目的が達成されるであろう。そこで以下では、「元型的状況」が実際に生じた場合を前提とし、そのときの元型の心に及ぼす作用について、少しくわしく見ていくことにする。

生命基盤に根ざす元型

活性化し生起した元型は、それに内在するエネルギーによって意識領域にまで浮上する。その浮上にともないそれまで優勢であった意識的態度は後退し、それにかわって無意識が、心全体の自己調節という志向性をもって意識内容の形成に介入する。ユングは、この元型の意識領域への侵入が意識の側でどのように知覚されるかを、ほぼつぎのように説明する(1)。

意識は元型の侵入をはじめは予期していなかったもの、恐怖を感じさせるほど渾沌としたものと受けとめる。それは、元型には本来自己実現の衝動からくる自動性という強迫的な性格がそなわっており、元型的状況ではそれに由来する強制力が発揮されて、あらゆる道理にも意志にも逆らって意識内容の形成に介入するからである。しかし、無意識が自発的でありときとして意識に対して主導権をとることができるものであっても、その働きは本質的にはただ心の全体性の実現への衝動でしかないものである。この衝動的な性格はつまるところ、意識の抑圧的態度に対する反作用であって、それゆえやむなく「感情的」なやり方で一種の「症状」として現われるしかなかったのであり、抑圧によって意識から転位した心的エネルギーの蓄積がしからしめるものである。

ユングはこの衝動性を評して、元型は本能と同じように振る舞うといい、また実際に集合的無意識が本能と明確なむすびつきをもっていることを強調する。その背景には、心の営みというものがそもそも生命活動にほかならず、本能に深く関係しているという認識がある。彼はつぎのようにいっている。

観察し経験しうる心的過程がいずれもなんらかの意味で有機的な基盤と結びついている事実は、心的過程が有機体の生命活動に組み入れられていることを、したがってそのダイナミズムすなわち本能に関与している、あるいはある意味では本能活動の結果であるということを示している。(2)

元型が生起し浮上するとき、本能と同一の様相を呈することについて、ユングはまた別の根拠からも説く。それはさきにふれた「能動的想像」(二七九頁参照)というプロセスで見られた形象原理としての無意識の働きに関係することだが、そこにおいて観察された形象の中心化の現象、すなわちはじめに現われた多様なイメージや像が最後には四者構造へと向かっていった現象が、まさしく本能のもっている状況全体の配置図つまりイメージにもとづく行動と同じであり、二つの間には何の違いもないことを指摘する。ユングはつぎのようにいう。

元型は、意識内容の形成に介入してそれらを調整し、修正し、動機づけるという意味では、本能と同じように振る舞う。それゆえこれらの動因〔つまり元型〕が本能と関係していると仮定してみることができるし、また見たところこの集合的な形式原理を表わしている典型的な状況イメージがそもそも結局は本能の配置と、つまり振る舞いのパターンと同一ではないのか、と問うてみることができよう。(3)

ユングがこのように、無意識に内在する形式原理によって展開されるイメージが、本能の「振る舞いのパターン」と同じであることをことさらのように強調するのは、無意識内容と本能領域とのむすびつきが明らかにされなければ、元型の本質の一側面である生を駆動するものとしての性格――ユングはこれを「生の元型」と呼ぶ――について何も語ることができないからである。

ところで、ここであらためて本能とは何かと問うことは、元型のこの「生の元型」としての性格をよりはっきりさせるために無益ではないだろう。ユングは本能がどのようなものか定義するのは不可能としながらも、それは生物の種ごとに固有の形で存在するものであり、人間の場合ならば「種として」の人間の生理的・生物学的獲得物であるという。そのような本能は生理的激情として人間を何かへ駆り立てる存在、すなわち駆動力として体験されるものであるが、しかしけっして無定形のものではなく、あらかじめ行動に先立つ状況の配置図すなわちイメージをもっていて、それによって行動を動機づけ基礎づけるものである。この事実はいろいろの動物の生態に観察されるとしてユングはいくつかの例を挙げているが、ここでは彼が葉切りアリを例にとって説明していることに少し内容を補足して、その生得的な行動パターンを見てみよう。

葉切りアリは新鮮な植物の上に自分たちの食用にする菌類を栽培する能力をもつアリの仲間である。葉や花弁の断片を切り取る作業から、それらの断片から植物性ペーストを作り、その上に菌糸を植え付けて育ったキノコを刈り取るまでの一貫した「農耕」を、ほとんど奇蹟に近いほど細かく正確な手順でやり遂げる。葉切りアリの本能には、作業を分担するためのカーストの形成、それら個々の集団の自己認識、採集の対象となる草木の葉や花弁の選択、異なった工程に見合ったサイズの葉の切断、決められた場所への運搬、さらに菌糸の温床の管理などキノコの農耕に必要なあらゆるイメージが詰まっているのである。(4)

この事例は、本能が「種として」のあらかじめ決まった特性をもつイメージで充たされており、それらイメージが先験的な型として実際の行動の引き金となり基礎となっていることを如実に示しているといえよう。ユングはこうして、少なくとも生理学的に理解できる本能によって、元型という立証しえないものの「振る舞い」の様相と、生を駆動するものとしての性格を明らかにして見せたのである。

ユングは、このように元型の作り出す状況イメージが本能の状況の配置図と同様、私たちの行動を動機づけていると観察されることから、さきに述べたように集合的無意識が本能とはっきりしたむすびつきをもつものと結論づけた。そして心的過程というものが、本能という基礎がつかさどるほとんど変化しない自動的な部分を基盤としているものととらえた。このことは、のちに見るように心的過程全体が心の発達の過程と理解されるなかで、元型の生起が心のそもそものはじまりであり、それは本能と同じ基盤から生れることを意味する。それはまた心的過程が自然な生命現象にほかならないことを示しているのである。

「心的」な領域を超える元型

ユングは、元型の浮上するときの様相がこのように本能的現象として現われる一方で、不可解な「霊的なもの（ヌミノース）」としても顕現する事実をも摑んだ。意識の側で、元型的イメージが神秘的な性質をもち、ときに心を呪縛するような魅了する力として受けとめられているのであった。

この心的現象は、霊的存在（ヌミノース）が一体何ものか合理的には認識できないため、充分に定義したり説明したりすることができないものである。ユングはその霊的存在の性質を評して、目に見えるある客体のもっている性質の影響か、もしくは目に見えないが意識に独特の変化をもたらすある何ものかの影響によって生じるものであるという。そのどちらであれ、それは人間の外部にあると感じられるものであり、超自然的なものとして体験され、人間を圧倒し恐怖や畏怖といった感情を抱かせると同時に、他方で魅惑や尊敬といった反対感情を生み出す。ユングはこのようなものを魔術的と呼んではその本質を見失ってしまうことから、霊的もしくは神的なものと呼ぶしかないという。

いずれにせよこの不可解な「霊的なもの」は、「しばしば途方もない情熱と容赦ない徹底ぶりによって、自らの目標へとせき立てたり主体を呪縛したりする」(5)ことから、ユングは元型が本能を体現する一方で、その生理的な性格とは正反対の精神的な働きを繰り広げるものととらえた。そしてこのように本能的な衝動と「霊的なもの」という二面性をもった元型が意識領域に侵入したあとの足取りについてつぎのように説明する。

意識領域にまで達した元型は本能とは別の動因をもった意志の影響下に入る。そこにはさきに述べた意識内容の形成に介入する元型の姿がある。しかしこれを本能との関係で見たばあい、そこで生じていることは、有機的‐物質的基盤に根ざしているときは「内的な近親関係」にあった元型と本能の対立的な分離である。本能はなによりも生理学・生物学的なものであるために意識の影響、なかんずく思考の作用を受けて方向を変えさせられてしまうのに対して、元型は、内在するエネルギーによって本能のなかに隠されている目的を顕わす方向に向かう。つまり元型は、意識領域のなかで本能とその強制力から解放されると、自発的な運動と活動の原理として意識内容の形成に関与する。このとき、その動因となるのは本能に隠されていた目標、すなわち心の平衡の達成という目標にほかならない。元型は意識の影響を受けながらも同時に、それに作用を及ぼしながらその目標に向かって働くのである。意識領域における元型のこの働きは、感覚的知覚を超える自由なイメージすなわち元型的イメージを生産し、また、それらイメージを自律的に操作する形で行なわれる。そして最終的にはもはや「心的」と呼べない領域へ移行し、精神的形態と呼ぶべき水準に到達する。

ここで、ユングがさきに元型が精神的な働きを繰り広げるといい、いままた、心的過程で最終的に到達した水準が精神的形態であるといったときの「精神《ガイスト》」について、ひとことふれておかなければならない。ユングは、「精神《ガイスト》」は合理的に認識することもできなければ、まして外界のどこにもその存在を証明できないものであるが、まぎれもなく一つの心的現象であり、現前する実体としてとらえうるものであるという。彼はまたこうも述べる。「精神」は、神々や精霊あるいは幽霊と同じように心的経験の対象であり、「その最高のまたもっとも普遍的な段階にあるものが『神』と名づけられ[6]」、ときに生命をもつと想定されるものである。つまり彼は精神というものを、別の世界に属するものであるにもかかわらず、やはりその実在が経験されうる心的現象であると理解したのである。

ところで、ユングが「精神」とは何かを論じて、その最高かつ普遍的な段階にあるものが「神」と名づけられるといったとき、それはいかなる宗教的信仰の対象としての神も意味していない。ましてキリスト教におけるように、真の実在と観念される神を指すものではない。心のなかに存在する全体性の元型、すなわちのちに述べる「自己《ゼルプスト》」から、意識的な意志の働きとは無関係に現われる「神のイメージ」である。つまりそれは人間の魂の全体性、全一性への希求が夢や夢想、あるいは幻想のなかに「神のイメージ」となって現われた無意識の産物であり、「意識的な神概念とは無限に異なる[7]」ものである。したがってそのイメージは時代と地域を越え人類に普遍的な、それゆえ類似した形態と観念をもつ。この人間の本源的なものに根ざして顕われるものをユングは「神」と呼んだのである。その観念を具体的に理解するためには、私たちは第一部でモンゴルの人々の天神《テングリ》信仰について見たことを思い出すとよいだろう。天神の観念は無限の天空が超越性、聖性を啓示したところに生じたのであった（第一部第一章、第二部第三章参照）。ユングがいう「神」は、まさにこのシャマニズムにおける神の観念に見られるものである。そしてまた彼が「神性」といい「神的なもの」というとき、それらは聖なるもの、あるいは霊的なものの顕現という意味を超えるものではない。

いずれにしても、ユングがみずからいうように、「精神」についてはわずかなことしか語れないが、多少とも確実にいえることとして、彼はそれが心《プシュケー》のそもそものはじまりの萌芽のなかに意識に先んじて必ずある自律的な原像、すなわち元型に基づいている心的現象であり、したがって人間の本性が本来目指すものであることを強調する(8)。

こうしてユングは、心的過程に、さきの本能という基礎がつかさどる「ほとんど変化しない」部分とは別に、今度は心の発達の到達水準として「心的」領域の彼方に精神的形態を想定した。このことによって心的なもの、心的過程というものが一貫して元型の作用の過程であり、本能領域から精神領域までの心の発達過程であることが理論づけられたのである。

こころに類似した領域

ところで、有機的‐物質的基盤に密着した本能の領域に生起した元型が、最終的に精神的形態に到達する心の発達過程において、ユングが括弧付きで呼んだ「心的」領域について、それが何を意味するのか少し説明を要するであろう。ユングは「心的」という語の解釈として、私たちがふだん心の動きを「好んで心的なものと表現し、また心的なものであると感じる(9)」ように、その程度の感覚的な理解でよいといっている。つまりそれは私たちがふつう心に感じたり思ったりしている過程――こころ《ゼーレ》の過程――なのである。では、なぜわざわざ括弧でかこって「心的」と呼び、この領域を想定する必要があるのだろうか。――それは、同じ生命現象であっても明らかに生理的な性質をもっている本能領域と対照的に区別し、その一方で精神的領域とも区別する必要があったからである。つまり一つの全体である心的過程を、意志の作用を受ける領域（「心的」領域）と、意志の作用の及ばない領域（本能領域と精神的領域）とに分けることにその狙いがあったのである。もちろんこの二つの領域は線を引いたようにきれいに分けられるものではなく、意志の作用の及ばない領域に接して、明らかに「こころに類似した」働きを示している領域が存在する。そこでユングはこの領域をあらためて「類心的《プシコイド》」と呼んだ。「類心的」領域はしたがって一つは「心的」領域と本能領域の間に、もう一つは「心的」領域と精神的領域の間に想定される。

ユングは「類心的」という語を好んで使うことをみずからみとめる。それは、この概念の導入によってはじめて、意志の作用の及ばない領域の超越的な性格を考察の対象とし、心的過程をその本来の全一性において理解することが可能となるからである。ユングはこうして自我意識のみならず、無意識自体のもつ意志行為と表象活動を含むところの、およそ意識的と呼べるすべての過程である「心的」な領域と、意志の強要も影響もほとんど受けない「類心的」な領域の二つを措定し、さらに「類心的」領域を一方で有機的‐物質的基盤へ、他方で精神的領域へ橋架けることによって心的過程というものを自然と宇宙とに結びつけ、客観的時空連続体のなかに位置づけたのである。

このあたらしい把握は、私たちのいままでの心的過程に対する理解に根本的な変更をもたらすものであろう。私たちはすでにそれが意識世界と、無意識の生むイメージ世界とからなることを教えられていたが、そのことに加えていまや、広大な未知の領域とつながり、自然法則的秩序に従うと同時に、それを「非自然的」な状態へと変化させることのできる生命活動であることを知ったことになる。ユングのこの心的過程の把握は、私たちの心というものが宇宙の一部であり、宇宙とつながっているがゆえに本来創造的想像力に充ちたものであることを教える。私たちはこの理解が、物質や観念にのみ存在をみとめる世界認識の描く、一面的で非生命的な世界といかに異なったものであるかを知って驚くであろう。

心的過程に対するこの洞察は、ユングを中世の神学や占星術や錬金術に現われる自然哲学の研究にうち込ませた。彼は中世の思想家が宇宙に遍く存在する魂《アニマ》の放射する火花を神の霊、神の似姿、宇宙魂、あるいは自然の光などと呼び、その光を人間が生れながらにしてもっている《内にあるもの》と理解したことに、元型の霊的な性質のもつ《明かり》に対応するものを見た。そしてすでに彼らが元型的理解に手が届いていたことを指摘する。このことはきわめて興味深いことであるが、本書の目的から外れるのでこれについては立ち入らない。ここではこの宇宙魂の観念に通じるあたらしい心的過程の把握が、これもやはり元型に符合する状況下での出来事にほかならないシャマンのトランス状態における他界経験の真の理解にむすびつくことを示唆するだけで充分であろう。

私たちは元型とは何かと尋ねて、シャマニズムから遠く離れてしまった観のあるこの旅——ユングの理論を辿る旅——をそろそろ終えなければならない。ただしそれには、無意識の生むイメージ世界を体験した者が、その世界でどのような存在として己を知覚したかを明らかにすることが、まだ課題として残されている。

前意識的な元型

私たちは心的過程が一貫した元型の作用の過程であることを見てきた。このことは心を構成する対照的な二つの部分としてとらえられていた意識と無意識が、じつは互いに相対的なものでしかないという事実を明るみに出す。人間意識を表層と深層に分けることが記述上の便法にすぎなかったように、意識と無意識の二つを、感覚機能の生理学的概念である「識閾《しきいき》」をはさんで区別することも、心理学的作業の要請であってその区別が絶対的なものでないことは今まで述べてきたことから明らかであろう。もっともこの両者の相対性はとうに経験的に知られる事実であった。

ユングは識閾の境界で無意識が意識と頻繁に入れ代わっていると観察されることから、まず無意識の相対性を強調した。この境界層で起きていることが、無意識がときに「下意識」と呼ばれることがいかにも正当——意識に比べて劣等であるという響きをもつことは別にして——と思えるほどその相対性、つまり識閾の境界では意識的なものであることを示しているというのである。そして相対的であるのはじつは無意識だけではなく意識もまたそうであることを指摘して、つぎのようにいう。

意識もまた同じように相対的である、なぜなら意識の範囲内には意識なるものがあるのではなく、あらゆる強度の意識段階があるにすぎないからである。「わたしがする」ということと、「わたしが自分はなにをしているかを意識している」ということのあいだには、天と地ほどの隔たりがあるばかりでなく、ときには明白な対立さえみられる。それゆえ意識には、その内部で無意識が優勢なものもあれば、意識が支配権をもっているものもある。この逆説はわれわれが、完全に意識的であるといいきれる意識内容などない、ということを納得すればすぐに理解できる。なぜならばそのためには考えも及ばないほど全体的な意識が必要となろうが、そのような意識は、同じように考えられないほどに全体的な完全な人間精神を必要とするからである。そこでわれわれは、意識内容は別の観点からみれば無意識的である、という逆説的な結論に達する。おそらく無意識的な心についても同じであり、これも同時に意識的であるかもしれない(10)。

ユングはこのなかで、もともと完全に意識的であるといい切れる意識内容などないと断定的にいう反面、無意識についてはときに意識的であることを推定するにとどまっている。これは、それが自我とまったくむすびつきがないためにその内容をそれと示すことができず、その性格について私たちは夢や夢想に現われたイメージや像、あるいは観念から間接的にしか知ることができないからである。一方、意識の相対性については、ユングは別の箇所でもっと踏み込んで、意識のそもそものはじまりが無意識領域にあることから論じてみせる。彼は、今日意識とむすびついて働いているとされる思考・感情・感覚・予感といった心的機能はどれもかつては意識の範疇にはなかったという。それなのになぜそれらが「ほとんど意識的であるかのような働き(11)」をしていると思われたのか、それはほかでもなく、無意識内容の奥深くに潜在する元型がそもそも前意識的なものだからである。そしてその前意識的な性格は、元型が心のはじまりのなかに意識に先んじて必ずある自律的存在であり、したがって意識の基礎にほかならないことに由来するという。ユングは、「人間が生み出す（あらゆる）心的現象はどれもすでに前もって自然な無意識状態のうちに存在していた[12]」と説き、心的なものはその大部分が無意識であり、あらゆる面で意識をとり巻いていると主張する[13]。

さて、今まで無意識的なものとは対照的な存在と思われていた意識が元型に還元されるというこのあたらしい理解は、一つは、心的過程というものの全体が、本能的基盤に生起した元型の作用であることをあらためて認識させ、もう一つは、私たちが直接的に生きているのは畢竟元型が作り出す形象の世界以外の何ものでもないことを思い知らせるであろう。それでも意識は自我とむすびついているから、私たちは意識世界では意識的人格として存在する。それゆえその領域における元型の作用は一方で自然な本能的な衝動の現われとして、他方で「霊的なもの（ヌミノース）」の顕現として受けとめられもするのだが、自我意識とむすびつきのない無意識の世界では、元型の作用はどのように受けとめられるのだろうか。以下では、人間意識のみならず人間存在そのものを真に理解する上で欠かすことのできない、この問題について紙幅を割くことにしたい。

無意識の世界の経験

元型それ自体は、それと示すことができるような内容も具象的な形ももたないが、夢や夢想のなかでイメージや像あるいは観念として現われるとき、その象徴性を媒介にして意味内容を開示するものであった。ユングが、それら元型の具象化されたもの、つまり意識されうる内容のなかに、神話的モチーフや宗教的象徴性をそなえたモチーフの存在をみとめ、元型の太古的な性格、古代性を指摘したことは前に述べた。

古代性とは、原始的な心的態度に見られるものを指し、それは何よりもまず主体と客体の同一性によって特徴づけられる。すなわち現代の合理的知性に見られるような、主観と客観の意識的で明確な区別なぞは存在せず、自分と他者、自分と事物との区別が充分になされない状態である。このような根源的な主客同一性は、思考と感情が必ず具象的なものになるという特性をもたらす。つまり思考や感情はけっして抽象的にではなく、具体的な物質的現象と感覚によって呼び起こされた体験内容と深くかかわる形で表出されるのである。古代性はこれら以外に、忘我状態のような容易に自己規制能力を喪失する傾向や、思考と感情、感情と感覚などの心的機能同士が未分化であるといった特性などとしても現われ、こういった諸々の特性が元型の現象を特徴づけているのである。

ユングは、元型的イメージに見られるこういった諸特性から、元型というものは、太古の薄明の時代にさかのぼる人類の長い歴史における経験の獲得物であると理解した。つまり元型とは、人類が、身体に迫る危険にせよ、心を脅かす威力にせよ、幾度となく繰り返されてきた典型的な状況を体験した結果獲得したものであり、そういった状況における経験の数に対応して同じ数だけあり、その総和ととらえたのである。それらのうち根源的なものは、およそ考えうる霊的存在のなかでもっとも重要な祖霊に関わる体験や、成長するに伴い両親にかわって登場する異性のイメージに対する心的な体験、また精霊や妖魔《ジン》などの魔力をもつ人格に対する体験など、強大で感動的、神秘的なイメージに満ちた諸体験である。そしてそういったものが繰り返し体験された結果、心の構造に刻み込まれ、先験的な知識や智恵となって心の奥深くに沈澱しているのである。

このように先験的存在として把握された元型をユングはまた、意識の作用をまったく受けていないという意味で純粋な自然であり、未知なものを包括し、意識の世界の道徳律で判断されるような真偽や善悪を超越した普遍的な真実であると理解した。したがって元型からなる無意識は、物質的世界を解釈する数字や空間や時間を相対的に超越しており、それゆえ無時間の一般的な心、普遍的・超個人的な心と見做され、意識とはちがったやり方で心全体の働きに作用しているものととらえた。

ユングはこのような質的にのみ特徴づけられる元型からなる無意識の世界がどのようなものとして経験されるか、言い換えれば、意識から独立して客観的な現実としてあるその世界のなかで個体（個人、ひと）がどのような存在として在るのか、つぎのように描写する。

集合的無意識とは個人的な心の仕組みが顕わにされたものでは絶対にない。それは全世界へと拡がり、全世界へと開かれている客体性である。その中で私はあらゆる主体にとっての客体であり、それは私がつねに主体であって客体を所有しているというような通常の私の意識とは正反対の状態である。そこでは私は世界との直接無媒介の一体感にはまりこんでいるので、私は現実には誰であるかをあまりにも簡単に忘れてしまうほどである。「自分自身の中へ迷いこむ」という表現が、この状態をぴったり言い表わしている。しかしそのばあいの「自分自身」とは世界のことである。というより、意識が「自分自身」を見ることができるならば、それが世界だ、と言うべきである(14)。

ユングは、集合的無意識を「全世界へと拡がり、全世界へと開かれている客体性〔客観的現実〕である」と形容しているが、この「世界」はさきに少しふれたように、意識と無意識を包括し、その全体性の中心に「自己《ゼルプスト》」と呼ばれる平衡点が仮想される世界である。つまりユングは集合的無意識がほとんどその「世界」と同じ広さをもつ経験領域だといっているのである。

無意識世界の広大さはまた、意識世界の狭さと対照しても強調される。ユングは意識というものが現在という限られた時間と空間に対する反応と適応の現象であり、したがって心の一部にしかすぎないという。それに対して集合的無意識は、「心理的、生理的および物理的性質のきわめて一般的な、つねに存在する条件への反応(15)」であり、意識をも包摂しているものととらえる。この発言の意味を知るには、心《プシユケー》というものがどのようなものと理解されたかを思い出さなければならない。それは、意志の作用を受ける「心的」領域だけからなるのでなく、生理的な本能的基盤に根ざし、さらには「類心的」領域が橋を架ける有機的‐物質的基盤と、また他方では精神的領域ともむすびつくものであった。このことを踏まえれば、無意識というものが、客観的時空連続体の世界への反応と適応の現象であることが理解できよう。したがってユングは無意識は個別的ではなく普遍的であり、瞬間的ではなく永続的な条件への反応だというのである。

さきの文章にもどると、ユングはそのなかで、このような無意識の世界と個体との関係を描いて、「わたし」(個体)が、「このうえなく直接的に世界と結ばれ」たことによって、意識世界におけるのとは正反対にすべての主体の対象となっているといっている。これはつぎのように理解することができよう。すなわち、「わたし」がむすばれた世界は、無意識の根源的同一性の世界、つまり古代性という観念でとらえられたところの、主体と客体の明確な区別のない世界である。そこでは意識世界でつねに主体であった「わたし」も、客体であった他者や事物も、ともども存在資格において同一であり、いやむしろ「わたし」は客体のひとつ、つまりすべてのものの「対象」となって生かされているということである。

さて、世界の断片のような狭い意識世界でさえみずからについてきわめてわずかなことしか知らない私たちが無意識の世界を知覚し意識したとき、そこに一体何を見、何を経験するのだろうか。――ユングはまず私たちが、比喩的表現で多少ともいい表わされるのみであって、到底知ることのできない永久に未知のものを包摂している無意識の世界に呼び出されていることを指摘する。そしてそこで見るのは、意識の世界でこそ主体であったかもしれないが、いまや客体でしかない自分であり、無力と無能を思い知らされる姿であるという。ユングはこの世界を体験したときのありさまを——患者の診断・観察を通してだけでなく、おそらく彼自身の体験でもあったろう——つぎのように描いてみせる。

私たちは、生の激動の状況のなかに置かれ、あてどのない体験に巻き込まれて途方にくれる。意識世界では有効であったあらゆるカテゴリーを用いる判断も、意味付与も、ここでは無力であり、誰かがどこかで陰ながら救いの手を差しのべてくれはしないかというわずかな期待も空しく砕かれ、全面的な敗北に打ちひしがれている。私たちは無意識の深淵の絶望のなかにいるのである。

しかしユングは、このような絶望を知ることによってはじめて元型を体験する可能性が与えられるという。そのとき私たちは、元型がもはや生の元型ではなく、単なる衝動的なもの、無意味と思われていたもののなかに隠されていた意味深さを顕わして現前していることに気づくのである。[16] ユングは、恐ろしさに耐えて無意識の世界の深淵を覗き込む者、つまり無意識と対峙するという困難な仕事に立ち向かう者のみに、こういった体験、すなわち元型の「現前」を経験することが許されるという。

現前する元型

元型は、人類の長い歴史において繰り返されてきた典型的な状況における根本体験が心の構造に深く刻まれたものであった。ユングはそのような体験は、自然や宇宙との深い関わり合いから生じ、したがって元型は「啓示という原素材から作られ」たもの、つまり「はじめての神体験を写しとったもの」

であり、それゆえ元型は「つねに人間に神性を予感させる」[17]のであるという。

彼によれば、私たちはそのような元型に二つの方法で触れることができる。一つは、かつてそうであったように、いわゆる「未開」人の種族の伝承や神話や宗教の教義、あるいは昔話のなかにそれを探しもとめることによってであり、もう一つは個人の夢や夢想のなかに見出すことによってである。

部族伝承や神話や教義に現われている元型のさまざまな形態は、集合的無意識がまだ心理的なものではなかった太古の時代に、魂の奥深いところに棲む何か得体の知れない、だが圧倒的な力をもつ生きものの存在が知覚されたとき、それらが心の外の宇宙空間に投影されたものである。人類はそのような気味の悪い生きものから自分を護る呪術的な強力なイメージをもたずにはいられなかったのであって、それらイメージによって、心に巣食う生きものは、神々や精霊として自然現象へ移し置かれ、人々は護り癒されてきたのである。だが、いったん投影されると、それら自然現象は今度は客体となって心のなかにとり入れられ、無意識的空想の対象となる。たとえば、夜は蛇と冷たい亡霊の息吹と化し、朝はうつくしい神の誕生を意味するといったようにである。天空や太陽は神、月は変転する夜の体験や狂気であり、荒れ狂う暴風雨や雷鳴は怒れる神となる。早瀬のような危険な渡河点には龍が、荒野や洞窟には妖魔や悪魔が、海の底や渦巻きのなかには魔女や海蛇が、それぞれ棲むと考えられるようになる。こういったように、自然現象は感動によって引き起こされた空想的変形の形をとって心に投入され、無意識の要素となったのである。

感動的な空想を呼び起こすものは、自然現象のような物理的な外界の条件に限られない。生理的な諸条件と心理的な外界の諸条件も感動を引き起こし、対象を空想化する。たとえば性欲は豊饒の神でありときには好色な女の魔神となり、飢餓は食物を神々に仕立てる。心理的な条件としては、病気や死といった判断もつかぬ出来事は、見えざる世界の存在者の仕業にちがいないと思われ、強力な祖先の霊や神々は、偉人のなかに生きているものととらえられたのである。これらもすべて「神体験」である。

このように原始古代世界や現代の古代的世界では、それが自然‐物理的であれ、生理的であれ、また心理的であれ、感動的な空想を呼び起こす諸条件はすべてアナロジー（類比、類推）によって表現され、それら表現されたものが投影された宇宙空間から今度は心にとり入れられて無意識の空想の対象となり、アナロジーそれ自体が魔力をもち意義深いものと信じられるようになったのである。

しかし、とユングはいう。神話や教義などのなかに表現された元型はいずれも歴史的に生じ作り出されたところのいわば定式であり、もともと意識の処理が加えられ判断と評価の影響をこうむっているものである。それゆえ避けがたい意識の発達とともに元型が対象との意味連関を失うのは宿命であり、事実今日では、神話を構成したイメージや教義の象徴がもっていた魔力と意味はかつてないほど貧困化し、もはや神聖を感じさせるものなど何一つとしてない。それに対して夢や夢想に現われるときの元型は「自然」の表出の形をとって無媒介に出現し、それだけ私たちに神性を、目に見えないものの現臨、霊的存在（ヌミノース）を予感させる。すなわち、人間意識の無意識層に潜在していた元型は、夢や夢想の原始的な類比的《アナロジック》な思考方法によってよみがえり、直接的な、太古的なイメージに対応した象徴的な表現の形のなかに、神性を感じさせるものとして現われるのである。

ユングは、元型が具体的に示そうとするものがより普遍的なものであればあるほど、夢や夢想に現われるイメージや像はいっそう素朴でありいっそう理解しにくく、いっそう神秘的であるという。そしてその素朴さのなかに、生と生をとり巻く世界のあらゆる多様性と豊かさが内包されていることを指摘する。そこには人類の始源からのさまざまな体験に対応して、「生の法則についての優れた知識をもっていると思われるほどの秘密の意図」[18]が隠されているのである。したがってもし私たちが、この無意識のなかに存在する「霊的なもの」が現前したときに、以前は一顧だにしなかったその発言に耳を傾け細心の注意を払うならば、それらが現実の生の諸問題に対して「役に立つ力」として目覚め働くことが約束されるだろうという。言い換えれば、いままで「生の元型」、つまり生を駆動するものとして私たちの行動を動機づけてきた元型は、私たちが真剣にそれらと向き合うとき「意味の元型」となって行動を導いてくれるのである。ユングは、そのとき元型は偶然的、孤立的ではなくすべての主体とむすばれて永遠の事象の流れのなかに、すなわち超時間の必然の関連において現われ、私たちの困難は世界の困難に移しかえられ、治癒されるだろうという。

第四章　シャマンの世界

私たちは二つの章を費やして、ユングが「集合的無意識」とその要素である「元型」という心理学上重要な概念を発見し、心的過程の構造とその本質を明らかにしたことを一通り見てきた。ユングが明らかにした多くのことは、私たちを人間意識だけでなく人間存在の理解へも導くものであった。なかでも心が自然と宇宙に感応する体系であり、無意識のこころ《ゼーレ》が内的実在《リアリティ》の元型的な現われであると説かれたことは、意識のみに人間精神をみとめる考えに根本的な変更を迫るものであった。それはまた当然のことながら、シャマンのトランス状態における意識と、そのとき体験する世界の本質を明らかにする可能性を示すものであった。

そこで、あらためてこの章で、さきに第一部で『元朝秘史』の記事にもとめ、第二部では民族誌的事実資料に拠って見てきたシャマニズムの諸現象を、ユングの「無意識の心理学」でとらえなおし、基礎づける作業を行ないたいと思う。

ユングは、数多くの観察材料——それらは個体の一連の長い人格変容過程を現わしているので、一つの事例がすでに膨大な量の資料であった——に支えられて、立証しえない心の事象を科学的に説明することに努めた。私たちがこれから行なう作業は、ユングの理論を北アジアのシャマニズムに応用して、その構造と特徴を心理学的に明らかにすることを目的とするが、またある意味で第一部と第二部で得られた知識を材料とし、彼の理論を検証してみることでもあるといえよう。ところでこれからの作業を必要に応じて井筒のシャマニズム元型「本質」論に立ち返りながらすすめていきたいと思う。それはもっぱら事実資料と理論の間を往き来しながらの錯綜した議論を井筒を参照することで整理し、さらにこれまでの説明でふれることのできなかった内容を補足するという副次的な成果も期待してのことである。

天界の光景と元型的イメージ

井筒は、シャマニズムというものが、深層的事態でもほかの東洋思想のように単に「存在」の深部に本質の実在を見るのではなく、「『想像的《イマジナル》』イメージの世界」と呼ぶ特殊な次元に現われる元型的な形象を、事物の普遍的本質とみとめる立場であると理解した。そして彼は、元型がイメージや像に形象化されるのは、それ自体のもつ本源的エネルギーの働きによるものであると説いた。彼がこう言ったとき、生命エネルギーの一形態として心的エネルギーなるものを想定し、心の営みをそのエネルギーの過程と見做したユングの考えに依拠しているのは間違いないであろう。

ユングによれば、心のなかで現実に進行している諸現象は、意識と無意識の葛藤をはじめ、意識や無意識の個々の系の要素間の対立など、およそ「対立」という人間の本性が本来的にそなえている法則にもとづくものである。この観察され経験されうる事実から、ユングはエネルギーという自然科学の概念

——彼の理解では、エネルギーはただ対立からのみ生れるものである——を導入し、心的な諸現象をエネルギー論の観点から把握した。したがって、元型をエネルギーの内在する何ものか、あるいはエネルギーそのものであると理解し、形象化されたイメージや像をエネルギーの現象形態、つまり心的エネルギーの自己表現であるととらえた。ユングはこうして元型を、一定の方向性をもった潜在力である心的エネルギーと見做したのである。

さて、本源的エネルギーは想像力の形成的な力として働いて元型を形象化するとき、混沌とした無意識内容に単に形を与えるだけではなく、象徴性をも付与するものであった。象徴性の付与とは象徴という一定の形式、人間の理解能力に耐えられるような形式によって無意識の重要な要素、すなわち元型のもつ意味を表現し伝えることである。したがって象徴の働きは未知のものを定式化する作用と解されることから、井筒はそれを「存在」の分節原理ととらえ、本源的エネルギーが元型を形象化するとき、存在世界は一つの象徴体系として現われると説いた。その存在世界がどのようなものかはあらためて確認するとして、ここでは井筒がユングに依拠した「象徴」概念に、ユング自身が一般的な理解——たとえば、鉄道員が制服につけている翼の生えた車輪のマークが鉄道の象徴であるといったような理解——とはまったく異なった意味をもたせていることにひとことふれなければならない。

そもそもユングは、元型そのものは意識化されることもなければ、たとえ内容があっても直接にイメージされるものではないと説いたのであった。そのようなものである元型の意味が「象徴」という形式によって表現されるというとき、彼が「象徴」なる語に用法上の厳密な規定と固有の意味を与えたのは、元型の知覚不可能な性格を思えばもっともなことであったろう。

ユングによれば「象徴」とは、表現形式という点では同じであっても記号（サイン）や寓意（アレゴリー）的な形象で表わされるものとはまったく別物であり、選ばれた表現が未知の事柄や心的事象をこれ以上ない最良の形で表わす表現形式である。したがって象徴によって表わされたものは、本来予感に満ちかつ深遠な意味を隠しもっており、それゆえ思考や感情の関心を引き、ときにはその独特の形象によって感覚や直観を刺激する。象徴が無意識内容である元型の意味を伝えるという謂はこのような事態と理解されねばならない。ユングは、この象徴作用によって、根本体験としての元型はその全体が著しく損なわれることもなく、またその大切な意味が破壊されることもなく表現し伝えられるのだという。このことから、さきに元型が「霊的なもの」（ヌミノース）の性格をもって浮上し、「つねに人間に神性を予感させる」といった事態が、「象徴」を介して生じていることを知るであろう。

井筒にもどって、彼が象徴の分節作用によって現出する存在世界をどのように描いたかを見てみよう。彼の説明によれば、本源的エネルギーは象徴性を帯びた元型的イメージを生じるだけでなく、表層意識次元の事物をも象徴化の対象とする。したがって存在世界が一つの象徴体系として現われるとき、そこには無意識内容だけではなく意識内容、すなわち経験的世界の事物も含まれる。ユングの言葉でいえば、元型は「意識化されるばあいには、意識内容となるものすべてと同様にイメージとして姿を現わし[1]」ているのである。したがってそこには、神話的特徴を帯びた精霊や妖魔などと一緒に、経験的事物と重なり合う形で山も海も花もある。これが全「存在」が象徴によって分節され一つの象徴体系となって現出する「想像的」イメージの世界の姿であり、そこでは経験的世界の事物にまといからまっている素材性の重みを感じさせるようなものは何一つなく、イメージははじめから「独自のあり方で存在し、イメージ特有の仕方で互いに働き合いながら活動(2)」しているのであった。

ここで私たちの記憶にただちによみがえってくるのは、第二部で「動物の母」の観念に言及したときに引用したヤクート族の大シャマン誕生の説話であろう（一一七〜一一八頁、一四三〜一四四頁参照）。それは死者の魂が上界で「動物の母」であるトナカイに育てられ、三年の年限に達すると運命を決定する精霊（カラス神）によって地上界の女性の胎内へ降ろされ、シャマン候補生として生れかわる話であった。上界の出来事を描いた点でほかに例を見ないこの貴重な説話のなかでいまとり上げたいのは、死者の魂が眺めた光景である。そこでは地上界と同じように太陽と月が輝き、住人こそ精霊であるが家や貯蔵小屋、さらにたき木の山や火といった、意識的な経験世界でふつうに見られる事物が存在していた。しかしその一方で経験的事物とはおよそ異なった人や動物や事物に出会う。カラス神である老人、人間の体にカラスの頭をもつその息子たち、羽をもった白いトナカイ、天に届くばかりのカラマツの木、カラマツの木の上の巣で育てられる魂、地上界から拉致された魂（女）、地上界に通じる出口、牡牛となったシャマンなどである。これらは神、運命、世界の構造、生・生誕、不死などを象徴するイメージであり、人格化されて現われたり、状況や場所や手段などの体験の過程の要素となって現われている。

そしてそれらイメージは太陽や月、家、小屋、人間、シャマン、女、火といった地上界の経験的事物のイメージと渾然一体となった世界を形成しているのであった。

これが、井筒がコルバンに倣っていう「『想像的』イメージの世界」でなくて、ほかの何であろうか。そしてまた、ユングが、元型からなる無意識の世界で私たちが個体としてどのような存在として在るかを論じたときに、私たちが「そこではすべての主体の対象となり、この上なく直接的に結ばれている」と形容した世界の風景でなくて何であろうか。

シャマンの変性意識状態

シャマンがこのような純然たるイメージの世界を体験するのは、精霊が憑依することによって生じるトランスと呼ばれる変性意識状態においてであった。井筒はその意識の変性過程を、シャマンの意識の二つの段階においてとらえたのであった（一七一～一七二頁参照）。それによれば、日常的意識が脱現実的主体性の意識となって次第に開かれていき、イメージ空間のなかに移されたところが最初の段階であり、そこで意識はトランス状態に置かれる。自己「神化」、神懸かりとなった神人合一の状態である。しかし自己「神化」の段階はまだいつでも日常意識へ戻ることができるような、人と神のあいだの不安定な状態である。シャマンが純然たるイメージ空間を自由に体験することができるのは、シャマンの意識がそっくり転成して、それ自体が一つのイメージ空間となるつぎの段階である（後述）。私たちはここでも、シャマンがトランス状態で日常的世界と超現実的世界の二つのリアリティ間を往き来するありさまを、いくつかの事実資料のなかに見てきたことを思い出す。いま、そのうちから二つの事例を典型的なケースとしてもう一度ここに引用しておきたいと思う。一つは、エニセイ族のシャマンが補助霊であるトナカイに先導されて天界へ赴く話であった。巫儀をもよおした彼はしかし、旅をこれ以上つづける必要のないことを知ると、「おれはトナカイの首筋をふたたび元へ戻した」と歌って日常意識へ戻った。天界への旅のさなかでも彼は地上界の様子を眺めやる意識性をもち、依頼者であるフィンタイゼンの心のうちを見透かして、状況判断を下すことができたのである。

もう一つは、ゴルディ族（ナナイ族）のシャマンが中空に迷う死者の魂を他界へ導く話である。この話は簡単にしかふれなかったのでここでややくわしくとり上げたい。彼は三人の死者の遺族から魂の捜索を依頼された。魂をブニの国（あの世）へ導かないことには、死霊が遺族に禍《わざわい》を及ぼすかもしれないからである。巫儀には儀式の場となる天幕が張られ、死者の魂をとじ込めるための三体の詰め物の像がもち込まれる。シャマンは祭服をまとい、かぶりものをつけて太鼓を規則的に打ちながら歌い出す。トランス状態に入った彼は外へ出て魂を探す。それらしい魂を見つけ出すとその都度それが死者本人のものかどうかを確かめるために天幕へ戻り、それぞれの遺族に彼が生前着ていた服装の特徴や死んだときの状況、死の直前の行動などを逐一聞いて回る。そして何度か失敗したものの最後には探しもとめていた魂を見つけたことを遺族に納得させることに成功する。彼は魂を死者の代わりである詰め物の像に誘い入れる。そのあと儀式は死霊が元気をとり戻すための作業と、死者と遺族との現世的関係を断ち切るための儀礼的行為が行なわれて終了する。死者の魂をあの世へ運ぶのは、シャマンの最も重要な職務の一つであるが、それはこのように、じつに頻繁に上界と地上界を往き来してはじめて成し遂げられるものであった。

これら二つの事例は、シャマンが截然とした意識の切り替えを行なっているという井筒の説明を裏づけるかのように見える。


さて、トランス状態で超現実的次元のなかへ入っていったシャマンの意識はつぎの段階へ移行する。そこは「想像的」イメージの世界であり、ユングが、意識領域に侵入した元型が本能とその強制力から解放されて働くときのありさまを述べたところで、感覚的知覚を超える自由なイメージを生産し、またそれらイメージを自律的に操作すると説明した世界である。個体（個人、ひと）から見ればそこは元型を体験する場であり、元型が直接的な表現の形をとって現われ、時空を相対的に超越した一つの実在を展開している世界である。ここで私たちはこの現実性、実在性を心理学的にどう解釈すべきかという問題に逢着するが、その問題を検討する前に、このようなイメージの世界を体験する事態が（どこまで「想像的」であるかは別にして）シャマンだけに特有のものではないことを、西洋の降神術の霊媒の体験と、もっと身近な例として、（暗示や注意の固定といった操作が加えられるが）「催眠」という人間一般の意識状態の現象で確認してみよう。

フィンタイゼンは著書『霊媒とシャマン』のなかで、シャマニズム全体が体験様式としては西洋の霊媒術的・降神術的な基本特性をそなえており、シャマンが降神術的霊媒に対応する人物であることに言及しているが、その詳細はさておき、霊媒がつねに深いトランス状態に移行することを、ある研究者の報告に依拠して説明している。それによると霊媒が神霊と交通するまでの内的変化過程には新自我の形成が深く関わっており、その分離から独立までの過程には三つの段階があるという。第一段階は霊媒の心から分離した別の自我が詩的幻想や夢などにおいて現われ、自律的存在であるかのごとく振る舞う。第二段階では、その自我による真の憑依現象が発生し、第三の段階において自律的自我としての現象が本来の精神主体から事実上分離し、いまやその現象がはっきりと意識から脱落する。新自我はここにおいて独立し独自の有機体として完成されるのである。フィンタイゼンは第三段階において霊媒の体験することは、シャマンのトランス状態における体験と基本的に同じであることを指摘する。

一方の「催眠」の方であるが、フィンタイゼンが引用・紹介する催眠下の深層体験に関する実験結果を要約すれば、催眠状態で最初に現われるのは彩色・無彩色を問わず形のない対象、つまり点ややもやもやしたものや線などである。それにつづくのは、はっきりとしたイメージが何らかの解釈や推論を伴って出現する段階である。最初の「無定形層」と名づけられた層と、つづいて起こったこの「思考の視覚化」現象の層は、被験者がつねにそれらの現象が自分に属しており、はっきりと感じられる性質であることを自覚している段階、つまり自我に所属するものとして体験する段階である。しかし催眠の第三の層においてはじめてこの性質は変わる。視野のなかに突然、完全な実在感を伴う異様な形象が現われるのである。そこに浮かび上る対象は絶対に自我に所属するものではない。たしかにすぐに了解できるといった性質のものではないが、しばしば色彩体験を伴う空想的形態や大きさをもつものが現われる。つまりこの第三の層において現われたのは、意識的自我に属さない別個の、意志によって制御されることのない主体的存在なのである。フィンタイゼンはこの第三の層における体験は、夢と同様に通常の意識では踏み込みえない精神層に由来していることを指摘し、そこにシャマンや霊媒の幻覚の源と同じものを見ることができるという。

　以上、井筒が説明してみせたシャマン意識の変性過程とほとんど変らない現象が、西洋の降神術的霊媒の体験と催眠にも現われることを見てきたが、これによってシャマンの意識の変性状態が、かつて偏見と誤謬のなかでしきりにいわれたような、そしていまもってしばしば説かれるような、もっぱら生得的要因に帰せられる特異な現象でもなければ、まして悪魔憑きの現象や北アジアの風土に帰すべき病的現象でないことが明らかとなったであろう。とくに催眠は、最近の観察によるとそれに誘導するプロセスを経なくても日常生活のなかでもよく生じることが確認されており、催眠状態としての意識状態と理解されていることを考えれば、シャマン意識が特殊な「技術」を背景にして生じるとはいえ、私たちにけっして無縁ではない意識状態であることを知るであろう。

　シャマンは病的発作によって操られる人間なぞではまったくなく、精霊による憑依という確固たる体験を通して深層意識の超現実的次元を方法的に開く術を知り、経験的世界の感覚知覚とは異なった知覚能力をはたらかせて、「想像的」イメージを正しく活用することに精通した人物なのである。

きそうである。

心の「自然」の表出

私たちはここで保留していた問題をとり上げねばならない。それはシャマンのトランス体験の実在性《リアリティ》を心理学的にどう解釈すべきかという問題であった。この立証不能とも思える心的事象について、やはり私たちは、ユングが無意識過程について明らかにしたことのなかに解明の鍵を探しもとめることができそうである。

ユングは長年にわたる無意識の研究から、ある種の独特な現象、すなわち、因果的には互いに何の関係がないにもかかわらず、ある連関においていくつかの事象のあいだに時空を超えて認知や力の作用が生じるような現象が、明らかに心理的な要因に条件づけられて発生することをみとめた。「ある連関」とは、元型的状況が生じると、布置されていたいくつかの元型が相互に意味ある関係をもって結合し、一つの「全体」を構成する状態を意味する。ユングは、このような状況の下でテレパシーや遠隔作用や念力といった超常的な現象が認識されるという事実を突きとめたのである。元型的状況が、魂であれ肉体的なものであれ危急の心理的状況であることは前に述べたが、ユングはこのような一定の元型に符合する状況下において「意識水準の低下」(3)と呼ぶ事態が生じ、それが独特の心理学的対応現象を発生させる動因となっていることを指摘する。

「意識水準の低下」とは、意識によってコントロールされる心的活動が著しく低下したか、もしくは消滅した状態である。これをエネルギー論的観点から見ると、意識の世界からエネルギーが抜き去られ、その分エネルギーの法則に従って無意識の側にエネルギーが累積されている状態ととらえられるものである。したがってこの意識水準の低下の状態で起きていることは、何よりも意識の諸機能を押しのけて出現する無意識の活発な働きであり、それは啓示性と情動性によって特徴づけられている。つまり人間の魂の深いところにあったものがみずからその秘密を明かしたり、感情の高揚や確信、あるいは意気喪失といった激情性のゆえに身体現象――呪縛や憑依――を伴うような、意のままにならない情動が働き、いままで「可能的現実」として眠っていた無意識内容を思いがけず現出させる状態である。ユングは、このような現象は危急の心理的状況の下においてのみ起こる心の「自然」の表出、すなわち意識の処理をまったく受けていない直接的な心の事実の顕現であると理解した。

ユングは、この「意識水準の低下」が無意識の活発な働きによって特徴づけられることから、自我意識が抵抗できず無意識に同化されるような事態となったばあいは、精神における病的な結果がもたらされるとした。しかしその危険性を指摘しながらも、主体が侵入した無意識に呑み込まれてしまうことなく、無意識状態のなかに移されるような望ましい状態では、哲学的・宗教的思惟を活気づけ、また直観力や創造的想像力を発揮せしめるという。したがって意識水準の低下こそは、宗教や芸術における創造的天才や、すぐれた霊媒の活動を条件づける心理的な要因であると説く(4)。

ユングは西洋の降神術の霊媒について述べても、北アジアのシャマンに言及することはほとんどなかった(5)。だが、ユングの説くことを、すなわちこの心理的な要因を心の「自然」の表出の前提条件とする見解を、シャマンのトランス状態における神秘的な能力発現の解釈にも応用することは許されるだろう。シャマンのトランスは精霊の憑依によって生じる現象であった。いまあらためてその憑依現象が、複雑な一連の儀礼行為と表象を伴う巫儀のなかで、常人の到底及ばないシャマンの集中力と忍耐力によってはじめてひき起こされることを想起するとき、それが明らかに意識の優勢な心的活動を抑制ないし遮断し、みずからを無意識過程へ移し置くための全力を傾けた行為であり、啓示性と情動性の発動をうながすための明確な目的意識をもった行為であることを知るであろう。

試みにいま一度、シャマンの巫儀の様子を具体的な事例にそって見てみようと思う。それは、ハルヴァ自身がエニセイ川下流で観察したあるツングース族のシャマンの巫儀の記録である。[6]第二部第三章でとり上げた二つの例（一四〇～一四二頁）以上にいまの目的にふさわしいものであろう。それによれば、ハルヴァの特別の注意を引いたのは、歌謡よりも太鼓を打つことにより密接にむすびついた動きと身振りであった。シャマンは一種独得の身ぶるいによって装束につけた金属片を鳴らしながら一定の拍子で前へ動き、ときおり奇妙に廻ったり跳ねたりする。そして二度ほど激怒したような表情を見せ、顔に汗をかき異様で不安な表情を浮かべる。しかしふたたび落ち着きをとりもどすと、ただちに虚脱状態に陥る。

シャマンは体を動かしている間はずっと歌をうたい、天幕のなかに呼ばれた精霊たちと話を交わすか、旅の様子を巫儀の参加者に向かって述べる。歌謡は単調であるが、それに変化を添えるのはシャマンがときどき口にするささやきと叫喚であったり、自然の音の模倣である。ハルヴァは、シャマンのこれらのさまざまな動きと音は、その装束が表わしている動物の身振りや声を模倣したものであると記している。この巫儀がどのくらい時間を要したかは、ハルヴァは何もふれていないので不明だが、シャマンの行事の本質的で起源的な部分に大きな差がないとすれば、それは初日の日没後から準備がはじめられ、その夜の一晩中、そして翌日一杯つづけられたであろう。

ここに述べた巫儀の様子、とくにハルヴァが注目した太鼓を打つことと密接にむすびついたシャマンの行動と様子は、彼が「意識水準の低下」の状態へみずからを導いていったことを裏づけるものであろう。そして、激怒や虚脱状態、精霊との会話は無意識の活発な働きを示しているのであろう。

このような「意識水準の低下」にあるときのシャマンは、けっして侵入してきた無意識の流れに抵抗できずそれに一方的に同化されてしまった状態にあるのではない。彼はそれとは正反対に、無意識内容を同化することに成功し、それによってその本源的エネルギーを「自己表現」させ、元型的イメージからなる純粋なイメージの場を現出させる能力を、換言すれば、意識の背後に隠れているものを幻視（vision）として現成させ知覚する能力を手に入れたのである。知覚したものが心の「自然」の表出であり、そこに直感力と創造的想像力が内包されていることはあらためて説明を要しないであろう。

ユングは、このような危急の心理的状況下で表出される無意識内容を知覚するのに、いわゆる超能力の顕現は必要でなく、普通の知覚器官によって充分可能であることを指摘する。ただしすぐれた知覚能力は独特の人格構造において、より強力に現われることを付け加えている。翻って北アジアにおけるシャマン職の召命について見てきたことを思い出すと、シャマン候補者に指名されるのは、その多くがシャマン直系の出身者であった。たとえシャマンの家系と何の関係もみとめられないような場合であっても、召命を受けた者の親族の糸をたぐればシャマンの氏族と何らかの系譜的むすびつきが見られるものであった。シャマンを直接の祖にもつ場合であれ、そうでない場合であれ、ここでいう系譜的つながりは、結局はブリヤート族がウッハと呼ぶ精霊たちの一群、すなわち守護霊や補助霊、そのほかの精霊たちからなる一つの精霊集団を継承することと密接不可分に関わっていた。ウッハは、人間の魂として上界で修業を受けてシャマンと公認された者にのみ与えられるものであり、それは同時に、彼にシャマンとしての素質と能力が賦与されることであった。それに加えて長期間の苛酷な召命体験が、独特の人格構造を形成することに与かって力があったであろうことは推測に難くない。

ユングが長年の研究の結果明らかにした心理学的事実は、あらためて私たちに、シャマンという人物がみずから主体的に元型に符合する状況を作り出す能力をもつ人間であることを認識させたであろう。シャマンが意識から無意識への移行とその逆移行を術にまで高めて、それをいかに思いのままに使いこなす者と見做されていたかは、実際に死者の魂の探索や病の治療施術など、彼の職務のうちでもっとも重要な要請を受けずとも、トランス状態に入ることができたという説話が雄弁に語っている。そのことを裏づける例がフィンタイゼンの引用・紹介するある研究者の極北地帯の民族に関する報告である。それによれば、ただ精霊の声を聞きたいという希望であったにもかかわらずその研究者の願いを聞き入れたシャマンは、トランスに入るとつぎからつぎへと精霊たちを呼び出したという。やってきた精霊たちは誰もが特別の好意として「彼らの息吹き」を聞かせるため歌を歌い出したが、いざ「何か望みはないか」と件《くだん》の研究者に問いを発しても、もともと精霊の声を聞く以外は特別の願いや決まった目的もなかったので、用がないと知るとやがて二、三の言葉と叫び声を残して遠ざかり、つぎの精霊たちに席を譲ったという。

もう一つは、ツングース族のシャマンが部族の仲間に対し自分の力の証を立てるためにやってみせた巫儀の例である。フィンタイゼンがあるロシア人から聞いた話によると、そのシャマンは野営地に開口部のない天幕を張り、仲間をそのなかに待たせると自分は川の対岸へ渡った。彼は前もって仲間に、天幕のなかの火にかけた鍋の蓋が三度音を立てたらそれを合図に部屋に灯りをつけ、自分が天幕のなかにいることを確認するようにいっておいた。出席者は真っ暗な部屋のなかで物音一つ立てずに待った。かなりの時間を要したが鍋が三回目の音を立てると仲間は灯りをつけた。果してシャマンは天幕のなかにいたのだった。

いつ鳴るとも知れない鍋の音を合図にするという条件のもとでの、しかもフィンタイゼンが指摘するように、おそらく浮遊状態で渡河や天幕内への侵入が行なわれたと考えざるをえない出来事であった。これはシャマンのオカルト能力の発現、つまり一般的に奇蹟と受けとめられ心理学的に超常現象と解釈されるものであり、元型に符合する状況の生起を想定してはじめて説明がつくものである。このような通常では想像もつかない出来事が、自分の力の証を立てるただそれだけのために行なわれた巫儀において起きたということは、最初の例以上に、トランス状態への移行が、いかにシャマンの意志の力によって実現されるかを裏づけるものであろう。

さて、問題はシャマン体験の実在性が心理学的にどのように解釈されうるかということであった。これまで見てきたことを整理すると、私たちは、ユングが「元型的状況」について理論的に説明したことを適用することによって、シャマンの体験が「意識水準の低下」によってもたらされるものであり、そのときに起きていることは無意識内容の「自己表現」と解釈できるものであることを知った。このことはあらたに引用したハルヴァの体験と、フィンタイゼンによる、シャマンの意志とトランス状態への移行との関係を示す二つの事例によって裏づけられることであった。また、巫儀の場で生じていることがシャマンの心の「自然」の表出であるとすれば、参会者が表出されたものに共感し、それと融合し、それゆえそこに現実性《リアリティ》をみとめたと観察されるのは当然のことであろう。以上に述べたことは、私たちもまた、元型に符合する状況下で——もっともその事態に真剣に向き合うことが条件であるが——無意識世界にふれ、その実在性を体験することが不可能でないことを示唆している。

第五章　「現代」と深く関わるシャマニズム

無意識との関わり

ユングは、現代の私たちにとって無意識と関わることがいかに重要であるかを繰り返し強調した。それは意識に及ぼしている無意識内容の影響を意識化し、同化することを最終の目標としているのだが、ただ単に心理療法上の要請、すなわち自己を一方において行き過ぎた意識の一面性から解放し、他方で無意識のさまざまなイメージの暗示力から守るといった要請に応えるためではない。それは、人類がかつてそこから出てきた源泉を回顧し、ふたたび生を意味深いものにするという私たち一人一人に突きつけられた課題を果すためである。

「源泉を回顧する」とは、つまるところ元型の存在とその意味を認識することである。ユングが、元型を人類の太古の時代からの自然と宇宙との関わりにおける根本体験の総和であるととらえたことはさきに見た。彼はこのような元型を「知識の宝庫」になぞらえ、それを回顧するとは、その宝庫の扉を開いて埋もれている偉大な価値を発掘し、それらが生れた時代に実際に生きていた人々が感じていた情緒的な生命でそれらの価値を充たすことによって、意識の彼方にある「もう一つの側面で生きているもの」を摑むことであるという。「もう一つの側面で生きているもの」とは、いまも私たちの心のなかに生きつづけている知識の原形態、すなわち意識がまだ「考える」のではなく「知覚」していた時代に成立し、生の法則に一致した「疑う余地のない真理」を今に保っている元型のことにほかならない。言い換えれば、霊的なもの（ヌミノース）となって現われ、「役に立つ力」となって働く可能性として生きている元型である。ユングはしたがってそういった元型を摑むことができれば、私たちは己と己をとり巻く世界に意味を再付与することになり、生を更新することができると説く。「あるひとは生命感情が高められ、あるひとはあらたに認識を増すことを約束され、またあるひとは人生を変える鍵を発見する」(1)のである。

ところで、このようにいうユングに私たちは少しく奇異な感じをいだくであろう。なぜなら無意識との関わりは、これまで見てきたように、元型的状況において生じる事態であり、それは本来全体としての人格の統一性にもとづく生命活動が損なわれるような、心の危急の状況に対する無意識的な反応である。そこには個体が無意識との関わりに主体的にとり組むといった意味合いはあまりなかったといえよう。しかしここでユングがいおうとしていることは、私たちが意識的に元型の存在と意味を認識することの重要性、その今日的意義である。

ユングは、のちに述べるように、現代が「意味」を喪失した時代であることに深い危惧をいだいた。そこには目を背けたくなるような空虚が口を開けている世界、すなわち精神的貧困の無残な姿が露呈した世界が現われているというのである（これが集合的無意識が活動せずにいられない元型的状況でなくて何であろうか）。彼はこの貧困からみずからを救うために残された唯一の道は、自分自身の深みへ降りて行き、元型を摑むことであると説く。したがって彼は「意識内容と無意識内容とを総合したり、元型が意識内容に及ぼしている影響を意識化したりすることは、もし意識的に行なうのであれば、心的努力や心的能力の集中のなかで最高の仕事である」[2]といい、この意義ある仕事を旅になぞらえ、失ったものを尋ねるこころ《ゼーレ》の旅、すなわち「内面への旅」に出ることが現代にもとめられる課題であることを強調する。

私たちはここに、「心」に関するユングの思索が心理学の一理論にとどまらず、それを超えて人間精神と人間存在を問う「思想」にまで高められていることを知るだろう。そして同時に、シャマンが天界への旅に出て、生と世界に意味を与えてきた北アジアのシャマニズムを論じることが、「現代」と深く関わる問題であることをあらためて認識するであろう。

ユングによれば、私たちはかつて宗教の教義のシンボル（象徴）や神話を構成するイメージ、あるいは部族伝承の神聖な秘密を表わすイメージに「疑う余地のない真理」を見出し、つねに生を更新させてきたのであった。すなわち、もとは古代人の原始心像に由来する神話や部族伝承、教義のなかのシンボルやイメージに私たちは神性を予感し、引きつけられ、確信を与えられ、魅惑され、圧倒され、それらに「意味」を見出してきたのである。たとえば、「イデー」（感覚や経験の世界を超えて永遠の価値ととらえられるもの。「観念」ないし「理念」などと訳される）という概念は、時空を超えた永遠の実在もしくは真実在を意味するプラトンの「エイドス」にさかのぼり、それはもともと天より高いところに保たれていた始源のイメージからとってこられたものである。幻視者はこの原イメージを夢に現われる像や、啓示をもたらす幻のなかの像として視《み》(3)、永遠のイデー——霊魂や神や世界——の顕現として感受したのである。

この真実在や永遠といったものを意味する「イデー」に加えて、もう一つ例をあげるとすれば、「エネルギー」という概念である。この概念もイデーと同様、意識に先立つ思考、つまり意識ではなく知覚によって、物質に内在する熱の力や万物に潜む生命力ととらえられたものである。これらのイメージはいずれも世界と宇宙を深い意味で満たしていた。しかしいまや、それらイメージや象徴は外形を残すのみとなり、もはや何の想像力もかき立てなくなるほど貧困化した。ユングはこのように述べて、神々の住む天上界はすでに過去のものとなり、天空は単なる物理的な宇宙空間となり下がったことを指摘する。「エネルギー」も象徴としての力を失い、すべての存在・事物を生命をもたない単なる素粒子集団とし、この世界を私たちを含め死物で埋めつくしたといえるであろう。

ユングはしかし、「無意識のなかには生きている水が、すなわち自然的なものとなった精神《ガイスト》が隠されている」(4)という。「水」はもっともよく知られている無意識のシンボルであり、「生きている水」とは心の「自然」である元型にほかならない。そして「精神」とは「その最高のまたもっとも普遍的な段階にあるものが『神』と名づけられる」ものであった。つまりユングがこの言葉でいおうとしているのは、神々がほかでもなく無意識のなかに隠されている――このことはじつは昔から今にかわらない事実であるが――ということ、言い換えれば、もはや今日神性を感じさせるものは無意識のなかに元型としてしか発見されないということである。それゆえ「無意識との関わりは私たちにとって生きるか死ぬかの大問題である。それは精神的に生きていくことができるか否かにかかわっている」(5)と彼はいうのである。

内的実在の世界

それでは、私たちはこの無意識とどのように関われば神性を予感させるもの、すなわち隠れている神と出会えるのだろうか。――ユングはそのためにはまず何よりも内的世界の実在性をみとめることを要請した。私たちはまず、すべての心的なものは実在の経験であり、心の事実であることを無条件にみとめなければならない。ユングは、宗教信仰の対象としての神もたとえどんなに堅固な教義にそって説かれたものであっても、直接的な経験をもつ心的事実以外の何ものでもなかったことを指摘し、もしそうでなかったら単なる歴史的概念か哲学的な感傷にしかすぎず、人類の精神史においてこれほど問題となることはなかったであろうという。彼は「幽霊」もまた心的事実としてまじめに向き合う対象であることを強調する。

しかし、内的実在の事実をみとめただけでは無意識のなかの神を見出すことはできない。ユングはつぎの段階として内的実在の世界のなかへ入っていくことをもとめる。そのためには無意識の過程と交わり、みずからをそれにとらえさせねばならないという。無意識過程にみずからをとらえさせるとは、

「無意識過程に意識を十分になじませる」(6)とも表現されるが、さきにふれた「知識の宝庫」に関係してユングがいったことがその意味をもっともよくいい表わしているだろう。すなわち、扉の奥にしまわれている知識と智恵を発掘し、それらが生れた時代に実際に生きていた人々が感じていた情緒的な生命で充たすことである。しかしどのように表現しようと、肝心なことは主体を、つまり己を無意識のなかに移し置くことである。そうすることによってここに最終的な段階として、無意識過程を所有する道が開かれるのである。

無意識過程を所有すること、これこそ先刻からいってきた無意識内容の意識への完全な統合、集合的無意識との同一化にほかならない。そして統合を果した意識的自我は、無意識との間に絶対的で分かち難い共同体を形成する。このとき無意識は生の法則の卓越した知識や智恵となって目覚め、意識の諸機能と共々人格を形成する「役に立つ力」となって働く。これを言い換えれば、無意識は意識の関係機能となり、生の衝動でしかなかった元型は、一例をあげればその衝動性が直感的な性質をもつ一つの意識的機能となるといったように、意識と共同で人格の全体性を形成するのである。

さて、無意識との間に解き難い世界を形成したときの個体(個人、ひと)が「自己《ゼルプスト》」実現をなし遂げた姿であることはいうまでもない。ではこのような個体は、その「共同体」でどのような存在として在るのか。——このことについては前章でふれたが、ユングの別の発言をつぎに引用してあらためて見てみよう。

無意識内容を意識化することによる無意識人格の解消は、当然ながら、私たちを私たち自身へと連れもどす。二つの世界像と、その実体は漠然としかつかめぬながらそれだけいっそうはっきり感じられるその諸力のあいだにはさまれて存在し生きている何ものか、それが私たち自身にほかならない。この「何ものか」は、私たちと違うくせに身近なものであり、まさに私たち自身でありながらそれと認識できない、それはまた心の秘められた構造の仮想される中心点であって、動物とも神々とも、鉱物とも星々とも近づきを求めることができ、そのくせ私たちに不思議な思いもさせず、不審の念さえ抱かせない(7)。

ユングは、無意識内容を統合したことによって意識(外的世界)と無意識(内的世界)の二つの世界像のあいだに連れもどされた個体は、「何ものか」としてしか認識できない存在となっているというのである。この意味を知るには、さきに集合的無意識の世界について述べた箇所(二〇九〜二一〇頁)で、「私は世界との直接無媒介の一体感にはまりこんでいる」と形容された状態を思い出すとわかりやすいだろう。つまり連れもどされた個体は、すべての存在者と同様主体・客体のいかなる分節的意味ももたない世界に生きているのである。そこはまた、「私は自分のうちで他人を体験し、私とは別の人が私を体験している」(8)とも表現されるように、太古のものの考え方、すなわち根源的主客同一の世界の考え方を、みずからが客体とされる自律的な活動として経験する世界である。そしてあらゆる存在者――それらは神々であり、動物であり、天空に輝く星々であり、あるいは鉱物のような無機的な物質である――に囲まれ、それらと同じ資格で存在する。あえて主体、客体という語を用いるとすれば、かつて意識の世界で主体であった個体――すなわち私たち――は客体となり、かつて魂の奥深いところに棲む薄気味悪い生きものとして宇宙空間に投影されて無意識の空想の対象となったもの――つまり神々や守護霊、神々の息子である精霊、森や水の精霊、動物霊あるいは妖精、さらにそれらが宿るとされるあらゆる自然物と事象――があらたに主体となり、私たちを囲んでいるのである。

ユングがこのように描いてみせた世界は、夢や夢想が提供する素材を長いあいだ観察し分析した結果から導き出されたものであるが、私たちはふたたびヤクート族の大シャマン生誕の説話を想起するとき、この世界がそっくりそこに、しかもこの上なく豊かなイメージを伴って現われていることを知って驚きを禁じえないだろう（一一七～一一八頁、一四三～一四四頁参照）。それは、己を無意識のなかに移し置き、無意識過程を所有する術に秀でたシャマンにしてはじめて経験できる世界であった。

内面への旅

さて、私たちはユングが「自己《ゼルプスト》」、あるいは「自己」という一つの世界についてさまざまに述べていることを見てきた。いうまでもないことだが、そこには自己中心性や利己心といった意味合いは微塵《みじん》も含まれていない。「自己」は人格の中心であると同時に、意識と無意識の両方を包みこむ全体、単なる自我以上のものを無限に包摂するものである。しかし、ユング自身がみとめるように、残念ながらそれが具体的に何かは近似的にさえ意識することはできない。それは、私たちの想像力を超えたものであり、経験した者のみしか知ることのできないものである。私たちはユングが、「自己」とは「〔人類の〕すべての生きられた生の沈澱や総和であるばかりでなく、出発点でもあり、すべての未来の生を孕んだ母胎でもある」[9]といっていることに手がかりを得て、かろうじて現実の生とむすびついたイメージをもつことができるだけである。しかしこの発言を、彼がさきに「元型」とは何かを説いて、『今日』を『昨日』に還元する根本体験であり、『明日』そうなるであろう可能性である」といったことに重ね合わせるとき、「自己」は元型であり、しかも諸元型の中心をなすと同時に、それらを包摂する元型であることを知るだろう。そうであれば、ユングが自己発見の生における重要性を説いてやまないことを今さら事々しくとり上げる必要はないだろう。問うべきはそこへ至る道程がけっして平坦でないことをユングが強調したことである。

ユングは、自己発見の旅は、元型との対決を差し迫った問題として認識する者にのみ与えられる機会であり栄誉であるという。しかも、それがいかにごく限られた人間にのみ許される営為であるかを、つぎのように強調する。「自分の肩にかかっているものがあることを自覚し、…自らの心的性質に責任を感じ、そう感じれば感じるほど、より健全で動じることなく、役に立つようになるには自分がどうあるべきかをますますはっきり知る」ことに努力を惜しまない人のみが旅に出るのである。そのような人は「自分の本性の不可欠な要因である困難から逃げ出すようなことは絶対ないであろう」[10]。

ユングは、元型との対決の必要性をみずから認識した人間の踏み出す旅が、覚悟の上とはいえいかに困難に充ちたものであるかを、ふたたび無意識を「水」に喩《たと》え、また無意識過程と交わることを「深い谷底の湖へ降りて行く」というアナロジーで表現し、つぎのようにいう。

旅人は湖面を渡って吹いてくる突風――見えざる臨在《りんざい》、霊的なもの（ヌーメン）を暗示する――を受けながら湖へ向かって歩く。行き着いたところは闇に包まれた水辺である。そこには「意識の冷たい光のなかにこの世の空虚がどこまでも広がっている」(11)世界が現われている。彼はかつて経験したことのないこの空虚、シンボルやイメージがその意味を失ったことによって生じた未曾有の精神的貧困という空虚を前にして足をすくませる。しかも眼前の光景は、あらゆる人間的な判断も意味付与も役に立たない天地開闢《てんちかいびゃく》以前の状態にも比すべき混沌《カオス》であり、彼は無力と無能を思い知らされ恐怖と敗北感に打ちのめされる。だが、この恐怖に耐え湖水の底深くに沈んでいるものを直視せねばならない。大きな苦痛を伴うことだが、みずからの責任を自覚した者の使命であるからにはそれを避けることはできない。

こうして水の底の奥を直視した旅人はしかし、やがて必ず、そのなかに光っているものを見つける。彼はついに底に隠されている宝を、無意識のなかの秘密を発見する。発見したものは「自己」である。ユングはそれが「自己」にほかならないのだという。そしてそれが「ある心的内容の独立性と圧倒的な力」をもって現われ、「人間の悟性の彼方にあって、悟性にはしょせん到達できない」心的実在である以上、私たちとって「神」と呼ぶ以外に呼びようのないものであるという。内面への旅に出た者は数々の困難を乗り越えて、こうして最後には「自己」、すなわち「神」と出会うことができたのである。このことが集合的無意識の反応として永遠の事象の流れのなかに現われた元型を体験することであり、それによって私たちは意味ある世界と宇宙に出会い、生の困難から救済されるのである。

シャマンの元型体験

北アジアのシャマニズムが、「想像的」イメージの世界に経験的世界の実在性以上の実在性をみとめる立場であることは繰り返し述べてきた。もちろん人々が意識的に実在性を付与しようとしていたわけではなく、その世界はすでに最初かられっきとした実在の世界であった。ユングのいう内的実在の事実をはじめからそこにみとめていたのである。そのようなシャマニズムにおいてはまた当然のことながら、ユングがつぎの段階としてもとめた無意識過程との交わりも、最初からの直接的な、そのままで、じかである経験であった。

こうして最終的に無意識過程を所有した段階で、元型がどのように直接経験されるか、そのプロセスについて、ユングは元型がただ人格、行為する人格として現われるだけではないことを指摘して、つぎのように述べる。

プロセス自体は別種の元型、すなわち変容の元型によって表現される。これは人格ではなく、むしろ典型的な状況、場所、手段、方法等々であって、これらはそのときどきの変容の仕方を象徴している。人格化される元型と同様に、この元型も真正なシンボルであって、これを《記号》や比喩と見たのでは十分に理解することのできないものである。それは多義的で予感に満ち、究極的には汲み尽くすことができないという意味で、真のシンボルである[12]。

元型を直接経験するとき、それは行為する人格としてだけでなく変容を表わすさまざまなシンボル（象徴）としても登場し、それらは行為する人格と同様、真正のシンボルとして元型体験のプロセスを構成するというのである。ユングは、たしかに一方では元型の性質をとらえる上でその内容を人格的なものと扱っているが、それは「私たちの意識だけが『人格的』」であるからであって、元型すべてが人格的なものでもなく、そもそも元型的現象は「人間的、人格的なものの彼岸にある自然現象から成り立っている」[13]と述べて、それらが多義的で、その本質は悟性には把握できないものであることを強調する。

私たちは、北アジアのシャマンがトランス状態で体験する世界がどのようなものであるかをいくつかの資料のなかに見てきたが、それらはユングが右のように元型を直接経験するときのプロセスとして描いたものとまったく同一であり、そこにはイメージがほかに匹敵するもののない具象性と実在性をもった象徴として現われていたことをあらためて知るであろう。シャマニズムの世界で「行為する人格」として登場していたのは、天の最上階にいる天神や各層の神々と精霊たち、また守護霊や補助霊であり、そしてほかならぬシャマン自身（魂）であった。「変容の元型」は、人間の魂の拉致や育成といった観念、そして上界（天の各層）と地上界からなる世界像、シャマン木、鳥の巣、地上界との間を結ぶ穴などといった表象となって現われているといえよう。それらの「変容の元型」が「真正のシンボル」（象徴）であることは、シャマニズムの理論や技術でそれらが果す役割の重要性と、シャマニズムの本質的表象として入巫式や巫儀においてはもちろんのこと、さまざまな伝承や神話に繰り返し現われていることを見ればおのずと明らかであろう。

このように、元型を経験するときの過程を最初から疑いようもない現実《リアリティ》として体験することができるシャマンは、だからといって無意識の世界と対決的に向き合うことをひとり免れているわけではない。彼もまた無意識の深遠へ、「水」の底へ降りて行きその奥に横たわるものを直視しなければならない。それは彼にとっても勇を鼓《こ》して立ち向かわねばならない恐ろしい試煉であるに違いない。それゆえ召命を受けたとき、本来シャマン職につくことは名誉なことであるにもかかわらず、けっして歓迎せずに抵抗を試みるのである。彼はフィンタイゼンが指摘しているように巫儀をやることがどんなに苦痛であるかを知っているのだ。しかし最終的には氏族や部族の仲間のために働くことを決意し、彼は天界の旅に出る。

上界への飛翔は次元の突破、宇宙《コスモス》の転換という意味で無意識世界の深淵へ降りていくことと同一である。天の各層をめぐる旅でシャマンが経験するのは、天神の使いである神々や精霊が支配する世界であり、最後は天神のいる最上階である。彼は地上界の諸力（観念）を代表する者として、これら上界の諸力（観念）の決定に参画し、折り合いをつける。ときには精霊たちと戦わねばならないことがあるが、上界の定める運命の免れえないことを知ったとき、彼はとりなしを試みることをあきらめる。いまやすべてのことが超時間的な必然の関連において決定されたことを知ったのである。そしてそれらの決定を天神の「定め」、すべての存在者を意味ある世界に秩序づける神の意志として受けとめる。それは深い意味を顕わすもの、すなわち「意味の元型」である。そして「意味の元型」によって秩序づけられた世界では、もはや死や病の不幸は恐れの対象ではなく、生全体に組み込まれて通過儀礼的な価値が与えられるのである。地上界へ戻った彼はこうして暗闇を「意味」の光で照らし出す。

一方、巫儀に参加した人々も、シャマンによって「意識水準の低下」の状況に招じ入れられる。言い換えれば、彼らもまた無意識のなかに移し置かれ、無意識過程を所有するのである。太鼓の打音とともに精霊の出現を知り、天幕の煙出し口から突き出すように立てられた白樺の木をシャマンが昇っていくありさまをその目で確かめる。そしてシャマンが天の各層を巡るたびに地上界へもたらす知らせに、神々や精霊との会話の内容を知る。巫儀における彼らの体験にも、元型が「行為する人格」としてのみならず「変容の元型」としても登場している。それは夢や夢想において元型が類比的《アナロジック》な思考方法によってよみがえることと同じである。元型はやはり「自然」の表出の形をとって無媒介に現われ、それだけ彼らに目に見えないものの現臨、霊的存在（ヌミノース）を感じさせる。果して会席者が精霊と会話を直接交わしたかどうかは明らかではないが、それを示唆する話として前にあげたブリヤート族のシャマンの霊に対する供犠祭の報告が参考になるだろう（一五〇～一五一頁参照）。

繰り返すことになるが、その報告によれば巫儀に立ち会った研究者は、同族の加護を懇願する祭祀の一連の儀式がいよいよ大詰めとなりついにシャマンに祖霊がとり憑いたとき、年長者の何人かはやってきた精霊に問いかけているような印象を受けたと述べている。それゆえ彼は儀式のあとで、一体精霊は何を語ったのかという質問を彼らにぶつけたのだ。だが残念なことに「すべて順調だよ」というようなおざりな答えしか返って来なかったという。かりに精霊との直接の会話がシャマンに限られるとしても、こうした巫儀の様子からは人々が神や精霊の存在を確信していたことがありありとうかがえる。人々にとって、シャマンによって開かれた世界はまぎれもなく巫儀の場で生じたリアリティであると断言してももはやかまうまい。

ユングが、たしかに知覚でき経験しうるものであっても、悟性の彼方にあるとした「自己」を「神」と呼んだのは、「神」あるいは「神的なもの」と理解することによってしか、その心的実在性をそれ以上うまくいい表わせる方法がなかったからである。その上もっと大事なことは、こうして「神的」属性を負わせることが心的実在の、私たちに対する優勢、つまり意識的な心のはたらきである理性や知性に対する優勢をはっきりさせるからであった。ユングは「この優勢なるものこそどんな時代にあっても人におよそ考えがたいことを思いつかせたり、塗炭の苦しみをみずからに課することを命じたりして、おのれの働きをいやでも認めさせずにはおかない」[14]という。

私たちはここで、北アジアのシャマンが自分を犠牲にしてでも、氏族や部族の仲間を死とその他の不幸から救済することを己の使命とした人物であり、利己主義や個人主義とは天地も隔たりのある存在であったことを想起せねばならない。あらゆる角度から見て、シャマンとは、ユングのいう「自分の肩にかかっているものがあることを自覚し、…自らの心的性質に責任を感じ、…役に立つようになるには自分がどうあるべきかをますますはっきり知る」人物であったのだ。

以上の叙述で、私たちはシャマンのトランス状態における体験がどのようなものであり、彼がいかなる人物であるかを、ユングの理論に従って明らかにしえたであろう。また、彼が巫儀を通して上界から地上界にもたらすものが何であり、それを参会者がどのように受けとめたかも再構築しえたと思う。北アジアのシャマニズムが人間存在と自然に対応し、宇宙的な構造をもつ宗教的リアリティであることにもはや異論はないだろう。

現代にもとめられること

ユングは部族伝承や神話や宗教教義のなかにかつて存在し、私たちに神性を予感させ、「万物に浸透している活力、すなわち成長力と神秘的な治療力」を体験させてきたシンボル（象徴）やイメージや観念が貧困化した今、「残るは人間に対する依存しかない」という。彼はこのことが、私たちがけっして寄る辺ない世界に投げ出されたことを意味するのではなく、「これこそ他の何にもまして謙虚でかつ誇らかな依存であり、弱いとともに強い支えではないだろうか」[15]という。そして、生と世界に意味を付与することが私たちの主体的にとり組むべき課題であり、それが人生に責任をもつということであると訴えてやまない。このことはユングが生きたヨーロッパという特定の地域にかぎられる問題ではなく、ひとしく合理主義的精神に支配されている現代文明の只中にある私たちの共通の問題であろう。

私たちは、人間の存在もその営為もますます意味を失った観のある時代に生きている。今もとめられているのは、人生に意義を見出して生を更新し、ふたたび生命感情を高めることである。そのためには私たちは「われわれの内なる神」[16]を探しもとめて自分自身の深みへ降りて行かねばならない。それは途方もない困難を伴うことかもしれない。しかし、かつて北アジアにシャマンという、たしかに素質と能力、そして責任を己の身に引き受ける誠実さにおいては何人も比肩できない存在であったかもしれないが、人間精神と人間存在においてまぎれもなく現代の私たちと何ら変らない人物がいたことを、多くの民族誌的証言が明らかにしている。彼と北アジアの人々がなし遂げた「元型」の旅は、人間に本来備わっている可能性をふたたび発見することを課せられた私たちの旅でもある。

註

＊文献については、巻末の「参考文献」（二八八頁）に掲載したものは、著者名と書名のみを記した。訳者名、発行所、刊行年等の書誌データについては「参考文献」を参照されたい。

はじめに

（1）M・エリアーデ『世界宗教史Ⅲ』、第三一章「古代ユーラシア大陸の宗教」十四頁。

（2）M・エリアーデ、I・P・クリアーノ『エリアーデ世界宗教事典』、27「シャーマニズム」の項。

（3）たとえば現代日本人の形成については、最近の形質人類学の研究成果と遺伝学的分析の結果が、中央シベリア南部のバイカル湖からシベリア西南部・モンゴル・中国西北部にまたがるアルタイ山脈にかけての地域に起源をもつ北方モンゴロイドとの混血を明らかにしている（溝口優司「日本人の起源——形質人類学からのアプローチ」、坪井清足・平野邦雄編『新版古代の日本　第一巻　古代史総論』角川書店、一九九三年）。文化の形成に関しては、たとえば日本列島に展開した新石器文化が東北アジア・シベリアと密接なつながりをもつことが指摘されている。縄文時代に入ると、縄文前期の漁撈具にアムール川（ロシア東部と中国東北部との国境沿いに流れる大河）流域およびザ・バイカル（バイカル湖東部）との共通性が見られるという。弥生時代には骨トの儀礼や、中国鏡に先立ってもたらされた多鈕細文鏡《たちゅうさいもんきょう》に、東北アジア・シベリア南部との緊密な交流関係がみとめられるという（甲元眞之「先史時代の対外交流」、朝尾直弘他編『日本の社会史　第一巻　列島内外の交通と国家』岩波書店、一九九〇年）。

（4）氏族、部族、種族などの語は、もとは北方民族の集団の大きさや性格を指して中国の人々が史書で用いた表現である。本書では、山田信夫『北アジア遊牧民族史研究』、「1　テュルク・モンゴル系古代遊牧民の国家形成」に学び、厳密なものではないが、つぎのような基準で使いわけた。

「氏族」は、部族を構成するもっとも基礎的な集団であり、父系親族であることに限られる。具体的な姓で呼ぶときは「○○氏《し》」と記した。

「部族」は、特定の始祖と血縁、親族、あるいは系譜上の何らかの関係をもつ複数の氏族からなる集団であり、地域的、社会的、政治的なまとまりをもつものとした。国家形成前と後では、「部族」の概念に相違がみとめられるが、本書では一貫して「部族」で通した。

「種族」は地域的・政治的まとまりに加えて、血縁・親族・系譜関係の有無に拘わらず、集団形成の歴史・言語・習俗・祭祀の対象を共通にする複数の部族からなる集団を指すものとした。本文で「○○族」と表現したのはこの種族に相当する。

ただし、政治的なまとまりが稀薄であり、母系制社会を基盤とする森林狩猟民には、これらの用語の適用が困難であり、一律「○○族」と表記した。

なお、北アジアの住人は少数の例外を除いてトルコ系、モンゴル系、ツングース系の三大言語群の大集団のいずれかに属する。これらの集団は「種族」、あるいは「民族」としてとらえられるものである。

(5)　『元朝秘史』と同時代のモンゴル、とくにチンギス・カンの伝記を調べる上で依拠すべきまとまった史料は少ない。古いものから挙げると、『蒙韃備録《もうたつびろく》』と『聖武親征録《せいぶしんせいろく》』の二書がある。しかしいずれもモンゴル語の書物ではない。前者は一二二一年に南宋から派遣された使者が、モンゴルの支配下にあった北京での見聞を記したもので、チンギス・カン当時のモンゴルの制度・風俗を伝えるが、河北地方のそれらに限られる。後者は十三世紀後半のフビライの時代に書かれたと推定され、中国の正史である『元史』の「太祖（チンギス・カン）本紀」、「太宗（オゴデイ汗《カン》）本紀」の原典となったものといわれる。

つぎに挙げられるのは、現在のイランを中心に樹立されたモンゴル政権イル・カン国において、十四世紀のはじめに完成した『集史』と、一三六八年の元朝崩壊後、王朝の歴史はつぎの王朝の史官によって編まれるという旧例に倣って編纂された『元史』(そのなかの「太祖本紀」)である。『集史』に記録されたチンギス・カンの祖先に関する伝承、およびチンギス・カンの伝記は、『聖武親征録』や『元史』の内容とよく一致するという。このことから『集史』のその箇所は、それら二書と共通のモンゴル語の史料に拠ったのではないかといわれている。

モンゴル語で書かれた古い史料には、『宝の史綱《エルデニ・イン・トブチ》』(サガン・セチェン著。通称『蒙古源流』)と『黄金の史綱《アルタン・トブチ》』(作者不詳)がある。チンギス・カンをめぐる伝承を知るためには貴重だが、いずれも時代はずっと降って、前者は一六六二年、後者も一六三〇年前後になった作である。

(6) W・ハイシッヒ『モンゴルの歴史と文化』、第七章「ラマ教はシャマンを駆逐する」二六七頁以下。

(7) チベット仏教がシャマニズムに与えた影響については、註9に挙げた参考文献を参照されたい。そのうちの一つ、H・フィンタイゼンの『霊媒とシャマン』によれば、バイカル湖周縁からモンゴル北部のブリヤート族や北シベリアのヤクート族あるいはアムール川下流のゴルディ族(ナナイ族)などに見られる制度化された複雑なシャマン入巫式《にゅうふしき》(イニシエーション)は、本来のシャマニズムに属するものではない。フィンタイゼンはさらに、U・ハルヴァがチベット仏教の要素として挙げた位階制度、不浄な動物の摂食の忌避、修業制度、職服の四つに加えて、召命を受けたシャマン候補者が身につける白衣、浄め、共同体に対する職責の宣言、修業時の儀式用小屋(もしくはテント)もチベット仏教の付加物であり、また、位階の上昇に伴う義務の増大という観念もその影響であるという。

だからといって、フィンタイゼンもハルヴァもシャマニズムへの付加物をすべてチベット仏教に帰しているわけではなく、それ以前に北アジアに流れ込んだミトラ密教やイラン地方からの諸宗教の影響があったことを示唆している。

（8）　先史考古学者とはフランスのA・ルロワ＝グーランを、比較宗教学者とはルーマニアのM・エリアーデを指す。それぞれの著書『先史時代の宗教と芸術』と、『世界宗教史I　石器時代からエレウシスの密儀まで』に多くを負った。

（9）　本書がシャマニズムについて多くの教示を受けたのはつぎの三書である。

●U・ハルヴァ『シャマニズム——アルタイ系諸民族の世界像』

民族学の立場からトルコ系、モンゴル系、ツングース系の三大言語群に属するアルタイ系諸民族を中心に、極北地方の諸民族を含めてシャマニズムの世界観が包括的に叙述されている。この書の特徴について、訳者の田中克彦は「訳者あとがき」で次のように記している。「十九世紀から一九三〇年代までのロシアとヨーロッパにおけるシャマニズム研究を集約的にもれなく示している、いわば総決算の書である。…本書の内容は理論の書ではなく、何よりも十九世紀ロシアの各種紀要に発表された論文の要点を数多く引用した、なまの資料の書である」。

●H・フィンタイゼン『霊媒とシャマン』

ラップランドからチュクチ半島に至る北方ユーラシアの諸民族のシャマニズムを考察している。ハルヴァの書に負けない豊富な「なまの資料」が引用・掲載されている。訳者の和田完は、著者が民族学者でありながら深層心理学に造詣が深く、超心理学的アプローチを加味した内容となっているとしている。フィンタイゼンは宗教学にも造詣が深いと思われ、シャマニズムを「宗教」として明確に規定する。さらにヨーロッパの降神術的霊媒との比較考察を通して北アジアのシャマニズムの固有の特徴を明らかにしている。

●M・エリアーデ『シャーマニズム——古代的エクスタシー技術』

著者は「序言」のなかで、シャマニズムへのアプローチに民族学的、社会学的、心理学的、宗教学的の四つがあり、それぞれの特長があるなかで、この書が「宗教学全般の枠内で解釈」することによって「シャーマニズムの個々の局面の研究を総合し、この複合宗教現象の形態論でもあり同時に歴史ともなり得るような包括的な見解」をもたらしたものであると述べている。

なお、本文では立ち入らなかったが、「トランス」と呼ばれるシャマンに固有の意識状態について、宗教学や民族学の学界では、それが脱魂（エクスタシー、「外に置く」ことを意味するギリシア語の ekstasis に由来する）現象か、憑依・憑霊（ポゼッション）によって生じる現象かをめぐって議論がある。この書の副題が「古代的エクスタシー技術」とあるように、エリアーデは天上への旅には精霊の憑依以前に脱魂状態がなければならないとし、憑依は必ずしも厳密な意味でのシャマニズムの固有の要素ではないとする。本書が依拠した参考文献のなかでこの見解に批判的なのはフィンタイゼンで、彼は少なくとも最初は何らかの精霊がシャマンのなかに侵入し（憑依）、その魂を連れ出す（脱魂）ときにのみ天界への旅の第一歩が踏み出されると主張する。本書では、シャマニズムの諸現象をとらえる上で、おもにフィンタイゼンの主張に依拠する。

(10) シャマニズムという語は、ツングース族の魔術師 šaman に由来するという説が有力であり、やがて十八世紀以降、北アジアに住む諸民族の宗教現象全般を指すようになった。

このように本来、特定の地域の宗教現象を指す語であった「シャマニズム」が、世界各地の類似現象の呼称に使われるようになった理由は、一つにはシャマンの宗教体験がもつ普遍性にもとめられるであろう。シャマニズムは憑依体験もしくは脱魂忘我体験を核とする宗教経験であるが、これらの体験はもともと人間の属性に深く根ざすものである。したがって、よくいわれる神懸かりとか、物の怪にとり憑かれるといった表面的な類似相をもつものを含めて、シャマニズム的現象は世界各地に見られる。つまり、シャマニズム的現象は、現代の古代的な社会に観察される「原始的な宗教」や世界各地の民俗宗教から、大宗教にみとめられる「原始的」な要素にまで、くまなく探しもとめられるのである。このことがシャマニズムという語が北アジアを越えて、ひろく使われるようになった理由であろう。

しかしエリアーデがいうように、「それぞれの地域におけるシャーマン的複合が現に存在するからといって、その当該民族の呪術宗教的生活がシャーマニズムを中心に結晶しているという意味ではない」とすれば、私たちはシャマニズムの正しい理解のために「『シャーマニズム』の語をその厳密にして固有の意味で使用」すべきであり、類似現象に対して慎重であるべきだろう（引用文は二つとも、エリアーデ『シャーマニズム』、第一章「概説」七頁より）。

第一部　『元朝秘史』の世界

第一章　天の定め、天の恩寵

（1）本書における『元朝秘史』からの引用は、小澤重男訳と村上正二訳（村上訳は『モンゴル秘史』と題する）の両方に適宜拠った。引用がどちらに拠ったか、その箇所（「巻」と「節」）も合わせて一々出典を付した。なお、振り仮名をつけたり、原文の「チンギス合罕」を「チンギス・カン」とするなどわずかに手を加えたところがある。

（2）小澤によれば、一二二八年、一二四〇年、一二五二年の各説がある。小澤は巻一から巻十は一二二八年に書かれ、続集巻一と二の二七三節までは一二五二年、残りはその後とする（小澤重男『元朝秘史』岩波新書、一二五頁）。

（3）ハルヴァ『シャマニズム』、第五章「天神」一三〇頁以下。天神があらゆる生命体の運命を決定することについて、小澤の、『元朝秘史』冒頭の「上なる天神よりの命運」の解釈も参考になる。すなわち、あるモンゴル人研究者の説を紹介して、小澤はこの「命運」はカン（部族の首長、もしくは国家の君主）となるべき運命のような「何も特定の運命ではなく、人間が――というより広く生物が――この世に生れ来るという〈運命〉であって、これは古きモンゴル人のシャマニズム独特の世界観である」ことを指摘する（小澤重男『元朝秘史全釈』上、十三頁以下）。

(4) エリアーデ『太陽と天空神――宗教学概論1』、第二章「天空‐天空神、天空の儀礼と象徴」一一六頁。

(5) フィンタイゼン『霊媒とシャマン』、第二章「シャマニズムと『動物層』」十九頁。

(6) フィンタイゼン、同右、二十頁。

(7) ハルヴァ、前掲書、第二一章「シャマン」四九六頁。

(8) 当時の北アジアの人々が、〈知ろしめす〉存在である天神の前に人倫や道理に適うように行動し生きる姿は、『元朝秘史』に数多く記されている。たとえばモンゴル系部族のケレイトの君長オン・カンは、チンギス・カンを裏切って戦を仕掛けようとするわが子セングンを「天神に愛しまれまい」といって諭す（村上訳、巻五・一六七節）。

(9) G・S・スピンクス『人間心理と宗教』、第四章「宗教と心理学的概念」五六頁。

(10) ハルヴァ、前掲書、第八章「星辰」一六八頁。みそなわす存在である太陽はまた月とともに、遠くにいる者が置かれている状況や運命を映し出すとも信じられていた。このことを示す例が『元朝秘史』に出てくる。それは九歳となったテムジンが、父イェスゲイに連れられて、代々モンゴル部族と通婚の関係にあるオンギラト族の、はるか東方の大興安嶺西麓の領地へ向けて嫁候補を探す長旅に出たときのことである。その途中でオンギラト族の一支族であるボスクル氏の族長デイ・セチェンに出会った二人は、彼から昨夜見た不思議な夢について聞かされる。それによると、いつもは天にあって仰ぎ見るはずの太陽と月を摑んだ白い鷹が飛んできて、それを彼の手の上に落していった。太陽は一人の指導者がモンゴルの民を導いている姿を映し出していた。不可解な夢であったが、翌日テムジンと出会った彼は、それがモンゴル部族の守護神のお告げであり、その指導者が将来のテムジンの姿であることを知ったのである。

(11) 護雅夫『古代トルコ民族史研究Ⅱ』、付編「批評と紹介」六二四頁以下。護が書評にとり上げたS・G・クリャシュトールヌィ「古代テュルク語資料に見られる神話体系の主題」によれば、《褐色の大地》は人間などの居住世界であり、《蒼色の天》はその世界を覆う「屋根」と観念された。遊牧民に特有の住居であるゲル（天幕。中国では包《パオ》と呼ぶ）はその世界構造を象ったものであるといわれる。

(12) ハルヴァ、前掲書、第五章「天神」に負った。大地母神は古いアルタイ語ではエテュゲンと呼ばれ、突厥《とっけつ》、薛延陀《せつえんだ》、ウイグルなどのトルコ系諸民族の聖地であるウトゥケン山（ハンガイ山脈の東南部、オルホン川とセレンゲ川の河源となっている連峰）の名はこれから生じたといわれる。

第二章　遠い祖先、伝承の世界

(1) 蒙兀の「蒙」は象形文字であり頭部をも含む獣皮の全体像を表わす。「兀」も同様に人の頭の髪を剃り落した形。結髪の形を表わす「元」の髪を切った形が「兀」であり、下部は人の形である（白川静『字通』平凡社、一九九六年）。「蒙」はモンゴル人の服装を指すか、あるいは頭部から足まで一続きとなった狩猟獣の皮を柱や杭に引っ掛けて霊を慰める、森林狩猟民に見られる野獣屠殺儀礼（くわしくは第二部第二章参照）を意味したものであろう。「兀」は彼らが古くから辮髪をしていたことを指しているのだろう。

(2) C・M・ドーソン『モンゴル帝国史1』、第二章、十九頁。ドーソンはモンゴル族に伝わる伝説として次の話を紹介している。チンギス・カンが生れる二千年も前のことであるが、モンゴル族は高原の諸民族の抗争のなかで滅亡の危機に立たされた。わずかに生き残った二家族は《エルグネ・クン》と呼ばれる山脈にとり囲まれたある地方へ逃れた。そこは地味豊かな土地であったので子孫は繁栄し、やがてその狭隘な土地から出る必要に迫られた。そこで彼らは鉄鉱を採掘する技術をもっていたので、七〇個のふいごで火を焚き鉱坑を溶解させ切り立つ岸壁に通路を開いた。これがモンゴル族の起源であるという。この伝説に出てくる《エルグネ・クン》のエルグネは現在のアルグン川に比定され、全体としてアルグン川の狭隘な峡谷を指す。以上、訳者の佐口透の注釈も参考にした。

(3) 村上訳『モンゴル秘史』、巻一・一節の訳註八。

(4) 『北史』、『隋書』のそれぞれの「室韋伝」にも記されているが、『旧唐書』には室韋の国には「君長が無く、大首領が十七人あり、みな莫賀弗《バガトウル》と号し、世襲して突厥に附属する」(田村実造訳註『騎馬民族史1 正史北狄伝』二九八頁)とある。莫賀弗とは「勇士《ますらお》」を意味する美称。チンギス・カンの祖父バルタンや父イェスゲイがバアトルと呼ばれたことが『元朝秘史』に出てくる。

(5) 志茂碩敏『モンゴル帝国史研究序説』、序章、三頁。

(6) ハルヴァ『シャマニズム』、第十九章「自然の主たち」。

(7) H・ペルレー／小澤重男訳「元朝秘史に現われるalanという語について」、小澤重男『元朝秘史全釈』下、付録、五七三頁。

(8) 古代トルコ系諸民族の間では《神聖な地‐水》は地祇(地神)を意味した。護雅夫『古代トルコ民族史研究Ⅱ』、第一章「古代テュルク民族史上の諸問題」一一一頁および同書付編「批評と紹介」、クリャシュトールヌィ「古代テュルク語資料に見られる神話体系の主題」より。

(9) C・G・ユング『自我と無意識』第一部第二章「無意識の同化に伴なうさまざまな現象」五五頁以下。

(10) 鍛冶師はシャマンにつぐ高い地位を占め、地方によっては病気を癒す力や未来を予知する能力さえもっていると信じられた。くわしいことはフィンタイゼンの『霊媒とシャマン』第八章「シャマン衣装の骨格と骨の描写」、およびエリアーデの『シャーマニズム』第十三章「相似せる神話、シンボルおよび儀礼」を参照されたい。

なお、フィンタイゼンはその章で、アルタイ地方のパズィルィク・クルガン(紀元前六世紀頃、南ロシアの草原地帯に興起した騎馬民族国家スキタイの王族の高塚墳墓。紀元前五～前四世紀の南シベリアの文化を知る上で二十世紀最大の発見とされる）の第二クルガンから出土した鉄刀が紀元前五世紀のものと推定されることから、鍛冶師に対して高い尊敬が払われるようになったのは、シベリアではシャマンよりずっとのちの、せいぜい紀元前六百年頃からであろうと推測する（同書、八四頁）。

第三章　『元朝秘史』が描く社会

（1）O・ラティモア『農業支那と遊牧民族』、「I　ステップと歴史」十二頁。エニセイ川上流域を住地としていたキルギス族が農耕を行なっていたことは、考古学的資料——鉄製犂頭や石臼、灌漑溝等の遺構も発掘されている——から明らかである（護『古代トルコ民族史研究I』、第三章「古代テュルクの社会構造」）。なお、『元朝秘史』にわずかに二箇所（一五二、一七七節）だけだが、セレンゲ川下流域のメルキト部族が農耕を営んでいたことを示す記事がある。村上は一五二節の訳註で、キルギス族の居住地あたりの農耕技術を受け継いだものであろうとしている。

（2）ラティモア、同右、十頁。

（3）S・N・ビビコフ『マンモスの骨でつくった楽器』、「I　メジン文化をさぐる」三二頁。

（4）村上訳『モンゴル秘史』、巻一・一節の訳註六。なお、ブルカンという語の意味については諸説あるが、村上は同書の別の訳註（巻十二・二七二節の訳註四）でモンゴルの碩学リンチェン教授の、「シャマンの神々」を指すという説を紹介している。

（5）フィンタイゼン『霊媒とシャマン』、第四章「いわゆる『巫病』とシャマン候補者の神秘的解体」四一頁。

（6）エリアーデ『シャーマニズム』、第三章「シャーマンの能力の獲得」一一〇頁。エリアーデはつぎのようなヤクート族のシャマンの証言を紹介している。「シャーマンは自分の持っているエメゲット（守護霊）を通してのみ物を見たり聞いたりする。私は三ノスレグの距離まで見たり聞いたりできるが、もっと遠くのものまでを見聞きできる者もいる」。

『元朝秘史』の訳者小澤は、ドア・ソコルがその「額の真ん中の唯一つの眼」でブルカン岳から渓谷を望見していたと訳出した箇所について、「望見」にあたるモンゴル語が「単に〈注意深く〉見るのではなく」、「何等かの意識をもって、あるもの（こと）の総体を、あるいはあるもの（こと）を総体的に見る」意味を蔵しているという（『元朝秘史全釈』上、四二頁）。このことからもドア・ソコルが、透視と予言の能力をもつ真正なるシャマンであったことは明らかである。

また、小澤が註釈するこのモンゴル語の「望見」の観念は、ユダヤの聖典やギリシア神話、さらに錬金術や星座に出てくる目‐モチーフとの類似性を示唆していて興味深い。ユングによれば、それらの聖典や神話や錬金術には〈世界を隈なく見渡す神の目〉や〈すべてを見る者〉という目‐モチーフが登場し、また星座の一つである竜座にはすべてを見渡す地位が与えられ、そこでは竜が「極の高みからすべてを見下ろし、とりわけ出来事を一つも見逃さないように見張っている者」として描かれているという。ユングはこういった目‐モチーフの空間概念が、時間のシンボル体系を通じて時間と同一視されていたことを指摘し、「元型」の作用の一側面である時間的符号化現象、すなわち共時性（因果的に何のつながりもない二つの出来事が同時に起きること）を示すものであるという。詳しくはユングの論文を集めた『元型論』に所収の「心の本質についての理論的考察」パラグラフ394以下を参照されたい。

（7）V・A・リャザノフスキー『蒙古法の基本原理』、第三章「蒙古法の法源」一九三頁以下。

（8）村上訳、前掲書、巻一・十三節の訳註七。

（9）村上訳、前掲書、巻一・十五節の訳註八。

（10）江上波夫『騎馬民族国家』、「ユーラシアにおける騎馬民族」匈奴のシャマニズムと祭典の項、および沢田勲

『匈奴』、第三章「匈奴の文化」に拠った。

(11) 護『古代トルコ民族史研究Ⅱ』、付編「批評と紹介」、クリャシュトールヌィ「古代テュルク語資料に見られる神話体系の主題」六二七頁。

(12) 愛宕松男『キタイ・モンゴル史』、第三部「Ⅱ 蒙古大汗国」三〇八頁。

(13) 小澤訳『元朝秘史』、巻二・七十節の訳註三。小澤は、村上が「祖先に地祇の祭りを催した」と訳出した該当箇所の一語 ineru を「こちら側」を意味するとし、「祖先の人々の祭祀のために、陵墓の地へ、そのこなたの側」と訳した。その根拠として、出典を明らかにしていないが、「古い時代のモンゴルでは、女性は『墳墓の地』の、ある地点、すなわち『こちら側』までしか入れなかったとの見解」があることを紹介している。フィンタイゼンは『霊媒とシャマン』で、アジア西南部(中央アジア)、アラル地方のブリヤート族の、シャマン霊の供犠祭の模様を資料から引用し紹介しているが、それによると一般の参詣所と「女子供の立ち入ることのできない至聖所」があったことが知られる(同書、第十章「死んだシャマンの力と同族への加護」註14)。これによって ineru が「一般参詣所」を意味したことが推定できる。なお、このブリヤート族の供犠祭については本文で後述。

(14) フィンタイゼン、前掲書、第十章「死んだシャマンの力と同族への加護」九三頁以下。

(15) 護『古代トルコ民族史研究Ⅲ』、「総論」第一節「遊牧国家の成立と発展」に拠った。

(16) フィンタイゼン、前掲書、第九章「シャマンの葬制と再生思想」八九頁。

(1) 最近の発掘実績のうちもっとも衝撃的なのは、一九九四年に発見されたフランス南東部アルデッシュ県のショベ洞窟壁画であろう。その第一次発掘結果報告によれば、絵画技術と精緻な描写においてアルタミラやラスコー、ニオーに比べて見劣りのしないこの壁画の制作年代が、いまから三万年以上もさかのぼることが明らかにされた（*Nature*, Vol.413, 4 October, 2001）。壁画のなかには半身が人間で半身がピゾン（野牛）の架空の動物図像があることも報告されている（「世界最古の洞窟壁画」、『ナショナル・ジオグラフィック　日本版』、二〇〇一年八月号）。

そのほかにも、一九九一年に発見されたフランス南部のコスケール洞窟からは、ソリュートレ初期の約一万九千年前の制作と推定される動物像と記号とからなる線刻画と彩色画が、また、二〇〇〇年に発見されたフランス、ドルドーニュ県のキュサック洞窟からは、オーリニャック期までさかのぼるマンモスやピゾン、馬、女性などを描いた二〇〇点にのぼる線刻画図像が発見された。さらにこれらの発掘に加えてポルトガル北東部でも河岸の露天の岩面から線刻画が多数発見されており、現在ヨーロッパでは洞窟壁画の考古学的研究と美術研究はきわめて活発であるという（小川勝「フランス・コスケールの洞窟壁画と旧石器時代美術研究の問題」、『古代文化』五二巻、四五頁）。今後もあたらしい知見がもたらされるであろう。いずれにしてもオーリニャック期の芸術が小像にかぎられるという説や、原始的であり稚拙であってそこから進化が起きてマドレーヌ期につながるという見方は早晩修正される可能性が高い。

(2) ホモ・サピエンスはアフリカで約十万年前に現われたと従来考えられていたが、最近エチオピアで約十六万年前のほぼ完全な頭骨化石が見つかった（「朝日新聞」二〇〇三年六月十二日朝刊）。

(3) C・ストリンガー、C・ギャンブル『ネアンデルタール人とは誰か』、第九章。

(4) ストリンガー、ギャンブル、同右。

(5) このパラグラフは、木村英明「考古遺跡から探る最初の訪問者」、科学朝日編『モンゴロイドの道』、に負った。

(6)ハルヴァ『シャマニズム』、「序説」九頁以下。

(7)A・ルロワ＝グーラン『先史時代の宗教と芸術』、第五章「旧石器時代の宗教」一五八頁。

(8)A・ベルトラン監修『アルタミラ洞窟壁画』、「序文」九頁以下。

(9)P・ベルナルド・デ・キロス「アルタミラ洞窟――作品、作者とその時代」、ベルトラン、前掲書。

(10)エリアーデ『世界宗教史I』、第一章「時の始めに……古人類の呪術-宗教的営み」八頁。

(11)Tim Murray (Ed.), *Encyclopedia of Archaeology, History and Discoveries*.

(12)壁画の場所と記号に関する解釈は、ベルトラン、前掲書所収のデ・キロスの前掲論文と、M・M・ペレス＝セオアーネ「アルタミラの作品に見られる技法」に拠った。

(13)ルロワ＝グーラン(対話者：C・H・ロケ)『世界の根源』二〇九頁。

(14)G・バタイユ『ラスコーの壁画』二一一頁。

(15)デ・キロス、前掲論文に拠った。

(16)ビビコフ『マンモスの骨でつくった楽器』、「Ⅳ　東ヨーロッパの後期旧石器時代の音楽と舞踊」一一八頁。

(17)フィンタイゼン『霊媒とシャマン』、第二章「シャマニズムと『動物層』」十三頁。

(18)A・P・オクラドニコフ『黄金のトナカイ』、「I　美術の源流へさかのぼる」五四頁。

(19)フィンタイゼン、前掲書、第一章の原註1。

(20)オクラドニコフ、前掲書、「Ⅱ　ブラーック海の岩壁画」一〇七頁。

第二章　狩猟文化と北アジアのシャマニズム

(1)エリアーデ『シャーマニズム』の第十四章「結語」、フィンタイゼン『霊媒とシャマン』の第六章「入巫式」、ハルヴァ『シャマニズム』の「序説」に拠った。
（2）フィンタイゼン『霊媒とシャマン』、第三章「北アジアにおけるシャマンの成立過程」二七頁以下。
（3）第一部第三章で述べたように、シベリア諸民族の間では、《最初のシャマン》は神々によって遣わされた鷲と地上界の女との間に生れたと信じられており、鷲は「シャマンの父」の地位を与えられている（エリアーデ『シャーマニズム』、第五章「シャーマンの衣裳と太鼓のシンボリズム」一九九頁）。鷲とならんできわめてひろく注目をあびているのは白鳥であり、多くの伝説のなかに氏族の母として現われる（ハルヴァ『シャマニズム』、第二一章「シャマン」四二〇頁）。
（4）フィンタイゼン、前掲書、第二章「シャマニズムと『動物層』」十九頁。
（5）エリアーデ『シャーマニズム』、第三章「シャーマンの能力の獲得」一一〇頁。
（6）フィンタイゼン、前掲書、第二章「シャマニズムと『動物層』」十九頁。
（7）フィンタイゼン、同右、第三章「北アジアにおけるシャマンの成立過程」三二頁。
（8）ハルヴァ『シャマニズム』、第九章「雷」一八九頁。
（9）狩猟動物の全身の皮を木や杭に懸ける儀礼に関しては、『元朝秘史』に別の例も見られる。それは、ボドンチャルの死後ボルジギン氏がウリャンハイ族から祭祀権を奪ったことを述べた箇所（巻一・四四節。本書では第一部第二章、四七〜四九頁参照）である。この箇所に出てくるモンゴル語の「ジュゲリ」を、村上は「霊廟」と訳し、小澤は「デュゲリ」とそのまま載せている（脚註では「一族の祖先を祀る祭祀場」と註釈）。しかし、『元朝秘史』の「傍訳」（モンゴル語の「原典」を漢字の音を借りて表記したものに、中国語でつけた訳）には、「ジュゲリ」は〈以竿懸肉祭天〉と銘記されている。つまり「ジュゲリ」は、「頭と足のついた、いけにえの動物の皮」を「長い竿に懸け」て、祖先をまつること（小澤『元朝秘史全釈』上）であることが知られる。村上もこの箇所の訳註六で、この「傍訳」に言及し、「シャマンによって竿の先に掲げられた羊肉」と解釈する説を紹介している。「ジュゲリ」とは、そのような儀礼と、それが行なわれる祭祀の場の総体を意味したものであろう。

なお、狩猟動物の骨を台上や樹の上に安置する慣習について、『元朝秘史』にそれらしき記事が見える。それは、ボドンチャルが鷹を使って雁や鴨を捕え、日々の糧としたことを述べた箇所（巻一・二七節）である。そこでは、鷹が捕えた「鴨ども、雁どもは／樹幹ごとに臭気を／枯樹ごとに腥気《せいき》〔なまぐさい臭い〕を／芬々とにおうまで放った」（小澤訳）と描写されている。村上はこの箇所を、「食い切れずに」と訳文を補って、肉を放置した情景ととらえる。だが、ここは狩猟文化に即していえば、「樹幹」が台上葬の「台」、「枯樹」は樹上葬の「樹」にあたり、それらの上に安置した骨に残った肉が臭気を放っていたありさまを描いたものと解釈できよう。

(10) フィンタイゼン、前掲書、第八章「シャマン衣装の骨格と骨の描写」七九頁。
(11) エリアーデ、前掲書、第五章「シャーマンの衣裳と太鼓のシンボリズム」二〇一頁以下。
(12) ハルヴァ、前掲書、第二二章「供犠と供犠祭」四九七頁。
(13) エリアーデ、前掲書、第六章「中央および北方アジアにおけるシャーマニズム　その一」二四七頁、および原註39。
(14) ハルヴァ、前掲書、第二二章「供犠と供犠祭」四九八頁。
(15) 小長谷有紀「モンゴルの家畜屠殺をめぐる儀礼」、畑中幸子・原山煌編『東北アジアの歴史と社会』三二三頁。
(16) ユング『自我と無意識』、第二部第三章、一七六頁。
(17) このパラグラフは、フィンタイゼン、前掲書、第四章「いわゆる『巫病』とシャマン候補者の神秘的解体」に拠った。
(18) フィンタイゼン、同右。

(19) 加入礼については、フィンタイゼン、前掲書、第四章「いわゆる『巫病』とシャマン候補者の神秘的解体」、エリアーデ『生と再生』の「序説」および第一章「未開宗教における加入礼儀礼」に拠った。

第三章　天神崇拝と北アジアのシャマニズム

(1) 護『古代トルコ民族史研究Ⅱ』、第二章「古代テュルク民族の信仰」に拠った。
(2) エリアーデ『シャーマニズム』、第十四章「結論」六四四頁。
(3) ハルヴァ『シャマニズム』、第六章「天神の《息子》と《助手》」一四一頁。
(4) ハルヴァ、前掲書、第二一章「シャマン」四八四頁。
(5) ハルヴァ、同右、四九〇頁。
(6) フィンタイゼン『霊媒とシャマン』、第三章「北アジアにおけるシャマンの成立過程」二九頁以下。
(7) エリアーデ『世界宗教史Ⅲ』、第三一章「古代ユーラシア大陸の宗教」二四頁以下。
(8) ハルヴァ、前掲書、第十一章「火」二二一頁以下。
(9) フィンタイゼン、前掲書、第一章「北アジアのシャマンとシャマニズム」五頁。
(10) フィンタイゼン、前掲書、第七章「北アジアのシャマン衣装の本質と起源」七一頁。
(11) ハルヴァ、前掲書、第二一章「シャマン」四二九頁。

第四章　シャマン、その人間像

(1) エリアーデ『シャーマニズム』、第一章「概説」六頁。
(2) ハルヴァ『シャマニズム』、第二一章「シャマン」四〇五頁。
(3) エリアーデ、前掲書、第一章「概説」十四頁。

（4）シャマンの召命に関する二つのパラグラフは、フィンタイゼン『霊媒とシャマン』、第五章「シャマン就任と近親者の死」に拠った。
（5）このパラグラフは、ハルヴァ、前掲書、第二一章「シャマン」に多くを負った。
（6）フィンタイゼン、前掲書、第三章「北アジアにおけるシャマンの成立過程」一二三頁以下。北アジアの諸民族の間ではシャマンは祖霊（死んだシャマンの霊）によって選ばれると考えられた。ハルヴァは「この信仰はシャマニズムが行われている地域ではどこでも普通である」（ハルヴァ、前掲書、第二一章「シャマン」四一三頁）という。フィンタイゼンもこの信仰が一般的であることをみとめるが、その一方で、祖霊による召命がシャマンの選出という観念の真の源ではないと主張する民族学者シュテルンベルクの説を紹介している（同、第三章、註18）。それによるとシュテルンベルクは、ブリヤート族ではシャマンは昔、ウッハを天から授かったと伝承されていることから、祖霊による召命という考えは後世の付加物であり、祖先は単なる仲介者にすぎないと主張する。本書の第二部第二章で紹介したヤクート族の説話でも、男の魂を育成するのは上界の運命を定めるカラス神であった。これもシュテルンベルクの説を裏づけるものであろう。
（7）フィンタイゼン、前掲書、第四章「いわゆる『巫病』とシャマン候補者の神秘的解体」四十頁。
（8）フィンタイゼン、同右、四一頁。
（9）フィンタイゼン、前掲書、第五章「シャマン就任と近親者の死」五十頁以下。
（10）ハルヴァ、前掲書、第二一章「シャマン」四七九頁。
（11）ハルヴァ、同右、「シャマンの職能」の項の説明に拠った。
（12）フィンタイゼン、前掲書、第十五章「シャマンの心理学的考察」一五三頁。
（13）エリアーデ『世界宗教史Ⅲ』、第三一章「古代ユーラシア大陸の宗教」二四頁以下。
（14）フィンタイゼン、前掲書、第一章「北アジアのシャマンとシャマニズム」六頁。

（15）このパラグラフは、フィンタイゼン、前掲書、第十六章「シャマニズムと霊媒術」に拠った。

第三部　シャマニズムと現代

第一章　シャマンのトランス意識

（1）井筒が展開するシャマニズム論は、「古代中国のシャマニズム文学の最高峰をなす『楚辞』」（井筒『意識と本質』一八九頁）の世界に現われるシャマン的実存について考察したものである。ちなみに『楚辞』は、長江上流域の「楚」の国（春秋戦国時代）の民間に古くから伝わる祭祀歌謡をもとにした文学。シャマンの世界が歌われている。

（2）井筒が『意識と本質』に引くフランスの哲学者メルロ＝ポンティの命題。

（3）井筒はメルロ＝ポンティの命題を「垂直的に展開したらどんな問題が出てくるか」、そしてこの問題をとくに「本質論との関連において考究することこそ、本論全体の主題とするところ」であると述べている（同書一〇二頁）。

（4）「コルバンは最初にイメージ世界（mundus imaginalis《ムンドゥス・イマジナーリス》）という用語を用い、元型を想像力の基礎構造と考えた人物である」（A・サミュエルズ／村本詔司・村本邦子訳『ユングとポスト・ユンギアン』創元社、一九九〇年）。コルバンは、ムンドゥス・イマジナーリスを、想像的イメージの現実からなる独特の領域であり、その領域を超えた精神的世界や、通常の感覚知覚からなる経験世界とは異なった知覚能力を必要とする世界ととらえた。そして彼は imaginalis の形容詞である imaginative（想像的な）が「架空の」という否定的意味をもつため、imaginal という特殊な形容詞を術語的に設定した。井筒はこれを踏まえて、特別な意味でのイメージに関わる形容詞として、つまり虚構とか架空とかのニュアンスを払拭するために括弧を用いて「想像的」とし、ムンドゥス・イマジナーリスを「『想像的』イメージの世界」と訳したのである（J・ヒルマン『元型心理学』青土社、一九九三年、の訳者河合俊雄の訳註に拠った）。

第二章　「元型」と魂の危機

（1）C・G・ユング「心の本質についての理論的考察」、『元型論』三三四頁以下（パラ401）。
（2）同「幼児元型の心理学のために」、『神話学入門』一一三頁。
（3）同「集合的無意識の諸元型について」、『元型論』二八頁（パラ3）。
（4）同『自我と無意識』、第二部第一章、一一三頁。
（5）同「精神と生命」、『現代人のたましい』二四二頁以下。
（6）同『自我と無意識』、第一部第一章、二六頁。
（7）林道義は、Psyche（プシュケー）を「心」と訳し、Seele（ゼーレ）を「こころ」ないしは「魂」と訳す。本書では明らかにユングの「定義」にしたがうべきと思われる箇所は林にしたがったが、大半は引用した参考文献の記述のままにしてあり、プシュケーとゼーレの区別をとくに考慮していない。
　プシュケーとゼーレは両方とも、「心」（ないしは「こころ」）、あるいは「たましい」（ないしは「魂」）と訳されるが、その違いについてユングは、「定義」集（林訳『タイプ論』第十一章）のなかで、「無意識の構造を研究しているうちにゼーレとプシュケーとを概念的に区別すべきであると考えるようになった」といい、「プシュケーを意識も無意識も含めたあらゆる心的現象の総体」とし、これに対して「ゼーレを輪郭をもった特定の機能コンプレックス」と規定している。ユングはまた「ゼーレを『人格』と呼ぶのがもっとも適切であろう」といっている。したがって林はゼーレを「内的人格」とも訳している。ちなみに早い時期にユングの翻訳を手がけたドイツ文学者の高橋義孝は、ゼーレを「心」もしくは「魂」と訳し、湯浅泰雄はプシュケーを

「心」と訳すのは収まりが悪いとして「たましい」と訳している。

(8) ユング「心の本質についての理論的考察」、『元型論』三一〇頁(パラ373)。

(9) 同『自我と無意識』、第一部第四章、八十頁。

(10) 同右、第二部第一章、一〇〇頁以下。

(11) ユング「夢の心理学」、『ユングの人間論』八一頁。

(12) ユングは「いびつな精神」の顕われとして、社会的役割(仕事や肩書)に自分を過度に同一化する「ペルソナ」現象と、その一方で「無意識」の圧倒的な力に支配されるために悲観主義的な諦めに陥る現象を指摘する。彼によれば、いずれも「集合的な要素」、言い換えれば外部(「無意識」も客観的な現実である)との同一化の強化が生じ、本来の自分を見失った状況である。前者はその「強化」が能動的であるが、じつはそれと同等の無力感が背後に潜み、後者は反応的であるが、その背後に往々にして傲岸な権力意識が潜んでいるという。この外部(客体)との強化が心の本来の生命活動を損ない、それゆえに神経症や精神の統合失調症を招く。ひいてはこの「集合的な要素」との同一化は、個人の段階を超えて社会段階にも現われ、第二次世界大戦を引き起こす原因となった全体主義や国家至上主義を生むに至ることを指摘する(詳しくは、ユング『自我と無意識』、第一部「意識に対する無意識の作用」を参照されたい)。

(13) ユング「意識　無意識　個性化」、『ユングの人間論』一二五頁。

(14) 同『無意識の心理』、第四章、七三頁。

(15) 同『自我と無意識』、第二部第二章、一三九頁以下。

第三章　心的過程が顕現するもの

(1) 以下の説明は主としてユング『自我と無意識』、第二部第一章、一一一頁以下に拠った。

(2) ユング「心の本質についての理論的考察」、『元型論』三一一頁(パラ375)。
(3) 同右、三三七頁(パラ404)。
(4) 葉切りアリの生態については、B・ヘルドブラー、E・O・ウィルソン/辻和希・松本忠夫訳『蟻の自然誌』朝日新聞社、一九九七年、一六六頁以下で補った。
(5) 前のパラグラフを含め、ユング『人間心理と宗教』、「I 無意識の自立性」七頁以下。
(6) ユング「メルヘンの精神現象学」、『ユングの象徴論』十一頁。
(7) 同『自我と無意識』、第一部第一章、三三頁。
(8) 同「メルヘンの精神現象学」、『ユングの象徴論』十九頁。
(9) 同「心の本質についての理論的考察」、『元型論』三一二頁(パラ376)。
(10) 同右、三一八頁(パラ385)。
(11) 同右、三四二頁(パラ412)。
(12) 同右。
(13) ユング「集合的無意識の諸元型について」、『元型論』五九頁(パラ57)。
(14) 同右、五十頁(パラ46)。
(15) ユング「心の構造」、『現代人のたましい』一一三頁。
(16) このパラグラフは、ユング「集合的無意識の諸元型について」、『元型論』六五頁(パラ66)に拠った。
(17) 同右、三三頁(パラ11)。
(18) 同右、六四頁(パラ64)。

第四章　シャマンの世界

（1）ユング「心の本質についての理論的考察」、『元型論』三六〇頁（パラ435）。
（2）井筒『意識と本質』一九五頁。
（3）フランスの心理学者ピエール・ジャネ（一八五九〜一九四七）の用語。ユングは「私の直接の師はオイゲン・ブロイラーとピエール・ジャネ」であるといっているように、ジャネから大きな影響を受けた。
（4）ユングの一九六〇年二月九日付A・D・コーネル（ケンブリッジ大学超心理学研究協会会長）宛書簡（『ユング超心理学書簡』所収）。
（5）ユングが北アジアのシャマニズムについて、どこまで知っていたか詳らかにすることはできないが、エリアーデの『シャーマニズム』を有力な知識源としていたようである。筆者が目にしたかぎりでは、ユングは論文「ミサにおける転換象徴」（村本詔司訳『心理学と宗教』人文書院、一九八九年）において、転換の神秘と供犠の心理学的意味を説いたそれぞれの箇所で、「シャーマニズムのイニシエーションにおける八つ裂き体験」の例を挙げており、また論文「元型とくにアニマの概念」（『元型論』）で「未開人の心理学に現われたアニマの概念」（『元型論』）としてシャマンの「天の妻」に触れている。いずれもユングは、出典がエリアーデの『シャーマニズム』であることを明記している。なお、一九二〇年と一九二五〜二六年の二回のアフリカ旅行で、アフリカの「シャマン」と接したことが知られる（ユング他／河合隼雄監訳『人間と象徴』河出書房新社、一九七五年）。
（6）ハルヴァ『シャマニズム』、第二二章「シャマン」四九五頁。

第五章　「現代」と深く関わるシャマニズム

（1）ユング『自我と無意識』、第一部第四章、八六頁。
（2）同「心の本質についての理論的考察」、『元型論』三四二頁以下（パラ413）。

(3) 同「集合的無意識の諸元型について」、『元型論』六六頁(パラ68)を参照のこと。
(4) 同右、五四頁(パラ50)。
(5) 同右(パラ51)。
(6) ユング『自我と無意識』、第二部第二章、一五六頁。
(7) 同右、第二部第四章、二〇〇頁以下。
なお、引用文の「無意識人格の解消」の「無意識人格」は、訳文では「マナ人格」であるが、内容に変わりないので本文の文脈に沿うよう変更したものである。
(8) ユング「集合的無意識の諸元型について」、『元型論』五十頁(パラ45)。
(9) 同『自我と無意識』、第二部第二章、一二四頁。
(10) 同「心の本質についての理論的考察」、『元型論』三四〇頁(パラ410)。
(11) 同「集合的無意識の諸元型について」、『元型論』四三頁(パラ29)。
(12) 同右、七二頁(パラ80)。
(13) ユング『自我と無意識』、第二部第四章、一九五頁。
(14) 同右、二〇四頁。
(15) 同右、第二部第二章、一四四頁。
(16) 同右、第二部第四章、二〇一頁。

付録　『元朝秘史』について

『元朝秘史』はどのような書物か

『元朝秘史』は、チンギス・カンの生涯の事蹟を、彼の没後（一二二七年に病没）ほどなくしてモンゴル人がみずからの手で記録しまとめた書物である。《チンギス・カンの根源》を部族伝承にもとめ、モンゴル高原統一までの歴史を語ったあと、跡を継いだ二代目オゴデイ汗《カン》の初期の治世にふれて記述は終っている。

モンゴル語で書かれた「原典」は、十七世紀後半にはまだ世のなかに存在していたと思われるが、残念なことに現在では失われてしまった。いま私たちに残されているのは、「原典」の漢訳である。これは「元」を継いだ「明」の時代に、前王朝の正史《せいし》（紀伝体という記述形式に厳格に従った官撰の史書）はつぎの王朝によって編まれるという倣《なら》いに従って、『元史』編纂の事業を起こしたとき、その任に当った史官が文献の一つとして「原典」を発見し、モンゴル語を逐一漢字に書き写して訳したものである。これが「漢字音写モンゴル語原文」、すなわち『元朝秘史』である。

漢字に書き写すとは、たとえば Činggis qahān は成吉思合罕《チンギス・カン》、根源を意味する huǰa'ūr は忽札兀児《フジャウル》というように漢字の音を借りて表記することをいう（二七九頁の図版参照）。この「漢字音写モンゴル語原文」には各行の右に漢語の訳（「傍訳」という）が添えられており、それによって成吉思が人物の名であり、合罕は「皇帝」を意味し、忽札兀児は「根源」であることが知られる。現在、『元朝秘史』（小澤重男訳）あるいは『モンゴル秘史』（村上正二訳註）の表題のもとに私たちに供されている日本語訳は、漢字表記から復元された中世モンゴル語をもとに、この「傍訳」を参照して訳出されたものである。

明の史官によって音写・翻訳され、書として整えられた『元朝秘史』は、全十二巻二八二節からなる。そのうちモンゴル帝国創建後のことを記録した「続集」の二巻は後世の付加物と考えられるので、本体は巻一から巻十までの十巻と見做してよいだろう。そうだとすれば、この書は、モンゴル部族のエネルギーと運動がチンギス・カンという偉大な人物に集中してそこに焦点をつくり、旧来のものと新しい時代の要請が一つとなって、一二〇六年のモンゴル高原の統一という形をとるまでの、世界史的運動の過程を描いたものということができるだろう。

『元朝秘史』はこのように、モンゴル高原を舞台とした世界規模の歴史を叙述したところに、まずその最大の特徴がある。そして、もう一つの特徴であり、それと同時にその創造的作品としての価値を弥《いや》が上にも高めているのが、当時のモンゴルの人々が世界と人間社会を、隣国中国の歴史観や『史記』にその伝統がはじまる史書（正史）の形式に影響されることなく、自分たちの思考形式で自由に解釈し、自分たちの表現様式で豊かに描いたものであるという事実である。このことがこの書を汲めども尽きない知識と智恵の宝庫としている。単に十一～十三世紀当時のモンゴル高原とその四囲の政治的・社会的状況を語っているだけではない。それは、当時のモンゴルの人々の、いやもっとひろく北アジアの人々の宗教的信仰観念や世界観や生活様式がどのようなものであったかを直接的に伝え、また、喜怒哀楽の感情が率直に表出されていて人間性というものについても教えている。この書とどう向き合うかは、それを素材としてどのような知識を汲み、どのような智恵に学ぶかといった私たちの意思に任されているといえよう。

なぜ《秘められた史》なのか

内容に入る前に、『元朝秘史』という表題について少しふれておきたいと思う。言及せねばならないのは「秘史」の方である。なぜ《秘められた史》なのかと問うことは、じつはこの書の内容を正しく理解することにつながるからである。一方の「元朝」についてもいささか説明が必要かと思われるので、まずこれについて簡単に述べておこう。

「元」というのは、チンギス・カンの孫フビライが都を大都（今の北京）に遷《うつ》し、一二七一年に国号を「大元」と定めてから、最後の皇帝順宗が明に逐《お》われてモンゴル高原の故地に遁《のが》れるまでつづいた王朝（明朝の成立した一三六八年まで）である。一方、チンギス・カンは一説に従えば一一六二年に生れ一二二七年に没しているので、元王朝とチンギス・カンの生涯は時期が重なることはまったくない。それではなぜチンギス・カンの一代記の表題に「元」という王朝の号が使われたのだろうか。

——その理由は、さきに述べたように明の史官が書としての体裁を整えた際、表題を『元朝秘史』としたことにもとめられる。もっとも、一般的には「元」という号を、チンギス・カンが一二〇六年にモンゴル帝国の君主に即位してから順宗までの十五代百六十二年間に当てるので、「元朝」という語を使用したことはあながち不当とはいえない。

では、正しい表題は何かという疑問が当然生じるが、それにはさまざまな議論がある。「元朝秘史」という表題のすぐ下に細字で挿入されている句から『モンゴルの秘められた史』とする説（欧米では、英語の "Secret History of the Mongols" にひとしい書名で知られる）や、冒頭の一文をとって『チンギス・カンの根源』にほかならないとする主張、あるいは、そもそも秘められるべき文書はモンゴルの宮廷では表題を付けることがなかったから無題であるという説などが出されている。ここではこの問題には立ち入らない。小澤重男が、『元朝秘史』とそのもとになったモンゴル語の「原典」にまつわるその他の多くの疑問——それぞれの成立年代はいつか、編・著者は誰か、「原典」はウイグル、パスパどちらの文字で書かれていたか、等々——と一緒に、その著書『元朝秘史』（岩波新書）でくわしくとり上げているので、関心のある方は一読されることをお勧めしたい。

さて、問題の『元朝秘史』、すなわち、なぜ《秘められた史》と題されたのかという疑問の方であるが、それには前近代社会の性格が深く関わっているといえよう。

前近代の伝承社会の人々が、首尾一貫した神話や説話に示された「聖なる歴史」をもつ世界に生きたことは、宗教学や歴史学に限らず民族学や心理学などもひとしくみとめるところである。「聖なる歴史」は、比較宗教学者M・エリアーデによれば、「超自然者」による創造にはじまり、それにつづいて万物が起こる歴史である。それは、創造された世界に文化的英雄や神話的祖先が登場し、文化的活動や造物主的冒険を繰り広げ、そして最後に、彼らは姿をかくす、といった歴史である。

そこに現われる神話的祖先、すなわち部族の「始祖」や栄光の盛世をもたらした君主の生誕説話は、分析心理学者C・G・ユングによれば、必ず呪術的威信に充ちた形で伝承されるものであった。なぜならばその呪術的威信によって超越的なものや聖なるものが啓示され、それによってはじめてその社会の支配部族に対する人々の一般的承認が得られたからである。つまり、「呪術的威信を生み出すことは傑出した個人にとってもその部族にとっても積極的な営為」（ユング）であり、社会を維持し発展させるために不可欠なことだったのである。だが、ひとたびその威信が積極的な価値を失うようなことになれば、人々を統合してきた集合的な心理は崩れて分派活動を生み、社会は瓦解する。そこで威信の喪失、すなわち

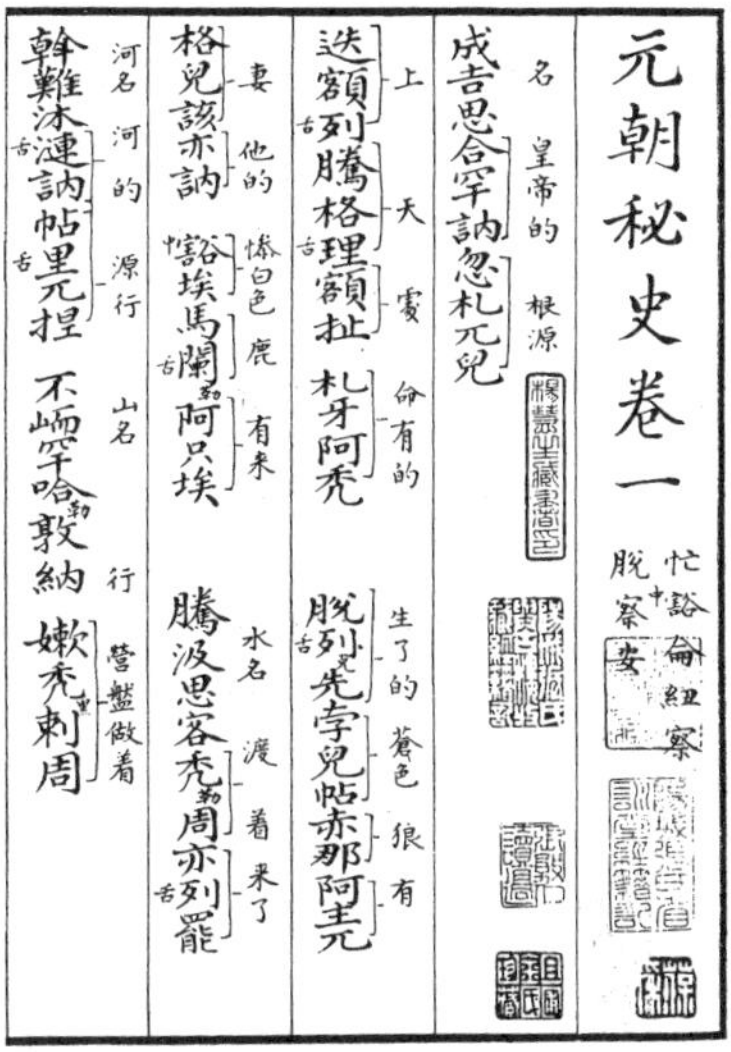
元朝秘史卷一
忙豁侖紐察脱察安
成吉思合罕訥忽札兀児
迭額列騰格理額扯 札牙阿禿 脱列先孛児帖赤那阿児禿
格児該亦訥 豁埃馬闌阿只埃 騰汲思客禿周亦列罷
斡難沐漣訥帖里元捏 不峏罕哈勒敦納 嫩禿児周

『元朝秘史』（四部叢刊本）の冒頭部分。各行の右の小さな字は「傍訳」と呼ばれる漢訳。

偉大な個人の人格を平板化するような危険を呪祓《じゅふつ》するために、部族の始祖伝承や君主の生誕説話は絶対的な秘密保持を必要としたのである。かくして「伝承は公然と語られず、ただ生み出されただけで種族から種族へと伝えられた」（J・ブルクハルト）のである。

科学と合理主義の現代に生きる私たちが、『元朝秘史』の語るさまざまな説話に聖性を感じたり、深遠な意味を見出すことはほとんど不可能かもしれない。モンゴル部族の始祖が《蒼《あお》い狼》と《淡紅《うすべに》色《いろ》の牝鹿》の間に生れたと聞いても、また、チンギス・カン一族の直接の祖が、上界に棲む神の息子である《日月の精》と《アラン・コア》という淡水の精霊との間に天降されたと教えられても、単なる空想の産物、不合理で不可解な話としか受けとめられないだろう。しかし、北アジアに興起した多くの部族や国家が同様の始祖説話や君主生誕伝承をもち、それを後世に伝えてきたことを知るとき、当時の人々にとってそこに神聖なものが啓示され、心が呪縛されるほどの聖性を感受したことは、神話から完全に遠ざかった現代の私たちといえども想像できるであろう。彼らにとって神話や伝承は、実在《リアリティ》の世界であり、そこに現代の合理主義的精神では想像もつかない領域があったことを私たちはみとめなければならない。

こうして見たとき、『元朝秘史』、あるいはそのもととなったものが公然とは語られず、ただ祖先祭祀や部族の首長即位式のときにのみ奉読されたであろうことは推測に難くない。『元朝秘史』は、チンギス・カン一族にとって宮廷の奥深くに秘められるべき記録だったのである。

『元朝秘史』の内容

『元朝秘史』の本体、すなわち巻一から巻十までの全二四六節の内容は、まずモンゴル部族の始祖伝承と、部族を構成する諸氏族集団の由来を説く発祥説話にはじまる。それにつづいて、のちにモンゴル部族の中核となる氏族、つまりほかならぬチンギス・カン一族がそこから出自したボルジギン氏という氏族の生成変転の歴史が語られる。そのあいだに織りなされる話は、天降る神の意志、美しい女性（将来の后《きさき》）や馬群や領民の略奪をめぐる部族対立、テムジン（のちのチンギス・カン）の誕生と人々の期待、覇権をうかがう部族の領袖《りょうしゅう》たちとそこに生じた主従関係、天神《テングリ》の恩寵への感謝の祈り、有力者との神聖な盟友《アンダ》の誓いなどであり、それらが象徴的寓意的表現や、散文のあいだに交えられた韻文で生き生きと描かれる。

やがて、テムジンが出身氏族とそれに隷属する諸部族の嘱望《しょくぼう》のもとに高原統一の事業に立ち上がる姿が描かれる。馳せ参ずる草原の遊牧戦士たち、テムジンを慕い密かに情報を寄せる他部族の下僕たち、混沌とした状況のなかで神託を祈《ね》ぎ降ろすシャマン、有力部族との同盟。そして彼は幾多の困難を乗り越えて部族の首長に推戴され即位する（チンギス・カン誕生）。だが、彼の抬頭は同族の有力者やかつての盟友の警戒心と反発を招来し、モンゴル系の全部族を巻き込んで高原を二分する戦いが勃発する。そこに描かれているのはモンゴル部族の勃興の歴史的事実である。しかし同時に私たちは意外にも、その『元朝秘史』の記述のなかにチンギス・カンの率直な感情の吐露や人間味溢れる行動を発見し、感動を覚えるであろう。

さて、モンゴル部族の首長に即位したチンギス・カンではあったが、高原の掟と四囲の圧力と権力への意志は彼に一時《いっとき》の休止も許さなかった。『元朝秘史』は多くの紙幅を費やして、彼が祖先の怨みを晴らすために部族的復讐に立ち上がり、血の紐帯《ちゅうたい》を裏切った同族に対して誅滅《ちゅうめつ》の戦いを挑み、かつての盟友の挑戦を受けて死闘を繰り返したことを語る。あるいはここにも、この書が《秘められる》正当な理由があったのかもしれない。十九世紀最大の文化史家J・ブルクハルトは、国家誕生の契機について言及し、それは「暴力がおそらくいつも最初」であったことを説いている。彼は、国家というものは「極度に強暴な過程、とくに混成過程」を経て、「あたかも金属の融合における」ように「征服のために、またそのようなことを機縁として、複数の部族が合一される」ことに成立すると論じ、それゆえ「国家が事の始めに代償として払ったもの」は「隠れた伝承として止まり」、けっして公にされないことを指摘している。

しかし、チンギス・カンの「征服」の過程はまた、自身の敗北と滅亡の危機と隣り合わせの、試煉の連続であった。そのなかで彼は類い稀な素質をもつ戦略家、軍事指導者として描かれる。巧みな人心掌握、的確な情勢判断、積極的な諜報活動、周辺国から支援を引き出すすぐれた外交手腕。こうして彼は戦況不利のなかにも、かつての同盟国であり今や宿敵となっていたケレイト族(モンゴル系種族)との二次にわたる戦いに臨み辛くも勝利を得る。つづいて北方の森林狩猟部族を征圧して背後の脅威を取り除き、ついに西方の文明国ナイマン(トルコ系種族)を倒し、一二〇六年高原の統一を成し遂げる。

ところで、記述のなかで忘れてならないのは、高原平定後チンギス・カンが矢継ぎ早にとった近代的国家確立のための諸政策であろう。『元朝秘史』はまず彼が、高原の統一事業に参加し多大な功績を挙げた部族長や、早くから忠誠を誓って麾下《きか》に集まった遊牧戦士に対し、政権の要職をあてがい領地・領民を分け与えて手厚い褒賞《ほうしょう》で報いたことを記す。これらの論功行賞に加え、「恩寵」を意味するケシクの名で呼ばれる王室親衛隊を拡大充実し、千戸制と呼ばれる戸籍制度を全土に敷いて行政兼軍管区を整備し、国土を中央、東部、西部の三つに分割統治するといった三本柱をもって国家の大本《おおもと》は確立される。しかしそのなかにもチンギス・カンは、中央アジアと北アジアを覆っていた天神《テングリ》崇拝の宗教、すなわち後世シャマニズムと呼び習わされる人間救済の宗教の秩序を回復することを忘れてはいなかった。聖的権威によってもたらされる民人《たみびと》の精神的統合なくしては、世俗の最高権威である君主の座も国家も、その安定は保証されなかったのである（本書第一部第三章）。

世界史の一大画期である遊牧帝国の成立はこのように物語られ、『元朝秘史』の本体は巻十で終る。

『元朝秘史』から何を読み取るか——読書案内

この『元朝秘史』を英雄譚《たん》として読み、そこから稀代《きたい》の英雄を描き上げるのも、また、《蒼い狼》の子孫が梟雄《きょうゆう》となって一望千里の草原に馬を馳せる姿を思い描くことも自由である。だが、それらは二十世紀最大の文化史家J・ホイジンガにいわせれば、「文学的効果をねらう美学かぶれの感情的歴史」にすぎず、「われわれの文化にとって災い」をもたらすものでしかないであろう。私たちはこの書がどんなに貴重で豊かな内容を現代に伝えているかを読み取らなければならない。そこで、従来あまり顧みられることのなかった観点から三つの事柄をとり上げ、読者の参考に供したいと思う。

その一つは、当時の人々が、テングリ（天神）と呼ばれる天上界の神に対する、いかに敬虔な信仰のなかに生きたかということである。その信仰はモンゴル高原に生きた人々の世界解釈の体系をつくり、森林の狩猟民と草原の遊牧民とを問わず、彼らの生活と社会の規範・倫理となって働いたのである。私たちはそこに真に自律的で独立不羈の精神をもった人間の群像を見ることができるだろう。

もう一つは、同じ父系に連なる同族間の戦いをも招いた熾烈な覇権争いのなかに、旧体制に生きる部族集団と、時代の流れを察知し高原に革新をもたらそうとする部族集団との間に起きた世界史的規模の運動が描かれていることである。私たちは、すでに当時の北アジアの歴史に、「近代」へ向かう世界史上無視できない運動があったことを思い知るであろう。チンギス・カンが高原の統一後、短期間のうちに「近代的」な中央集権国家を創建しえたのは、目には見えぬが「歴史」が内包するこの原動力が動因となって働いたからであろう。

そして最後に、私たちは、チンギス・カンがまだテムジンと呼ばれていた少年時代の苦難の歩みに、若者の加入礼（イニシエーション）が物語られていることをうかがい知ることができる。『元朝秘史』は、全モンゴル部族の統率者として名望を集めていた父イェスゲイを失ったテムジン一家が、兄弟氏族に裏切られてオノン川の渓谷に潜み、野生の果実や菜根や河魚を糧とする自然採集の生活に生き延びた姿を描いている（本書第一部第三章）。これを単に英雄誕生までの挿話として片づけるのではなく、ギリシア神話や伝説に登場する神話上の人物たちが子供を叢林に連れてきて、古代の狩猟や野生果実の採集、舞踏と音楽の技術を教えたことにイニシエーションの機能を見るエリアーデの説に照らして見たとき、それがテムジンの加入礼、つまりあたらしい存在形式の獲得を物語っていることに気づくであろう。そしてエリアーデがいうように加入礼というものが本来、修練者に「震え上がるほどの恐ろしい厳粛さを啓示する」ものであり、「密儀」の形式をとるものだとすれば、ここにも、なぜこの書が《秘められた史》とされたのか、その理由が示唆されているといえよう。

「漢字音写モンゴル語原文」すなわち『元朝秘史』の存在も忘れられていた十九世紀、その世紀も後半になって、一冊の写本が中国で偶然の機会に発見されたことによって、モンゴル語の「原典」の存在が知られることになった。それによってあたらしい光が投げかけられることになったこの書はまことに貴重な人類の遺産である。モンゴル帝国史研究の上では、中国の正史である『元史』と、十四世紀にペルシア語で書かれた『集史』とならんで三大基本史料の一つと位置づけられる。しかしこの書は歴史書の枠を超えて、ホメロスの『イリアス』にも比されるモンゴル文学史における記念碑的作品とも、また、モンゴル民族の『古事記』とも評される。

さいわい日本では、世界に先がけること三十年以上も前の一九〇七年に、わが国の東洋史学の創設者である那珂通世《なかみちよ》によって、いまなお世界に誇る偉業と評価される訳註書が『成吉思汗実録』の名で刊行された。それを事始めとして小林高四郎ら後学の研究者による世界的水準のすぐれた訳註書が出版されている。それらのうち現在入手しやすいのは、村上正二の『モンゴル秘史』(東洋文庫)と小澤重男の『元朝秘史』(岩波文庫)である。前者は歴史学の立場から訳出されたものであるが、文化、社会、地理、民族誌、言語などの各分野の、内外の研究成果を参照して詳細を極めた註がつけられており、訳註業の金字塔をなすとともに、それ自体が古典的資料となっている。また、後者は現代モンゴル語と、チンギス・カン時代のモンゴル語の研究に半生をかけた言語学者の訳書である。小澤にはそれとは別に『元朝秘史全釈』、『同続攷』(風間書房)があり、復元された当時のモンゴル語の原義や用法にさかのぼって詳細な註釈が施されており、訳文からはうかがい知ることのできない語や文章の内包する意味を知ることができる。

しかし、「古典」といわれる書物が宿命的にそうであるように、すぐれた訳註書である村上の『モンゴル秘史』と小澤の『元朝秘史』をもってしても、私たちが『元朝秘史』の面白さにただちに開眼するというわけにはいかないようである。那珂通世の業績を土壌に歴史学者によってすぐれた訳註業がなされ、モンゴル語学者の詳細な註釈書が刊行されている今、かつて小林高四郎がいったように、あとは本来の薫り高き文学作品としての特徴を生かすためにも、文学者の参加によるあらたな現代口語訳が待たれる。それまで私たちがとり得る方法は二書のうちいずれかを手にとり、辛抱づよく註釈を頼りに読みすすめていくことしかないと思われる。それによってかならずや新鮮な湧水を汲み出し、それを飲むことができるだろう。

付録執筆にあたっては、以下を参照した。村上正二訳註『モンゴル秘史1』(東洋文庫、一九七〇年)、小澤重男『元朝秘史』(岩波新書、一九九四年)、小林高四郎訳註『蒙古の秘史』(生活社、一九四〇年)、W・ハイシッヒ/田中克彦訳『モンゴルの歴史と文化』(岩波文庫、二〇〇〇年)、M・エリアーデ/堀一郎訳『生と再生――イニシェーションの宗教的意義』(東京大学出版会、一九七一年)、C・G・ユング/松代洋一・渡辺学訳『自我と無意識』(第三文明社、一九九五年)、J・ブルクハルト/藤田健治訳『世界史的諸考察』(二玄社、一九八一年)、J・ホイジンガ/里見元一郎訳『文化史の課題』(東海大学出版会、一九七八年)。

参考文献

●資料

村上正二訳注『モンゴル秘史』1・2・3、平凡社（東洋文庫）、各一九七〇、七二、七六年
小澤重男訳『元朝秘史』上・下、岩波書店（岩波文庫）、一九九七年
――『元朝秘史全釈』上・中・下、風間書房、各一九八四、八五、八六年
――『元朝秘史全釈続攷』上・中・下、風間書房、各一九八七、八八、八九年
田村実造訳注『騎馬民族史1　正史北狄伝』平凡社（東洋文庫）、一九七一年

●引用文献

U・ハルヴァ／田中克彦訳『シャマニズム――アルタイ系諸民族の世界像』三省堂、一九七一年
H・フィンタイゼン／和田完訳『霊媒とシャマン』冬樹社、一九七七年
M・エリアーデ／堀一郎訳『シャーマニズム――古代的エクスタシー技術』冬樹社、一九七四年
――／堀一郎訳『生と再生――イニシエーションの宗教的意義』東京大学出版会（UP選書）、一九七一年
――／荒木美智雄ほか訳『世界宗教史Ⅰ　石器時代からエレウシスの密儀まで』筑摩書房、一九九一年
――／鶴岡賀雄訳『世界宗教史Ⅲ　ムハンマドから宗教改革の時代まで』筑摩書房、一九九一年

――／久米博訳『太陽と天空神――宗教学概論1』（著作集第一巻）せりか書房、一九七四年
――／前田耕作訳『イメージとシンボル』（著作集第四巻）せりか書房、一九七四年
――／前田耕作訳『宗教の歴史と意味』（著作集第八巻）せりか書房、一九七三年
M・エリアーデ、I・P・クリアーノ／奥山倫明訳『エリアーデ世界宗教事典』せりか書房、一九九四年
井筒俊彦『意識と本質』岩波書店（岩波文庫）、一九九一年
C・G・ユング／松代洋一・渡辺学訳『自我と無意識』第三文明社（レグルス文庫）、一九九五年
――／高橋義孝訳『無意識の心理』人文書院、一九七七年
――／林道義訳『タイプ論』みすず書房、一九八七年
――／林道義訳「心の本質についての理論的考察」、『元型論』増補改訂版、紀伊國屋書店、一九九九年
――／林道義訳「集合的無意識の諸元型について」、『元型論』増補改訂版、紀伊國屋書店、一九九九年
――／秋山さと子編・野村美紀子訳『ユングの象徴論』思索社、一九八一年
――／秋山さと子編・野村美紀子訳『ユングの人間論』思索社、一九八〇年
――／湯浅泰雄著・訳『ユング超心理学書簡』白亜書房、一九九九年
――／高橋義孝・江野専次郎訳『現代人のたましい』（著作集2）日本教文社、一九七〇年
――／濱川祥枝訳『人間心理と宗教』（著作集4）日本教文社、一九七〇年
C・ケレーニイ、C・G・ユング／杉浦忠夫訳『神話学入門』晶文社、一九七五年
W・ハイシッヒ／田中克彦訳『モンゴルの歴史と文化』岩波書店（岩波文庫）、二〇〇〇年
護雅夫『古代トルコ民族史研究』Ⅰ・Ⅱ・Ⅲ、山川出版社、各一九六七年、九二年、九七年
志茂碩敏『モンゴル帝国史研究序説』東京大学出版会、一九九五年

A・ルロワ＝グーラン／蔵持不三也訳『先史時代の宗教と芸術』日本エディタースクール出版部、一九八五年
――（対話者：C・H・ロケ）／蔵持不三也訳『世界の根源――先史絵画・神話・記号』言叢社、一九八五年
G・バタイユ／出口裕弘訳『ラスコーの壁画』（著作集9）二見書房、一九七五年
A・ベルトラン監修／大高保二郎・小川勝訳『アルタミラ洞窟壁画』岩波書店、二〇〇〇年
A・P・オクラドニコフ／加藤九祚訳『黄金のトナカイ――北アジアの岩壁画』美術出版社、一九六六年
G・クラーク、S・ピゴット／田辺義一・梅原達治訳『先史時代の社会』法政大学出版局、一九七〇年
C・ストリンガー、C・ギャンブル／河合信和訳『ネアンデルタール人とは誰か』朝日新聞社（朝日選書）、一九九七年
Tim Murray (Ed), *Encyclopedia of Archaeology, History and Discoveries* Vol. 3, Santa Barbara, ABC CLIO, 2001.
S・N・ビビコフ／新堀友行・金光不二夫訳『マンモスの骨でつくった楽器――旧石器人の生活と芸術』築地書館、一九八五年
木村英明「考古遺跡から探る『最初の訪問者』」、科学朝日編『モンゴロイドの道』朝日新聞社、一九九五年
O・ラティモア／後藤富雄訳『農業支那と遊牧民族』生活社、一九四〇年
小長谷有紀「モンゴルの家畜屠殺をめぐる儀礼」、畑中幸子・原山煌編『東北アジアの歴史と社会』名古屋大学出版会、一九九一年

●その他の参考文献

①『元朝秘史』について

小澤重男『元朝秘史』岩波書店（岩波新書）、一九九四年

② 中央ならびに北アジアの歴史と文化

護雅夫・神田信夫編『世界各国史12　北アジア史』新版、山川出版社、一九八一年
江上波夫編『世界各国史16　中央アジア史』山川出版社、一九八七年
間野英二・中見立夫・堀直・小松久男『地域からの世界史6　内陸アジア』朝日新聞社、一九九二年
竺沙雅章監修・若松寛責任編集『アジアの歴史と文化7　北アジア』同朋舎、一九九九年
竺沙雅章監修・間野英二責任編集『アジアの歴史と文化8　中央アジア』同朋舎、一九九九年
三上次男・神田信夫編『民族の歴史3　東北アジアの民族と歴史』山川出版社、一九八九年
伊原弘・梅村坦『世界の歴史7　宋と中央ユーラシア』中央公論社、一九九七年
杉山正明ほか『岩波講座　世界歴史11　中央ユーラシアの統合』岩波書店、一九九七年
沢田勲『匈奴——古代遊牧国家の興亡』東方書店、一九九六年
江上波夫『騎馬民族国家——日本古代史へのアプローチ』中央公論社（中公文庫）、一九八四年
山田信夫『北アジア遊牧民族史研究』東京大学出版会、一九八九年
羽田明『中央アジア史研究』臨川書店、一九八二年
松田寿男『砂漠の文化——中央アジアと東西交渉』中央公論社（中公新書）、一九六六年
松田寿男・森鹿三編『アジア歴史地図』平凡社、一九七五年
護雅夫『人間の歴史7　草原とオアシスの人々』三省堂、一九八四年

③ モンゴル・契丹・金の歴史と文化

C・M・ドーソン／佐口透訳註『モンゴル帝国史1』平凡社（東洋文庫）、一九六八年

B・I A・ウラヂミルツォフ／外務省調査部訳『蒙古社会制度史』原書房、一九八〇年
V・A・リャザノフスキー／青木富太郎訳『蒙古法の基本原理』原書房、一九七五年
D・モーガン／杉山正明・大島淳子訳『モンゴル帝国の歴史』角川書店、一九九三年
本田実信『モンゴル時代史研究』東京大学出版会、一九九一年
愛宕松男『キタイ・モンゴル史』三一書房、一九九〇年
村上正二『モンゴル帝国史研究』風間書房、一九九三年
外山軍治『金朝史研究』同朋社、一九六四年
島田正郎『契丹国──遊牧の民キタイの王朝』東方書店、一九九三年
杉山正明・北川誠一『世界の歴史9　大モンゴルの時代』中央公論社、一九九七年
杉山正明『大モンゴルの世界』角川書店、一九九二年
G・カルピニ、W・ルブルク／護雅夫訳『中央アジア・蒙古旅行記』桃源社、一九七九年

④　シャマニズムについて

桜井徳太郎編著『シャーマニズムとその周辺』第一書房、二〇〇〇年
加藤九祚編『日本のシャマニズムとその周辺』日本放送出版協会、一九八四年
M・ホッパール／村井翔訳『シャマニズムの世界』青土社、一九九八年
I・M・ルイス／平沼孝之訳『エクスタシーの人類学』法政大学出版局、一九八五年

⑤　遊牧生活誌について

V・A・トゥゴルコフ／斉藤晨二訳『トナカイの背に乗った狩人たち』刀水書房、一九八四年
今西錦司『遊牧論そのほか』平凡社（平凡社ライブラリー）、一九九五年

梅棹忠夫『狩猟と遊牧の世界』講談社（講談社学術文庫）、一九七六年
張承志／梅村坦編訳『モンゴル大草原遊牧誌――内蒙古自治区で暮らした四年』朝日新聞社（朝日選書）、一九八六年
D・マイダル／加藤九祚訳『草原の国モンゴル』新潮社、一九八八年

⑥ 旧石器時代について

F・ボルド／芹沢長介・林健作訳『旧石器時代』平凡社（世界大学選書）、一九七一年
P・アッコー、A・ローゼンフェルト／岡本重温訳『旧石器時代の洞窟美術』平凡社（世界大学選書）、一九七一年
C・ギャンブル／田村隆訳『ヨーロッパの旧石器社会』同成社、二〇〇一年
小川勝「フランス・コスケールの洞窟壁画と旧石器時代美術研究の問題」、『古代文化』五二巻、財団法人古代学会協会、二〇〇〇年二月号

⑦ ユングについて

J・ヤコービ／高橋義孝監修・池田紘一ほか訳『ユング心理学』日本教文社、一九七三年
林道義『ユング思想の真髄』朝日新聞社、一九九八年

⑧ その他

M・フォーテス／田中真砂子編訳『祖先崇拝の論理』ぺりかん社、一九八〇年
G・S・スピンクス／久保田圭吾訳『人間心理と宗教』大明堂、一九七〇年

あとがき

現代の危機が「こころ」の問題としてもとらえられて久しい。知の専門家は宗教や哲学の復権を提唱し、また、それぞれの地域で長い間培われてきた文化と思考形式への回帰や、古典に人間の叡智を学ぶ必要性を説いている。しかし、「目に見えないシステム」が私たちの精神をも制御していることに生じている現代の危機に対して、そういったさまざまな言説の多くは現状の分析や解説にとどまっていて、「危機」の回避や解決の有効な手立てを示すまでには至っていないようである。

あるいは私たちは、もはやどのような知識や技術をもってしても二進《にっち》も三進《さっち》も行かない世界にいるのかもしれない。たしかに私たちの誰もが、現代文明がどこへ向かっているのか、果してその先に人間にとって意味あることが約束されているのか知らない。どうやら放置していてはのっぴきならない事態になることは誰もが薄々察しているのだが、現代を覆う「目に見えないシステム」があまりにも強大であるために、その前で拱手傍観《きょうしゅぼうかん》あるいは右往左往しているだけのようである。

ユングは、「〔単に〕現在生きているということが現代人たるの証拠」にはけっしてならないことを指摘し、「人間としての自分の〔現代における〕存在を完全に意識している人間だけが、完全な意味で現在的とよばれうる」ことを強調する。そしてそのような者のみが、現代の問題を予感し直視することができる真の意味での現代人であると説く。ユングがこういって「現代」に警告を発し、「現代人」となることを説いて魂の問題を論じたのは一九二八年であった。そこでは彼は、「現代人とは、たったいまできてきたばかりの人間」であり、「現代的問題とは、その解答はなおこれを将来に俟《ま》たなければならないところの、いまようやくおこってきたばかりの問題のこと」であるといっている（『現代人の魂の問題』、高橋義孝・江野専次郎訳『現代人のたましい』。〔　〕の補足と傍点は引用者）。

それからほぼ八十年が経ったいま、私たちはもはや「たったいまできてきたばかり」の「現代人」――もちろんそうであるためには、いまもなお自分の存在を完全に意識することがもとめられるが――でもなければ、「現代の問題」は「いまようやくおこってきたばかり」の問題ではない。私たちは、「現代の問題」が一九二八年当時にくらべてよほど見通しが利かなくなっている状況に直面しており、なおさら「現代人」として問題に真剣にとり組まねばならない。そのためにはおそらく、個々の専門的な分野の分析や論議の内容を一方の足場とし、同時に別の枠組みで「現代の魂の問題」に立ち向かう必要があるだろう。私にはその「枠組み」が、人間精神の深層に潜む先験的で普遍的な存在、ユングが「元型」と呼んだものにもとづいて構想される必要があるように思われる。そうしてそこからあらたに構想される世界観や人間像は、ふたたび人間の根源に立ち返ったもののなかから見出されなければならないと思われるのである。

本書はこのような思いのなかで、私たちにとって身近な地域、私たちの「祖先」の形成と「文化」の創造に与かって無視できない影響をもった「北アジア」をとり上げ、この地域に住む人々の、のちにシャマニズムと呼び習わされる世界観をできるだけ精確に理解することを目指した。そこには人間の根源的なものがいまもなお息づいていると考えられたからである。

そのような動機にもとづく本書は、歴史学や古代文化史、民族学、宗教学、心理学などのさまざまな分野の資料や研究成果を援用した。個々に見ればそれぞれの理解はけっして十全なものではなかったかもしれないが、それによって北アジアのシャマニズムという人類の偉大な創造物と、シャマンという偉大な人間の根柢にあるものの一部でも明らかにしえたと思う。本書が人間精神と人間存在への理解を深め、あらたな世界観や人間像を模索する上で少しでも役に立つことができればさいわいである。

いかなるアカデミズムの世界にも属さず、しかも今回がはじめての著作となる無名の私に、快く出版の機会を与えてくださったのは新評論の編集長・山田洋氏であった。「出版人の直観としてとり上げてみたい」といわれたことが強く印象に残っている。もし氏の度量がなかったならば、この原稿が日の目を見ることはなかったかもしれない。心から感謝申し上げたい。そしてまた、編集部の吉住亜矢氏には本当にお世話になった。氏は原稿を丁寧に読まれ、問題点の所在を指摘するのみならず、多くの貴重な助言をくださった。さいわい本書が読みやすい、わかりやすいという評価をいただけるとすれば、それは氏に負うところが大きい。このことを記して感謝の意を表わしたい。

二〇〇四年二月

佐藤　正衞

著者紹介

佐藤正衞（さとう　まさえ）
1944年東京生れ。慶應義塾大学経済学部で社会・経済思想史を専攻。近代ドイツの非合理主義思想や生の哲学を学ぶ。1999年大手化学会社退職後は、十年来の構想のもとに中央ならびに北アジアの歴史と文化の研究に専念。ここ数年は『元朝秘史』を文化史の観点から読み解くことに傾注。ユーラシア大陸規模のアジア・アジア人論を生涯のテーマとする。横浜市在住。

北アジアの文化の力
——天と地をむすぶ偉大な世界観のもとで　（検印廃止）

2004年3月31日　初版第1刷発行

著　者　佐藤正衞
発行者　武市一幸
発行所　株式会社　新評論

〒169-0051
東京都新宿区西早稲田3-16-28
http://www.shinhyoron.co.jp
電話　03（3202）7391
振替　00160-1-113487

落丁・乱丁本はお取り替えします
印刷　新栄堂
製本　清水製本プラス紙工
装幀　山田英春＋根本貴美枝

ISBN 4-7948-0624-8　C0014
Printed in Japan